LA CONSTRUCCIÓN DEL CONOCIMIENTO HISTÓRICO

ERRATA Y BRICOLAJE DE LA HISTORIA

Heraclio Bonilla

LA CONSTRUCCIÓN DEL CONOCIMIENTO HISTÓRICO

ERRATA Y BRICOLAJE DE LA HISTORIA

(SEGUNDA EDICIÓN REVISADA Y AUMENTADA)

IEP
INSTITUTO DE
ESTUDIOS
PERUANOS

Serie: Historia Andina, 47

Horacio Urteaga 694, Lima 11
Telf.: (51-1) 332-6194
Correo-e: libreria@iep.org.pe
www.iep.org.pe

ISBN: 978-9972-51-634-4

ISSN: 1019-4541
Impreso en Perú

Primera edición: Universidad Nacional de Colombia, 2014
Segunda edición aumentada: IEP, Lima, junio, 2017
1000 ejemplares

Hecho el depósito legal en la Biblioteca Nacional del Perú: 2017-07097
Registro del proyecto editorial en la Biblioteca Nacional: 31501131700643

Asistente editorial: Yisleny López
Corrección: Sara Mateos
Diagramación: Silvana Lizarbe
Carátula: Gino Becerra
Cuidado de edición: Odín del Pozo

BIBLIOTECA NACIONAL DEL PERÚ
Centro Bibliográfico Nacional

901 Bonilla, Heraclio, 1942-
B73 La construcción del conocimiento histórico: errata y bricolaje de la historia / Heraclio Bonilla.-- 2a ed. rev. y aum.-- Lima: Instituto de Estudios Peruanos, 2017 (Lima: Litho & Arte).
251 p. ; 23 cm.-- (Historia andina ; 47)

Bibliografía: p. [233]-251.
D.L. 2017-07097
ISBN 978-9972-51-634-4

1. Historia - Filosofía 2. Historia - Metodología 3. Historiografía 4. Región Andina - Historia I. Instituto de Estudios Peruanos (Lima) II. Título III. Serie

BNP: 2017- 1767

Índice

Nota a la segunda edición

La primera edición de este libro fue publicada por la Rectoría de la Universidad Nacional de Colombia en 2014, en su serie Apuntes Maestros con el título *Errata y "bricolage" de la historia*, y se encuentra totalmente agotada. Solicité al Instituto de Estudios Peruanos (IEP) publicar una segunda edición por la utilidad que pueda tener para los interesados en la Historia, y en las ciencias sociales en general, para disipar algunas dudas sobre su práctica. Con respecto a la primera edición, en esta se abrevia varias citas textuales y se añaden unas pocas. También se ha agregado algunas reflexiones sobre la hermenéutica y, en las consideraciones finales, se ha puesto énfasis en las características de la trayectoria seguida por la historiografía hasta el presente.

Quisiera expresar mi profundo agradecimiento a la Dirección de Publicaciones del IEP, en la persona de su director Ludwig Huber, así como al departamento editorial que jefatura el señor Odín del Pozo, por sus sugerencias luego de una lectura atenta del borrador; asimismo, a los miembros del núcleo editorial de ese centro de investigación por el interés en publicar este libro.

Heraclio Bonilla
Bogotá, abril de 2017

Introducción

El título de este libro fue tomado de la autobiografía que en 1997 publicó George Steiner —el más lúcido intelectual europeo del siglo XX—, por la fascinación que guardo por el conjunto de su obra y por el hecho de que, así como *Errata: el examen de una vida* ilustra la travesía de Steiner a través de fuentes intelectuales y lugares —lo que explica su singular formación intelectual—, de una manera u otra, el libro que el lector tiene en sus manos es también un viaje a través de las distintas maneras de pensar y escribir la Historia a lo largo de casi un siglo y medio, desde 1870 hasta el presente.

En el caso de la Historia, en efecto, desde el último tercio del siglo XIX en que nace en su versión moderna en el marco de la Universidad de Berlín, esta disciplina ha atravesado diferentes cambios en la manera de ser pensada, investigada y escrita. Estos modos de concebir la Historia constituyen sus principales *paradigmas*, cuyas características se discuten en la primera parte de este libro. De momento solo cabe mencionar que en el último tercio del siglo XIX, bajo el impacto de Leopold von Ranke y el positivismo alemán, la preocupación giraba en torno a la pregunta de *cómo* ocurrieron las cosas, para lo cual los hechos históricos eran ordenados en una escala del tiempo en la que se privilegiaban los acontecimientos políticos, administrativos, institucionales y la vida de los grandes hombres. Puesto que esta historiografía estuvo comprometida con la consolidación nacional de su Estado y territorio, era esperable que en esos relatos ocuparan un lugar central los temas mencionados.

Fue precisamente la convicción de que los documentos hablaban por sí mismos y de que en su análisis no se requería que el investigador dispusiera de coordenadas teóricas, por mínimas que fueran, lo que motivó que en el periodo de entreguerras, esta vez en Francia, bajo la inspiración de Lucien Febvre y Marc Bloch, surgiera un nuevo paradigma, el de los Annales, cuya exigencia central fue establecer una *Historia problema* en lugar de una rústica narración de acontecimientos. El impacto de la historiografía francesa de este tiempo fue enorme y universal. Edward H. Carr, en su libro *What is History?* —originalmente presentado como una serie de conferencias en homenaje a George Macaulay Trevelyan en la Universidad de Cambridge entre enero y marzo de 1961 y vendido como libro en cerca de 250.000 ejemplares a lo largo del mundo—, explicaba las características que esta *nueva Historia* debía tener. Como dice Evans (2004: 1-4), para Carr, si bien la investigación diligente y la exactitud factual eran condiciones necesarias para convertirse en historiador, no eran suficientes. Un hecho era algo que había ocurrido en el pasado, pero solo se convertía en un *hecho histórico* cuando era tomado y usado por el historiador como parte de un argumento. Por otro lado, los argumentos históricos eran más que simples explicaciones acerca de quién había hecho qué y por qué en el pasado, y más bien se debía examinar las fuerzas más amplias de la historia.

Para entender esas fuerzas, según Carr, era necesario recurrir a la teoría social, aunque en la investigación ella podía modificarse o rechazarse. En todo caso, la tarea central del historiador consistía, con o sin la ayuda de la teoría, en discernir e interpretar patrones y regularidades en el pasado, todo esto con el fin de comprender el presente y modelar el futuro, ya que el pasado interesaba solo en la medida en que contribuyera a esta tarea. No cabía interpretar el pasado en función de accidentes históricos, ni tampoco como consecuencia de las decisiones de los grandes hombres, puesto que muchas veces sus acciones producían resultados opuestos.

Como señala Evans, la resonancia del libro de Carr también se explica por la coyuntura política, económica y demográfica de la década de 1960: la Historia era excitante porque ofrecía una explicación para el presente y una esperanza para el futuro. Igualmente, sobre todo en el caso de Inglaterra, porque exigía no solo examinar los procesos nacionales sino incluir otras áreas del planeta, además de plantear una alianza con la teoría social. Carr pensaba, por otro lado, que los historiadores eran gente de su tiempo en el sentido de que no era un asunto que giraba en torno a lo que ellos escribían, sino a lo que una sociedad encontraba de interesante en otras. Finalmente, afirmaba que la Historia es en esencia una actividad científica, más que literaria, puesto que sus reglas de prueba y su protocolo no eran distintos de los de la ciencia. Como concluye Evans, para Carr la Historia era el estudio científico del pasado, y su interpretación en términos de fuerzas mayores y de desarrollo en el largo plazo —apoyada por la teoría social, la cuantificación y otras herramientas de la ciencia social— contribuiría a constituir una base firme de conocimiento a partir de la cual tomar acciones y decisiones políticas en el presente.

Pero a finales de la década de 1970 este escenario empezó a cambiar: los gobiernos conservadores reemplazaban a los liberales de antes, la crisis del petróleo provocaba el fin del crecimiento económico, y el escepticismo sobre los logros alcanzados por la Historia se incrementaba, al punto de que Lawrence Stone, en un artículo muy comentado (1979), pedía a sus colegas historiadores que volvieran a practicar lo que mejor sabían hacer, es decir, narrar. Más aún, la convicción de que las grandes teorías sociales no servían para explicar los nuevos retos —como el declive de la antigua clase trabajadora industrial o la creciente amenaza de la degradación del medio ambiente— condujo a su ocaso, agravado por el hecho de que lo mejor de la historiografía francesa que había inspirado ese giro era muy fértil en formular preguntas, pero renuente a expresar de manera explícita qué hacer después y cómo. A la vez, nuevas formas de conflicto basadas en el género, la etnicidad, la religión o la orientación sexual eran más urgentes y requerían nuevos tipos de explicación histórica. El modelo de causalidad que se empleaba, de la economía a la sociedad y de la sociedad a la política, no era el más adecuado. La caída del comunismo en la Europa Oriental y en la Unión Soviética en 1989 y 1990, respectivamente, terminó de dar el golpe de gracia a las grandes teorías que Carr había urgido adoptar a los historiadores. Pensar que la Historia tenía una dirección y un objetivo que podían ser demostrados por métodos científicos era ahora desmentido por los acontecimientos.

De los escombros de este tipo de Historia es que emerge la que domina en el mundo académico de hoy, por lo menos en Occidente. Esta

Historia se caracteriza por la eclosión y su estallido en fragmentos, donde temas menudos configuran áreas de interés aisladas por el cuestionamiento a la posibilidad de alcanzar una interpretación o comprensión del pasado, e incluso de llegar a conocer algo cierto sobre el mismo. El paso de la teoría social a la lingüística permitió argumentar a sus nuevos cultores que los textos, más que la realidad, son los que importan, y que ellos son un conjunto arbitrario de palabras y el resultado de un proceso también arbitrario de invención humana. Cada vez que leemos un texto, por tanto, somos nosotros los que le damos sentido. Por cierto, el avance del *posmodernismo* contribuyó a prolongar esta crisis.

Solo el tiempo permitirá juzgar si los cambios recientes llegarán a ser perdurables o si se trata, como en el pasado, de otra inflexión más como consecuencia de la naturaleza cambiante del entorno, como parecen sugerirlo algunas señales. Pero más allá de ello, es posible afirmar desde ahora que la *realidad* no puede ser revocable y que ella constituye la instancia última de apelación para calibrar la pertinencia de los argumentos de cualquier libro de Historia. Además, alegar que un libro de Historia y una novela no pueden ser confundidos, por mucho que utilicen la misma trama. El historiador emplea su imaginación en la escritura de su argumento, pero la imaginación no puede sustituir a la realidad: ella no se inventa, existe.

Sin embargo, la disciplina que entró en crisis por las razones señaladas también ha dejado un legado positivo. Por ejemplo, destruyó el antiguo determinismo económico. El colapso de los grandes metarrelatos ha dado paso a la introducción de la dimensión subjetiva de los seres humanos en el proceso histórico, y se ha empezado a escribir sobre los humildes, los perdedores y los aspectos oscuros de la vida. De esa manera se aspira a llegar a conocer la experiencia humana en su diversidad, en su riqueza y totalidad. Otro legado útil de la fragmentación de la disciplina histórica ha sido la emergencia de nuevas e importantes especializaciones, como la *historia del género*, la *historia de las religiones* —no solo en términos institucionales— o la *microhistoria* —que reduce y, por tanto, profundiza la escala del análisis—. Y todo ello sin mencionar lo que sin duda constituye uno de sus aportes más importantes: el cuestionamiento radical de un centro hegemónico que ordena y obliga a pensar en sus términos el proceso seguido por las demás sociedades del planeta.

Preguntarse sobre la utilidad práctica del estudio y el ejercicio de la Historia pareciera ser redundante, en la medida en que, obviamente, cualquier persona medianamente educada podrá comprender, por medio del conocimiento del pasado de su sociedad, el mundo en el que vive y, por tanto, a sí misma. Igualmente, reconocer que una sociedad ubicada en un determinado tiempo tiene una racionalidad temporal muy precisa, permite entender por qué las sociedades son necesariamente diferentes, ya sea por su cultura o por las premisas y exigencias derivadas de tiempos históricos que no son necesariamente convergentes. De la misma manera, para aquellas sociedades nacidas de un proceso de descolonización, con una fragmentación interna producto del hecho de incluir espacios y realidades heterogéneas, cultural y temporalmente, una perspectiva histórica de largo plazo puede ayudar a entender mejor tanto la naturaleza de esta heterogeneidad estructural como sus consecuencias.

Nadie puede, por tanto, cuestionar la utilidad de la disciplina histórica. Un problema distinto es saber si, en los términos en que se enseña la Historia como disciplina humanística, se provee a los interesados las suficientes destrezas para utilizarla en la toma de decisiones. La respuesta obviamente es negativa y tiene que ver con las profundas limitaciones de un tipo de enseñanza que, en el mejor de los casos, otorga una sólida cultura histórica, pero no las herramientas de análisis adecuadas para el estudio del pasado y la investigación del presente con miras a un futuro cambio.

Puesto que Historia y política son disciplinas soldadas por las consecuencias de sus respectivos análisis, quisiera mencionar el libro de Richard E. Neustadt y Ernest R. May (1986) como un ejemplo del uso de la Historia en la toma de decisiones políticas. Esta obra, resultado de la enseñanza en la Escuela de Gobierno John F. Kennedy de Harvard, examina catorce casos en los cuales el conocimiento o la ignorancia de esta disciplina permitieron, alternativamente, adoptar decisiones pertinentes o desastrosas. El otro ejemplo es el libro de Henry Kissinger (1957) dedicado al diplomático austríaco Klemens von Metternich y al canciller inglés Robert Stewart Castlereagh en sus esfuerzos por construir la paz durable de casi un siglo que disfrutó la Europa continental después de las guerras napoleónicas. Este logro se atribuye a Metternich, quien hizo todo lo posible por evitar que la democracia y la libertad se instalaran en los Imperios habsburgo y otomano como premisas de esa estabilidad. Pese a que Kissinger niega haberse inspirado en Metternich, las semejanzas entre sus políticas como secretario de Estado de los Estados Unidos y las del antiguo canciller austríaco parecieran sugerir lo contrario.

El libro que el autor tiene en sus manos consta de dos partes. La primera incluye la versión escrita de las clases que he impartido durante quince años en los cursos de Teoría de la Historia e Introducción a la Historia, en el Departamento de Historia, e Introducción a la Historia Económica General, en el Departamento de Economía, en la sede Bogotá de la Universidad Nacional de Colombia. Estos cursos estuvieron orientados a presentar y discutir con los estudiantes los dilemas que plantea la construcción del conocimiento científico en el ámbito de la Historia.

La disciplina histórica es la más añeja en el campo de las ciencias sociales, aunque muchos cuestionan su adscripción en él y la consideran parte de las artes. Como la más antigua, se remonta a Heródoto (484-425 a. C.), y por tanto, su existencia suma centurias. Pero, como dijimos, la Historia —la disciplina académica tal y como la conocemos hoy— nació en la Universidad de Berlín, en el marco del seminario del profesor Leopold von Ranke. Este primer paradigma, conocido como el *historicismo alemán*, fue de una profunda raíz positivista, y sus temas de interés eran la historia política y de las instituciones, preferencias comprensibles puesto que el trabajo de estos académicos se orientaba a la construcción de un Estado unitario. La suya fue una revolución, en el sentido de que permitió que la Historia descendiera "de las nubes a la tierra", abandonando su dimensión especulativa para empezar a dar cuenta de los procesos seguidos en la constitución de regiones, continentes o instituciones. En el horizonte de este objetivo, el artefacto fundamental del análisis histórico era el documento y, por lo mismo, las enseñanzas de Von Ranke giraban en torno a cómo escrutar de manera correcta la documentación histórica. A este fin estuvo dirigida la búsqueda de las disciplinas que más pudieran ayudarlo.

Hoy, en cambio, la Historia no tiene una identidad precisa porque su agenda y su contenido estallaron en pedazos, y se ha llegado al punto de afirmar que no existe diferencia entre Historia y novela porque, según se dice, ambas utilizan la trama en la construcción de sus argumentos. El así llamado "giro lingüístico" y los avances del posmodernismo completaron el desconcierto. El último, al postular la caducidad de los "metarrelatos" y cuestionar los etnocentrismos subyacentes en el análisis y en la escritura de la Historia, abrió el camino a una Historia diversa en cuyo escenario cupieran los excluidos de antes, como las mujeres, los locos o los homosexuales. Aunque estos son cambios profundamente positivos, la nueva agenda en la historiografía terminó por mermar la confianza en el sentido y la racionalidad de todo proceso histórico.

Entre Von Ranke y los posmodernos media una distancia de casi siglo y medio. En ese lapso de tiempo, las preguntas acerca de cómo definir la Historia —si como disciplina o como proceso—, cómo pensarla, investigarla y escribirla, han suscitado fervientes polémicas, cuyas propuestas han terminado por convertirse en los principales *paradigmas* de la disciplina. En las páginas que siguen el lector encontrará una caracterización de las propuestas más significativas, en cuanto a su alcance y de sus limitaciones. El texto combina mis argumentos con resúmenes de los libros escritos por los autores de esos paradigmas y la reproducción de las consideraciones de quienes mejor los caracterizan.

Pero este no es un libro de teoría pura —por importante que ella sea—, sino uno en el que los fundamentos de la historia económica y social, en el sentido fuerte de la palabra, se utilizan como coordenadas para analizar la construcción y el funcionamiento del espacio de los Andes centrales, tema que compone la segunda parte del libro.

Esta parte contiene dos secciones: la primera es un conjunto de reflexiones de carácter teórico-metodológico que se sustentan tanto en mis investigaciones en los países centrales de la región andina como en la lectura de los principales paradigmas de la disciplina histórica que se presentaron y discutieron en la primera parte. La yuxtaposición de los tiempos, la combinación de sistemas con temporalidades distintas pero en un contexto más contemporáneo, así como la articulación, en esa experiencia andina, de conceptos y realidades de clase, étnicos y nacionales, fueron las cuestiones que más llamaron mi atención.

La segunda sección es un resumen de la estructura y función de los sectores líderes de la economía andina, aquellos vinculados con la demanda permanente por parte del mercado internacional de productos fundamentalmente mineros y de algunos de la agricultura tropical. Empieza con una reflexión sobre los alcances de las investigaciones de

Carlos Sempat Assadourian para comprender el sistema colonial, prosigue con el análisis de la composición del portafolio de exportaciones y su funcionamiento, y continúa con el estudio del impacto de las inversiones foráneas y del endeudamiento externo, separando estas cuestiones en función de las experiencias "nacionales" de cada uno de los países de la región.

Para acabar, este libro fue escrito a pedido del profesor Ignacio Mantilla, actual rector de la Universidad Nacional de Colombia, a quien agradezco su fina deferencia. Como muchos de los otros textos que escribí en la década y media que llevo vinculado al cuerpo docente de su Departamento de Historia, gran parte de su contenido fue debatido y comentado por mis colegas y estudiantes, y es esta una nueva ocasión para manifestarles mi gratitud por ello. Marco Forero, antiguo alumno mío, colega y amigo, me prestó una ayuda invaluable en la composición del texto, y él sabe la deuda que tengo contraída. Mi esposa Martha y mi hija Beatriz estuvieron a mi lado, en las buenas y en las malas, a lo largo de esta ya larga travesía.

Primera parte

La naturaleza del conocimiento en la Historia

1

La Historia, hoy

Por su brevedad y contundencia, el libro de Keith Jenkins *Repensar la historia* (2009) me parece un buen texto para exponer una de las principales tendencias en el análisis histórico. Dice Jenkins que la Historia es un discurso cambiante, construido por los historiadores, y que del pasado no se puede hacer una única lectura:

> [...] en cuanto miráis hacia otro lado o modificáis la perspectiva, aparecen lecturas nuevas. Con todo, aunque los historiadores saben esto, la mayoría parece ignorarlo a conciencia y se esfuerza por conseguir la objetividad y la verdad. Y este afán por la verdad se abre camino a través de distintas posiciones ideológicas y metodológicas. (2009: 18)

Es decir, buscar la objetividad y la verdad es una ilusión, pues el pasado no puede ser leído de una sola manera.

Por otra parte, se tenía la convicción de que, en la Historia, la verdad y el conocimiento resultaban de la aplicación de un protocolo muy preciso. Para Jenkins, en cambio, "lo que en último extremo determina la interpretación va más allá del método y la evidencia, y descansa en la ideología" (Jenkins 2009: 19).

En lo que concierne a la operación histórica, las consideraciones y los juicios del autor son mucho más polémicos. Escribe:

> [...] concluyamos la discusión sobre lo que en teoría es la historia. He definido que la historia se compone de epistemología, metodología e ideología. La epistemología nos enseña que nunca podremos conocer realmente el pasado; que el abismo entre el pasado y la historia (historiografía) es ontológico, que está en la misma naturaleza de las cosas, de manera que todo esfuerzo epistemológico por salvarlo es inútil. Los historiadores han ideado maneras de trabajar con el fin de reducir la influencia del historiador-intérprete, desarrollando métodos rigurosos que luego han tratado de universalizar de diversas formas, de manera que quien los practique se haga con un utillaje básico de habilidades, conceptos, rutinas y procedimientos que le conduzcan a la objetividad. Sin embargo, hay muchas metodologías; los denominados conceptos clave son construcciones recientes y parciales, las diferencias observables existen porque la historia es básicamente un discurso conflictivo, un campo de batalla donde personas, clases y grupos construyen autobiográficamente interpretaciones del pasado con las que se sienten a gusto. No existe una historia definitiva al margen de estas presiones; solo se alcanza el consenso (temporal) cuando las voces dominantes consiguen silenciar a las demás ya sea ejerciendo abiertamente el poder, ya sea incorporándolas de forma encubierta. (2009: 25)

Además, la Historia propuesta por Jenkins no solo excluye la explicación sino también la interpretación de los hechos históricos. Lo que importa en verdad no son los hechos por sí mismos, sino su relevancia, su posición, cómo se combinan entre ellos, sus significados con relación a los demás en la construcción de explicaciones. Ahí radica la inevitable dimensión interpretativa, la problemática específica de la Historia, en la medida en que los historiadores transforman los acontecimientos en patrones de significado que ninguna representación literal de los mismos, en tanto que simples "hechos", podría jamás llegar a producir. Porque aunque puede haber métodos para descubrir "lo que pasó", no hay método alguno que permita establecer definitivamente lo que los "hechos" significan (Jenkins 2009: 42).

Todo lo anterior no implica, no obstante, que se sea escéptico en cuanto a la posibilidad de alcanzar el conocimiento histórico. Con ironía, el autor precisa lo que significa este tipo de conocimiento:

> [...] cuando estudiamos historia no estamos estudiando el pasado sino lo que los historiadores han dicho sobre él. En este sentido, si la gente del pasado compartía nuestra naturaleza humana o disfrutaba de una distinta, no solo es una cuestión sin respuesta posible sino que es completamente irrelevante: el pasado no toma parte de esto [...] la historia no es la historia de los pensamientos de la gente del pasado [sino] la de los pensamientos de los historiadores. (Jenkins 2009: 61)

Jenkins también cuestiona el concepto de "evidencia", es decir, la instancia fundamental que avalaba la afirmación enunciada por los historiadores. Para este autor, "la evidencia es siempre un producto del discurso del historiador simplemente porque, antes [de] que ese discurso se articule, la evidencia (la historia) no existe: solo existen restos (solo existe el pasado)". Se apoya en Barthes para afirmar:

> [...] el hecho (la evidencia) solo puede tener existencia lingüística como un término en un discurso y, con todo, parece que esta existencia fuera simplemente la "copia" [...] de otra existencia situada en el [...] dominio de lo "real". Este tipo de discurso [...] pretende que el referente permanezca fuera del discurso aunque nunca sea capaz de conseguirlo. (Jenkins 2009: 65-66)

Finalmente, sobre el *posmodernismo*, el autor comparte la definición de Jean-François Lyotard, quien en su libro *La condición postmoderna* (1998) sostiene que esta corriente consiste "en dar testimonio de la muerte de los centros" y en la "incredulidad hacia las metanarrativas" (Jenkins 2009: 76). Esto significa que los centros privilegiados que organizaban los sistemas aparecen como ficciones temporales, y que las antiguas metanarrativas ya no resuenan con ecos de veracidad y de esperanza. Estas premisas forzaron el tipo de idea que Jenkins tiene sobre la Historia:

> [...] después de la caída de los centros y del colapso de las metas narrativas, la condición post-moderna ha producido una multitud de historias que encontramos por doquier en nuestra cultura democrática/consumista, una abundancia de géneros (historias de diseño, historias alternativas) de los que se puede hacer uso o abusar de muy distintas maneras. (2009: 83)

Comparten con Jenkins esta visión posmoderna de la Historia, Hayden White, Franklin R. Ankersmit, Hans Kellner, Allan Megill, Alun Munslow y Robert A. Rosenstone (Jenkins 2009: 91).

La otra concepción de la Historia que aún existe en los márgenes de la actividad académica, por la cual confieso tener una simpatía muy grande, fue enunciada por el llorado historiador español Julio Aróstegui en su libro *La investigación histórica: teoría y método* (2001). Para este autor, es la teoría de la Historia

> [...] la que debe intentar dar una respuesta convincente a la pregunta sobre qué es la Historia. Constituye un saber sustantivo y empírico que trata de definir cuál es el campo de la realidad que el historiador aborda [...] la reflexión sobre la naturaleza de lo histórico. Pero, en segundo lugar, existe otro tipo de teoría necesaria: la que intenta establecer no ya qué es la historia sino cómo se la conoce. A este tipo de trabajo lo denominamos teoría de la Historiografía. (2001: 15)

Aróstegui constata, igualmente, que en algunos círculos de historiadores se considera que el historiador no es un teórico, que su ocupación no es filosofar sino, más bien, *historiar*, es decir, narrar las cosas *como efectivamente sucedieron*, lo cual claramente es un error. Aróstegui afirma que cuando hablamos de Historia es evidente que no hablamos de una realidad "material" tangible: "La 'Historia' no tiene el mismo carácter corpóreo que, por ejemplo, la luz y los lentes, las plantas, los animales o la salud. La Historia no es 'cosa' sino una 'cualidad'" (Aróstegui 2001: 22). Asimismo señala que

> La investigación histórica no ha creado un lenguaje especializado, lo que también es un síntoma del mero conocimiento común que la historiografía ha tenido desde antiguo como disciplina de investigación de la historia. Apenas existen términos *construidos historiográficamente* para designar fenómenos específicos. Algunas connotaciones cronológicas —expresiones como la "Edad Media"—, algunos calificativos y categorías para determinadas coyunturas históricas —como "Renacimiento"— y formas de sociedad —como "feudalismo"—, y otras escasas conceptualizaciones como "larga duración", "coyuntura" y poco más, son términos que no proceden

> del lenguaje común y que han surgido y se han consolidado como producto de la actividad investigadora de la historiografía. (2001: 28)

En este contexto, Aróstegui afirma que

> [...] la aparición de nuevas formas de teorización del conocimiento de la historia, la aparición de progresos metodológicos generales o parciales o, lo que resulta más inmediato, la exploración de nuevos campos o sectores o, en último caso, la aplicación de nuevas técnicas, es lo que habrá de dar lugar a un cambio en el vocabulario aceptado. Hay ejemplos evidentes de ello: la aparición o el uso frecuente de sustantivos y adjetivos de significación más o menos precisa, como microhistoria, ecohistoria, prosopografía, mentalidad, sociohistoria, etc. (2001: 29)

A juicio de Aróstegui, el atraso de la Historia en comparación con las ciencias sociales no se debe solamente a las carencias de los historiadores sino a la propia naturaleza de su objeto, a la función social ideológica que ha desempeñado desde la Antigüedad y a la actitud de los historiadores. La Historia no es una materia de conocimiento análoga a la de otras ciencias sociales. La Historia es una cualidad inserta en las cosas, una cualidad de lo social, sin duda, pero no es ella misma una cosa, como pensaba Durkheim que eran los hechos sociales. No existe un hecho histórico por su naturaleza. En consecuencia:

> [...] no ha sido nunca un objeto filosófico, analítico e incluso empírico de fácil comprensión [...] De otra parte, escribir la crónica de los hechos sucedidos, investigados y transmitidos tuvo siempre o casi siempre una función instrumental. La historia nació al servicio del poder, no constituía un conocimiento como el de los astros, la geografía o la matemática. Y solo Heródoto confesó escribir "para evitar que con el tiempo los hechos humanos queden en el olvido". (2001: 32)

Para Aróstegui, la Historia es sobre todo explicación, no interpretación ni representación, tema que desarrolla en la segunda parte de su libro. Explicar significa establecer las relaciones causales que provocan la aparición de fenómenos o acontecimientos. El establecimiento de estas relaciones de causalidad implica el despliegue de un conjunto de procedimientos que vinculan la *teoría* con la *realidad* y que constituyen la *metodología* de una ciencia. Esta práctica metodológica supone la traducción de los enunciados teóricos en hipótesis, la articulación de estas en modelos autocontenidos o de transición, la conversión de la información en evidencias y, finalmente, el diseño de instrumentos de control que garanticen la idoneidad del conjunto del proceso.

Así como los fenómenos naturales han sido y son objeto de estudio por parte de las llamadas ciencias naturales, como la biología o la medicina, también los fenómenos y problemas sociales son estudiados por las denominadas ciencias sociales. Pero esta semejanza es solo aparente y sigue siendo tema de muchas controversias.

Para comenzar, las ciencias sociales tienen un estatuto científico que está lejos de ser unánimemente compartido por todos aquellos que se dedican a su ejercicio. Por lo menos, no todas las ciencias sociales son pensadas como ciencias: ese es el caso en particular de la Historia, por razones que discutiré más adelante.

Las ciencias sociales engloban disciplinas como la economía, la sociología, la antropología, la ciencia política, la psicología, la demografía y, por cierto, la Historia. Son ciencias sociales distintas por varias razones, pero sobre todo porque su objeto de estudio es una parte específica de ese vasto complejo que es la vida, pasada y presente, de los hombres en sociedad.

La división anterior, sin embargo, tampoco está exenta de polémica. Se pregunta, no sin razón, que si la vida en sociedad es una sola, cómo se explica entonces que haya varias y distintas ciencias sociales. Esta no es una cuestión fácil de contestar, ni su respuesta satisface a todo el mundo. El único consenso aceptable es que esta división de las ciencias sociales no hace sino traducir una necesaria división académica del trabajo, sin dejar de ser del todo *convencional*. En efecto, la vida en sociedad es una unidad y los papeles que los hombres desempeñan son a la vez económicos, sociales, políticos y culturales; por lo mismo, toda fragmentación del conocimiento es arbitraria. De ahí la ambición, compartida aún por algunos, de construir y practicar una sola ciencia social, independientemente de su nombre, y cuya meta sea dar cuenta de *la totalidad social* y explicarla.

Sin embargo, ese deseo en el umbral del siglo XXI es sin duda desmedido. Y lo es por dos razones fundamentales: en primer lugar, porque el conocimiento —*todo* conocimiento— avanza por la especialización cada vez más precisa de sus ramas; en segundo lugar, porque es imposible hoy en día que una persona conozca, ya no todas las ciencias sociales, sino incluso en profundidad las especializaciones de *cada una* de ellas.

Frente a esta dificultad, quienes todavía reclaman la presencia de una sola ciencia social, o la necesidad de perspectivas integradas, han sugerido la incorporación en el trabajo de investigación de varios expertos en ciencias sociales. Infortunadamente, los logros alcanzados en el marco de esta recomendación no han sido muy convincentes. La unidad de las ciencias sociales no puede obtenerse por la simple agregación o yuxtaposición de disciplinas distintas, sino que se requiere *coherencia*, la cual es resultado a su vez de una teoría social homogénea.

Que sea imposible conocer todas las ciencias sociales, no quiere decir, sin embargo, que uno deba limitarse a presentar reflexiones y análisis fragmentarios. En todo momento debe tenerse en cuenta que una determinada ciencia social constituye, por así decirlo, una puerta de ingreso *a solo* una parte de la realidad, y que esa realidad es más vasta y compleja. Es indispensable, por lo mismo, saber que la "parcela" que uno estudia resulta de la interacción de las otras y que, a su vez, repercute en el comportamiento de las demás.

La otra especificidad que claramente distingue las ciencias sociales de las ciencias exactas y naturales radica en la naturaleza de su conocimiento. Para decirlo gráficamente, mientras que un botánico interpone un microscopio entre él y su objeto de estudio (una planta cualquiera), en otras palabras, mientras que en las ciencias naturales existe una separación radical entre el sujeto que conoce y el objeto de conocimiento, en las ciencias sociales existe una identidad entre sujeto y objeto de conocimiento.

Esta identidad es la fuente de una serie de dilemas y dificultades cuya discusión corresponde a la llamada *sociología del conocimiento*. Aquí, por razones de espacio, quisiera evocar solo algunos de los más relevantes. Puesto que *un hombre*, en este caso el científico social, se dedica a conocer a *otros hombres*, el primero (es decir, el sujeto que conoce) no es inmune a una serie de determinaciones que condicionan su manera de conocer.

Por esos condicionamientos, por ejemplo, el científico social arrastrará consigo las exigencias de su generación, de su nacionalidad, de su clase social, de su género, de su religión. A manera de ejemplo, la Revolución francesa fue pensada de una manera por quienes la vivieron, de manera distinta por los hombres de la Comuna de París una centuria más tarde, y completamente diferente por quienes celebraron su bicentenario en 1989. Ni mejor, ni peor. Y no porque unos fueran más inteligentes que otros.

Igualmente es bien conocida la afirmación de que diez premios Nobel de Economía difícilmente estarían de acuerdo en el diagnóstico de un problema económico, así como en su solución. Se trata de hombres muy distinguidos, todos ellos laureados, pero con premisas y perspectivas distintas en términos teóricos, de filosofía política y de visión del mundo, hecho que explica sus discrepancias.

Todo lo anterior puede resumirse en un corolario a propósito de dos problemas considerables desde el punto de vista del conocimiento, como son el de la verdad y el de la objetividad. En las ciencias sociales, el estatuto de la verdad y de la objetividad tiene una naturaleza distinta al estatuto que esos conceptos revisten en las ciencias naturales. Siendo esa una situación irresuelta, la honestidad intelectual impone como mínimo que sus practicantes (es decir, los científicos sociales) formulen de manera muy clara y explícita las premisas a partir de las cuales estudian un problema o formulan una reflexión.

La Historia como disciplina

La Historia comparte todas las dificultades anteriores, pese a que es la disciplina más antigua, cuyos orígenes se remontan a la Antigüedad clásica. Heródoto y Tucídides ya escribían libros de Historia, aun si sus obras son distintas a las que se escriben hoy en día bajo ese mismo nombre. En ese sentido, como ya dijimos, en su concepción moderna, la Historia como disciplina académica surgió en la segunda mitad del siglo XIX.

Pese a su antigüedad, la Historia es la menos precisa de todas las disciplinas sociales. En contraste con ciencias como la economía y la lingüística, por ejemplo, en las que la formalización de los resultados de la investigación alcanza niveles cada vez más altos, la Historia presenta diversos problemas en los ámbitos conceptual y metodológico, cuyas consecuencias deben ser discutidas con claridad para calibrar adecuadamente el papel de esta disciplina en el desarrollo de la sociedad.

Para comenzar, es necesario destacar una ambigüedad: *Historia* es una palabra que designa a la vez una disciplina científica y el proceso de una sociedad. Pero en contraste con las demás disciplinas sociales, la Historia carece de un cuerpo conceptual propio. ¿Cuáles son, en efecto, los conceptos históricos?

Esta carencia puede visualizarse de múltiples maneras. A diferencia de los textos introductorios a las otras ciencias sociales, donde el interesado aprende los conceptos elementales de la disciplina, los libros titulados *Introducción a la Historia*, cuando no son vagas generalidades acerca del derrotero de la humanidad, son en el mejor de los casos un cándido testimonio de la experiencia adquirida por el historiador en su trabajo.

Esto también explica por qué en muchas universidades, en los departamentos de Historia, los currículum se organizan de manera secuencial, en orden cronológico: por ejemplo, desde la historia de la Antigüedad hasta la historia contemporánea, y desde la historia prehispánica hasta la historia del siglo XX de la América Latina, correspondiendo los últimos cursos a los niveles finales de la formación. No existe, sin embargo, ningún impedimento lógico (salvo el burocrático) para que un estudiante de Historia pueda iniciar su carrera tomando los cursos del último nivel, lo cual por cierto sería impensable en el aprendizaje de otras ciencias.

Esta situación no deja de tener profundas repercusiones negativas en el papel que en nuestras sociedades desempeñan los historiadores. La opinión pública con un escaso nivel de educación considera la tarea de los historiadores como algo perfectamente inútil, un juicio que el resultado del trabajo de muchos de ellos desafortunadamente a veces justifica.

La formación de muchos historiadores, en efecto, se reduce al acopio de información fáctica sobre el proceso histórico de sus *sociedades nacionales*, en el que el *análisis* y el *por qué* están sistemáticamente excluidos, por no mencionar la muy tenue curiosidad por la historia de países que no sean los suyos.

Esta profunda debilidad en la formación de los historiadores se percibe cuando empieza la etapa de *producir* conocimientos, vertidos ya sea en monografías, artículos o libros. Porque todavía en la práctica de la Historia existe el arraigado convencimiento de que el historiador se forma en los archivos, leyendo papeles, y que *producir* conocimientos en este campo consiste básicamente en alinear información a lo largo de un eje temporal, sobre la base de un agrupamiento temático alimentado por el simple *sentido común.*

En algunos casos privilegiados, es efectivamente posible que la larga familiaridad con un *corpus* documental, asociada con una gran inteligencia y sensibilidad, termine produciendo importantes libros de Historia. Seguramente también es posible que un jugador de ajedrez pueda dominarlo por la simple observación de cómo desplazan las piezas otros jugadores, o que un cocinero aprenda a preparar un potaje por la mera contemplación del trabajo de otro.

Nadie discutirá, sin embargo, que un conocimiento basado en estas premisas es profundamente débil y errático, y que es necesario sustituir ese tipo de prácticas por otras fundadas en teorías y metodologías más sólidas. Y es ese el dilema que aún separa incluso a los historiadores más solventes.

¿Es la Historia, a final de cuentas, una disciplina científica o es parte de las humanidades? Si es lo último, sensibilidad, dedicación y sentido común pueden en efecto ser suficientes para *describir el qué* y el *cómo* ocurrieron las cosas en el pasado, y para muchos historiadores es esa la agenda central de su disciplina. En cambio, si la Historia no debe limitarse al recuento del pasado —por importante que este sea—, sino centrarse en el análisis del *por qué* ocurren ciertos procesos, además de indagar por las razones de estabilidad y de cambio de las sociedades humanas, es claro que la formación y el conocimiento en Historia deben sustentarse en un marco analítico más riguroso.

Este dilema no es en realidad muy nuevo. La Historia moderna, como se señaló, empieza en la segunda mitad del siglo XIX, asociada con el trabajo de Leopold von Ranke y la escuela histórica alemana. Von

Ranke, en su tiempo, propuso que la Historia, para ser tal, debía limitarse a describir las cosas tal cual eran (*wie es eigentlich gewesen*), es decir, que el historiador en su trabajo debía despojarse de toda premisa, de todo presupuesto que sesgara su juicio.

La propuesta de Von Ranke en su momento fue verdaderamente importante. Reaccionando contra una Historia cargada de presupuestos filosóficos y metafísicos, pudo en efecto conducir su trabajo y el de sus seguidores hacia la reconstrucción concreta del pasado europeo, y en particular de sus instituciones políticas, lo que representó un gran avance en este tipo de conocimiento.

Pero las limitaciones de esa propuesta no tardaron en surgir, por razones que retrospectivamente son muy claras de identificar. Una de ellas, y la más importante, radica en el reconocimiento de que los hechos, los documentos, no hablan por sí mismos, sino que requieren ser interrogados por el historiador, quien por consiguiente tiene que desempeñar un papel activo.

El cuestionamiento más abierto empezó en Francia, a fines de la década de 1920. Tres notables historiadores, Marc Bloch (1886-1944), Lucien Febvre (1878-1956) y Fernand Braudel (1902-1985), agrupados en torno a la revista *Annales d'Histoire Économique et Sociale*, empezaron a demoler sistemáticamente las bases de la Historia que ellos llamaron "de los acontecimientos", a la vez que emprendieron la construcción de esas cimas de la historiografía universal tituladas *La sociedad feudal, El problema de la incredulidad en el siglo XVI. La religión de Rabelais*, y *El Mediterráneo y el mundo mediterráneo en la época de Felipe II*.

¿Qué tipo de Historia propugnaron quienes fundaron lo que después vino a llamarse la Escuela de los Annales? Las líneas directrices de su pensamiento, expresadas de manera suelta en libros como *Introducción a la Historia* (Bloch), *Combates por la Historia* (Febvre) y *La Historia y las ciencias sociales* (Braudel), pueden resumirse en algunos planteamientos que gobernaron la manera de escribir la Historia hasta los comienzos de la década de 1970.

En primer lugar figura el auténtico *mot d'ordre* del grupo: no hay Historia sin problema. Es decir, la necesidad de plantear una cuestión, un problema, una pregunta que guiara la investigación. Se está aquí, por consiguiente, en las antípodas de una Historia concebida como narración por la narración misma. En segundo lugar, la "desfetichización" del documento escrito como única evidencia y el énfasis en que, más bien, cualquier tipo de registro humano constituye una fuente histórica. En tercer lugar, el reclamo de la necesidad de una alianza de la Historia con las demás ciencias sociales. En cuarto lugar, el cuestionamiento de una práctica de la Historia como un refugio en el pasado, para reivindicar una articulación permanente entre pasado y presente. En quinto lugar, la sustitución de los grandes hombres como objeto de análisis por los hechos y fenómenos de masa. Finalmente, la primacía de la larga duración de los fenómenos de estructura y de coyuntura, en lugar de la vieja obsesión por los tiempos cortos del episodio y de la política.

Estos hombres —Bloch, Febvre y Braudel—, gracias a su talento y a sus obras, no tardaron mucho en conquistar los bastiones de la enseñanza universitaria en París, los centros de investigación, así como en controlar una revista tan importante como *Annales*. Bloch, con su enrolamiento y muerte en las filas de la resistencia francesa contra los nazis, incluso añadía con su ejemplo una dimensión ética y moral a su enseñanza. Se prepararon así las bases para un magisterio intelectual indiscutible, cuyos efectos transcendieron Francia para influir en la concepción de la Historia en Europa, América Latina y los Estados Unidos.

Una *Historia-problema*, por cierto. Pero ¿qué hacer después? El campo casi exclusivo de especialización de los historiadores de la Escuela de los Annales fue el estudio de las sociedades y economías de *l'Ancien Régime*, es decir, precapitalistas, donde el grado de autonomía de sus diferentes niveles era bastante pequeño, en contraste con los sistemas capitalistas, donde es lo suficientemente grande como para poder construir una teoría específica para cada nivel.

Siendo ese el contexto, es explicable que una Historia alimentada muy débilmente por las ciencias sociales haya sido suficiente para explicar la estructura y el curso de estos sistemas precapitalistas. Lo que faltaba en rigor era ampliamente compensado por la sensibilidad, el talento y la gran cultura histórica de esos historiadores franceses. Pero incluso así, pocos negarán que la construcción científica de la Historia requiere bases mucho más rigurosas.

Estas dificultades iniciales, rápidamente reveladas en los trabajos de la primera generación de los historiadores de los Annales, se acentuaron aún más cuando las generaciones sucesivas abandonaron el terreno firme de la historia económica y social en que se ubicaron sus fundadores, para dedicarse de manera casi exclusiva a la práctica de la así llamada *historia de las mentalidades*.

Y no es que el estudio de la cultura, de las creencias y de las sensibilidades sea en sí insignificante; no es difícil señalar experiencias históricas, en efecto, en las que el orden y el funcionamiento de la economía pueden ser explicados a partir de la cultura y de los valores que imperan en cierta sociedad. Lo es, en cambio, la primacía del análisis de las mentalidades con entera prescindencia de su basamento material, porque una Historia practicada en esos términos corre el riesgo de derivar en la ilusión y en la ideología más crudas, o en la frivolidad, cuando los temas de estudio que se privilegian están regidos por el dudoso gusto del mercado de lectores.

Para volver a la cuestión planteada acerca de qué hacer luego de la formulación de un problema, es necesario afirmar con contundencia que ese enunciado es una condición necesaria pero no suficiente para construir una historia-ciencia. Lo último requiere ir mucho más allá, en el sentido de articular aquella pregunta con la teoría social relevante, con el fin de saber qué es lo que dice sobre la cuestión planteada, para luego traducir sus propuestas en hipótesis y en variables. Por consiguiente, y dicho en otras palabras, la articulación de la Historia con las ciencias sociales no puede solo ser alusiva, sino el resultado de un proceso mucho más sistemático.

Es el trasfondo de esta dificultad lo que explica el considerable impacto que tuvo entre los historiadores la publicación en 1964 del libro de Robert W. Fogel, *Railroads and American Economic Growth*, que analizó el papel que tuvo el ferrocarril en el crecimiento de la economía norteamericana; se trataba de un libro de historia económica escrito por un economista, en el cual el razonamiento y la demostración estuvieron fundados en la teoría y en las técnicas de la economía convencional. Esta obra, por lo mismo, así como las que se inscribieron en la corriente de la *New Economic History*, fue el resultado de una utilización más coherente de la teoria económica en el análisis de un problema del pasado norteamericano, lo cual la hizo inmune al tipo de reproches levantados contra la historiografía de los Annales.

Sin embargo, si bien el libro de Fogel ilustraba con mucha claridad todo el provecho que la Historia podía obtener de un razonamiento teóricamente fundado, al mismo tiempo dejaba pendiente la solución de otro problema no menos importante que giraba en torno a la pregunta de qué tipo de teoría usar. En el caso de Fogel y de los así llamados *cliometristas*, la teoría utilizada para medir el desempeño del ferrocarril era la teoría económica neoclásica, la cual supone para una aplicación correcta la existencia de un conjunto de supuestos que son específicos para realidades determinadas. Entre esos supuestos figuran, por ejemplo, mercados eficientes y libre movilidad de factores, además de que el *corto plazo* se constituye en la dimensión temporal privilegiada del análisis. Pero ¿qué hacer cuando esas suposiciones no concuerdan con otras realidades o con otros tiempos?

En el caso de la historia social, por citar otro contexto problemático desde el punto de vista de la articulación entre teoría y razonamiento histórico, la publicación en 1967 del libro de Barrington Moore Jr., *Social Origins of Dictatorship and Democracy*, demostraba igualmente la inmensa utilidad que la historia social y política podía obtener de un análisis cuidadosamente fundado en la teoría social. Tan grande fue el impacto de ese libro, que su aparición —junto con la de *El Estado y las revoluciones*, de Theda Skocpol, y *El Estado absolutista*, de Perry Anderson— dio lugar a la fundación de la *sociología histórica*, una disciplina en las fronteras mismas de la Historia.

Hoy en día, para resumir esta larga y compleja trayectoria, resulta bastante claro que si la Historia aspira al estatuto de ciencia social, pretensión que la mayoría de sus practicantes comparte, requiere una articulación sistemática con la teoría social. Pero este reconocimiento está mediado por tres precauciones necesarias.

En primer lugar, la Historia no puede reducirse a ser un campo de aplicación adicional para la verificación de una teoría o de un determinado modelo. Si bien esa tarea puede ser legítima para economistas o sociólogos, la agenda de la investigación histórica es más amplia y compleja. Tampoco, para continuar, la teoría social debe ser concebida como una *caja de herramientas* para la simple manipulación por parte de los historiadores. Finalmente, las teorías sociales deben someterse a una previa crítica, que no puede ser sino histórica, antes de su utilización.

En este último sentido, tal vez no es innecesario recordar que la Historia con vocación teórica surgió en parte también como reacción a las inadecuaciones e irrelevancias de las teorías existentes. Sería muy fácil y erróneo concluir a partir de esa constatación que *toda* teoría es inservible, y que en consecuencia no queda alternativa alguna que no sea el retorno a la Historia narrativa. Por el contrario, la constatación de esa insuficiencia representa un reto adicional para los historiadores, en el sentido de que estos no deben limitarse a construir su información, sino que, *al mismo tiempo*, deben construir la teoría adecuada que les permita la *lectura* de la realidad que deben explicar. Que esa no es una tarea imposible lo demuestra muy bien el libro del historiador polaco Witold Kula, *Teoría económica del sistema feudal* (1974).

Solo así, y en el contexto de una realidad tan enigmática y compleja como la de América Latina, la Historia, y los historiadores con ella, estarán a la altura de los desafíos actuales. Desafíos cuya naturaleza requiere de un comentario final antes de concluir este libro.

2

Los fundamentos de la Historia

El historicismo y la escuela histórica alemana

El pensamiento historicista está asociado al nombre y los trabajos de Leopold von Ranke, cuyas ideas y propuestas centrales serán presentadas más adelante. La influencia que sobre él ejerció Guillermo von Humboldt (1767-1835) fue determinante. Como señala Corcuera de Mancera (1997: 121-122), Humboldt le transmitió a Von Ranke, en primer lugar, la convicción de que la Historia es el conocimiento del suceso individual en su realización completa. No hay una naturaleza humana constante; más bien el carácter de cada hombre se revela en su propio desarrollo. Así se explica que la concepción del universo, en cuanto a verdades absolutas, invariables y eternas, sea abandonada en los años siguientes a favor de la comprensión de la riqueza y de la diversidad históricas de la experiencia humana. En segundo lugar, le señaló la necesidad de relacionar lo individual con la suma de circunstancias, esto es, con el contexto donde se mueve la persona y que le permite realizar su destino. Surge con gran fuerza el problema de la individualidad dentro de los límites que le presta una estructura superior. El individuo está en relación con su nación, como la hoja lo está con el árbol. El sucesivo y progresivo escalonamiento de la individualidad va de la nación a la tribu, de esta a la raza, y de allí al género humano. En tercer lugar, le transmitió el concepto de la Historia entendida como una forma de arte, específicamente una forma de arte clásico capaz de representar (mimetizar) la realidad tal como en efecto aparece en determinado momento y lugar. El artista se ocupa del conocimiento de la naturaleza y estudia las estructuras orgánicas, mientras que el historiador investiga las fuerzas presentes en la vida, en tanto que operantes y directoras. En cuarto lugar, le manifestó la certidumbre de que las ideas y los acontecimientos son inseparables. Para el artista importa la simetría, la proporción y el concepto de la forma pura en la obra de arte; el historiógrafo se ocupa de las ideas que se despliegan serenas y grandiosas, siempre vinculadas a los acontecimientos pero sin dejarse absorber por ellos. En otras palabras, la idea no puede ser conocida sino a través *de todo lo que acontece*, de los derivados y múltiples eventos de que se ocupa el historiador cuando se sienta a escribir y ejerce su oficio. En quinto lugar, le transmitió el propósito de incluir en la narración histórica no solo los hechos, sino *el poder de la idea*. Humboldt quiso dejar en claro que el historiador no debe limitarse a la búsqueda exclusiva de los elementos materiales, porque la Historia trata de las acciones humanas, que se distinguen por la voluntad y la intencionalidad de quien actúa.

De igual manera, Humboldt señaló las cosas que no debe hacer el historiador. Para comenzar, debe evitar el subjetivismo, es decir, abstenerse de atribuirle a la realidad las arbitrarias ideas creadas por él mismo. Asimismo, la riqueza viva y activa de las partes o de los episodios no debe sacrificarse en aras de una búsqueda precipitada de la coherencia de la totalidad. Humboldt aconsejaba también no aspirar a una comprensión total de la Historia, pero sí trabajar impulsado por preocupaciones específicamente morales para influir en la construcción de un mejor futuro.

Sobre las características del trabajo de Von Ranke, Corcuera de Mancera (1997) las describe en estos términos:

> *El método de Ranke*. Ranke deseaba alcanzar una comprensión sólida de la historia del hombre y para lograrlo debió coordinar dos niveles simultáneos de trabajo: el estudio de los hechos y la búsqueda de la verdad en la historia. Su método consistía en establecer normas precisas para reunir las fuentes, seleccionarlas en función de su autenticidad, analizar e interpretar su contenido y explicar el proceso histórico. El propósito último es alcanzar la verdad.

1. *Reunir las fuentes*. Las fuentes son los documentos, las obras o los materiales diversos que informan al historiador. El historiador depende primero de sus informantes, pero cuando no tiene testigos disponibles, su eficacia para acercarse al pasado se subordina a la lectura de los documentos.

2. *Seleccionar las fuentes*. La escuela científica o erudita se apoya en una regla utilizada anteriormente con éxito por los historiadores benedictinos: la investigación debe descansar en el empleo de fuentes estrictamente contemporáneas a los acontecimientos narrados. Nada tan primordial como tener acceso a la narración directa de algún testigo ocular.

El método *realista* de Ranke nace de rechazar y apartar, más que de añadir, aceptar o incorporar; pero esa inteligibilidad progresiva solo se alcanza mediante un movimiento de lo particular a lo general, nunca por el procedimiento inverso. Insiste en las personalidades notables porque su fortaleza y creatividad, sobre todo cuando entran en conflicto por motivaciones de orden político, mueven la historia.

3. *El análisis del contenido y su interpretación*. Si el oficio del historiador es construir interpretaciones del pasado a partir de los documentos que han sobrevivido a la destrucción del tiempo, el trabajo que se le presenta es enorme. Una vez determinada la autenticidad de sus fuentes, debe encontrar la manera más provechosa de leer ese material para después, a su vez, comunicar lo que sabe o cree saber. Ranke no ve mayor problema cuando dispone de una sola fuente o de un solo grupo homogéneo de documentos porque las voces que escucha hablan al unísono y lo encaminan en la misma dirección. La situación cambia cuando surge una contradicción entre fuentes o testigos, porque se dejan oír voces simultáneas y el historiador comienza a escuchar, a veces sin orden ni concierto, opiniones diferentes. ¿Qué hacer? ¿Existe algún criterio objetivo e infalible para separar los documentos en verdad significativos de los que no merecen ser tomados en cuenta porque engañan, mienten o son simplemente irrelevantes? Para Ranke las contradicciones eran solo aparentes, el problema surgía de versiones dudosas o falsas que terminaban por ser eliminadas. Había que confrontar las diversas fuentes para que los documentos se manifestaran por sí mismos. Lo interesante es que los documentos y *no el historiador* debían resolver la cuestión.

Como la contradicción histórica no existe, el historiador debe limitarse a mostrar el error y proceder a rechazar la versión menos confiable. Así queda garantizada su sacrosanta imparcialidad porque la verdad está en los documentos.

4. *La explicación*. La objetividad que buscaba Ranke se apoya en el convencimiento de que los hechos se manifiestan por sí solos, pero a final de cuentas *lo que verdaderamente sucedió* era aquello que tenía significado histórico de acuerdo con las fuentes y los testigos. Hayden White llama a este tipo de *realismo doctrinal* porque Ranke pretende conocer la realidad de forma *realista* sin derivar sus puntos de vista de ningún *preconcepto* específico sobre la naturaleza del mundo y sus procesos. No se percató de que había un prejuicio en el manejo de una metodología que acepta *a priori* que los documentos de archivo son en sí los depositarios de la verdad histórica. Tenía la falsa idea de que el solo estudio de los materiales llevaba a la objetividad.

No advirtió que sus fuentes no eran elementos pasivos de la realidad. No comprendió que el manejo de los hechos no escapa a una doble subjetividad. En efecto, toda fuente está condicionada por la *capacidad y la intencionalidad* del testigo, y por la peculiar *personalidad* del historiador que valora o interpreta. Ningún documento, por más fidedigno que parezca, debe escapar a los cuestionamientos del historiador y su contenido debe ser interrogado por mentes entrenadas en la disciplina de lo que algunos críticos han llamado "una incredulidad controlada". Ninguna fuente documental, incluyendo las estadísticas, puede expresarse por sí sola, pues nadie puede sustraerse a sus circunstancias personales ni a su entorno social, religioso, político o mental.

La búsqueda de la verdad en la historia. Ranke dedicó mucho tiempo al método, pero como ya se dijo su objetivo último era otro. El método no es un fin en sí mismo, es solo el medio para alcanzar la verdad. Después de que Ranke murió, muchos historiadores continuaron utilizando el método de la escuela científica para determinar la objetividad de los hechos. Algunos conservaron la fantasía de una historia exenta de juicios de valor o de un compromiso personal y no faltó quien olvidara que la selección de las fuentes, paso indispensable para que el historiador no quede ahogado en un mar de información documental, implica una valoración que depende de las preferencias del investigador, de un interés comprometido que le lleva a escoger el tema porque le apasiona, le intriga o le atormenta, pero nunca porque le sea indiferente. (Corcuera de Mancera 1997: 123-140)

Un contemporáneo de Von Ranke, Fustel de Coulanges, autor de *La cité antique*, también escribía lo siguiente:

> [...] introducir las propias ideas personales en el estudio de los textos, es el método subjetivo. Se cree mirar un objeto y es la propia idea la que miramos. Se cree observar un hecho, y este toma inmediatamente el color y el sentido que la mente quiere que tenga [...] Muchos piensan que es útil y bueno para el historiador tener preferencias, "ideas capitales", concepciones superiores. Esto, dicen, da a la obra más vida y más encanto; es la sal que corrige la insipidez de los hechos. Pensar así es equivocarse mucho en cuanto a la naturaleza de la historia. La historia no es un arte, es ciencia pura. No consiste en contar de manera agradable o en disertar con profundidad. Consiste como todas las ciencias en comprobar los hechos, en analizarlos, en comprobarlos, en señalar entre ellos un lazo. Puede ocurrir, sin duda, que cierta filosofía se desprenda de esta historia científica; pero es preciso que se desprenda de ella naturalmente, por sí misma, casi al margen de la voluntad del historiador [que] consiste en obtener de los documentos todo lo que contienen y en no añadir nada de lo que no contienen. El mejor de los historiadores es aquel que se mantiene más cerca de los textos, quien los interpreta con mayor exactitud; quien no escribe e incluso no piensa sino según ellos. (Fustel de Coulanges citado en Carbonell 2001: 121-122)

Para saber en qué consiste el método positivista aplicado a la Historia, hay que retornar a los textos, sobre todo a la *Introducción a los estudios históricos* publicada por Langlois y Seignobos en 1898, que aún es utilizada en muchos centros académicos como ejemplo de cómo debe entenderse la investigación histórica, pese a que Bloch quiso reemplazarla por su *Apología para la historia*. Pero aquí una precisión es necesaria. Si bien es cierto que la Historia se escribe con ideas, su materia prima (cuando existe) son los documentos, y, por lo mismo, ellos deben ser escrutados con rigor, sometiéndolos a una crítica tanto *externa* como *interna*, a partir de los parámetros sugeridos por Langlois y Seignobos. De no hacerlo, el ejercicio de la Historia se convierte en una simple especulación y propaganda. Ninguna afirmación sirve sin una evidencia que la sustente, decía con firmeza el gran Ernest Labrousse.

Ha transcurrido un siglo y medio desde que fueron enunciadas las propuestas de Von Ranke y de Langlois y Seignobos. Es posible exponer su legado de manera breve y contundente, distinguiendo entre su contenido técnico y su dimensión analítica.

Sobre lo primero —es necesario reiterarlo para evitar malentendidos— , son una serie de recomendaciones sensatas y una guía para el análisis de documentos que ningún historiador puede ni debe ignorar, en tanto que la base documental constituye la fuente de todo razonamiento. Rechazarlo implica desconocer la capital importancia del texto y las premisas a partir de las cuales debe escrutárselo con propiedad. Por cierto, desde el reclamo de los Annales hasta la fecha, nadie piensa que los documentos hablan por sí solos, ni que el simple ordenamiento de los hechos en una escala de tiempo produce automáticamente la explicación de por qué ocurren ni de los procesos a que dan lugar. Se requiere, más bien, que esos documentos hablen como consecuencia de los interrogatorios a que son sometidos por parte del analista —en este caso el historiador o la historiadora—, quien no va a ellos con la mente desprovista de ideas, de premisas, de coordenadas que provienen de su experiencia o de la teoría social que asuma. Se lo dijo con mucha elocuencia desde la década de 1930 al postular que el argumento gira siempre en torno a una pregunta, a un problema o una cuestión. Pero no se trata, por cierto, de preguntarse hasta el cansancio, sino de intentar formular una respuesta, por hipotética que sea. La instrumentalización de las hipótesis supone, como se sabe, la formulación de otras que sean falseables, su instrumentalización en variables, la articulación de las mismas en modelos que representen esa realidad en abstracto, procesos que forman parte de toda metodología que vincule esos supuestos teóricos con la realidad materia de indagación. Pero lo último implica seguir las pautas trazadas por historiadores del calibre de Von Ranke, Langlois y Seignobos.

La escuela francesa de los Annales

El segundo gran paradigma en las investigaciones históricas corresponde a la escuela francesa de los Annales, nombre de una revista fundada por Marc Bloch el 15 de enero de 1929 bajo el nombre inicial de *Annales d'Histoire Économique et Sociale*. En ese momento, tanto Bloch como Lucien Febvre, siguiendo la tradición gala, eran profesores del Liceo (secundaria), mientras terminaban sus tesis doctorales, requisito para obtener posiciones más respetables. Los dos amigos eran totalmente hostiles al tipo de historiografía que se practicaba en ese momento en Francia, y cuyo mejor ejemplo era el conocido libro de Langlois y Seignobos *Introducción a los estudios históricos* publicado inicialmente en 1898 y aún vigente en muchos países de la América Latina.

El tipo de historia contra el cual se rebelaron era la historia historizante de raíz positivista, anclada en la escuela de Von Ranke, en la que predominaban los hechos políticos y administrativos, y los acontecimientos. En contra de esa tradición, Febvre y Bloch abogaron por una historia económica y social, en el sentido fuerte de la palabra: por una historia no de los individuos, por importantes que ellos fueran, sino de los hechos de masa y de los grandes grupos. También por una historia que privilegiara el diálogo entre el pasado y el presente; por una alianza con otras disciplinas sociales como el camino para que la Historia saliera de la orfandad teórica en la que se encontraba; por el uso de cualquier artefacto que atestiguara el paso de los hombres, y no solo de los documentos escritos, como equivocadamente reclamaba Von Ranke; y, finalmente, la exigencia de que toda investigación histórica se articulara en torno a la formulación rigurosa de una pregunta o de una cuestión. Con toda razón dijeron que solo encontraba aquel o aquella que sabe lo que busca.

Estas premisas iniciales estuvieron en la base y fueron fortalecidas por las obras cumbres de la historiografía de Occidente, como son *La sociedad feudal*, de Marc Bloch (1987 [1939-1940]); *El problema de la incredulidad en el siglo XVI: la religión de Rabelais*, de Lucien Febvre (1993 [1942]); y *El Mediterráneo y el mundo mediterráneo en la época de Felipe II* (1976 [1949]), de Fernand Braudel, el recién llegado al grupo. Fueron trabajos como estos los que tuvieron en vilo al radiante pensamiento francés durante varias décadas y los que permitieron a sus autores salir de las cátedras de las universidades de provincia y conquistar los bastiones académicos de La Sorbona, el Colegio de Francia y la Escuela Práctica de Ciencias Sociales. Fueron estas obras, también, las que permitieron que su pensamiento y los nuevos modos de pensar y escribir la historia se difundieran por todo Europa, los Estados Unidos, América Latina y más allá.

Dado que en la Francia de su tiempo la enseñanza de la Historia y la geografía se impartía de manera conjunta en la formación de un historiador, no es sorprendente que un geógrafo como Vidal de la Blache desempeñara un papel importante en la formación de Febvre, quien además había publicado *La terre et l´évolution humaine* (1922) en la colección de Henri Berr, que la obra maestra de Fernand Braudel sea "una contribución a la geohistoria", en tanto que la primera parte de ese gran libro tiene que ver con los paisajes casi inertes de las llanuras y con el mar Mediterráneo. Febvre fue el autor del libro *El problema de la incredulidad...* (1993 [1942]), cuya primera parte trata de la vida y obra del autor de *Gargantúa y Pantagruel*, mientras que la segunda se ocupa de definir la idea que tenía Rabelais del cristianismo, rechazando la tesis de A. L. Franc, quien hacía de él un incrédulo, un librepensador y un racionalista. Febvre critica estos juicios, señalando que en la época de Rabelais el concepto de ateísmo no formaba parte del "utillaje mental" de la gente y que, por tanto, el peor pecado que pueden cometer los historiadores es el anacronismo. La obra maestra de Bloch fue sin duda *La sociedad feudal*, publicada entre 1939 y 1940, la cual es un análisis de la sociedad europea de los siglos IX al XIII. También es autor de *Los reyes taumaturgos* (1924), un estudio sobre la lealtad de los súbditos franceses e ingleses a sus respectivos monarcas, fundada en el poder curativo que tenían sobre aquellos. Asimismo escribió *La extraña derrota* (1946) y *Apología para la historia* (1996) en los años difíciles de la Segunda Guerra Mundial, en los cuales, pese a su avanzada edad, se enroló en el ejército francés para luchar contra la ocupación nazi de su patria. Desde su experiencia y cultura como historiador, el primer libro es una explicación del porqué de la temprana derrota militar y política de Francia, mientras que el segundo fue y es tomado todavía, a mi juicio de manera equivocada, como un texto de metodología de la Historia, aunque se trata más bien de una importante reflexión sobre su experiencia como historiador y sobre cómo debe ser pensada y escrita esta disciplina.

Especialistas como Peter Burke (1990) han señalado que en la tradición historiográfica de la Escuela de los Annales existen por lo menos tres generaciones: la primera corresponde a Lucien Febvre y Marc Bloch desde la fundación de los Annales hasta el final de la Segunda Guerra Mundial; la segunda, a Fernand Braudel, después de la guerra hasta la crisis de Mayo de 1968; y la tercera, a los discípulos de Braudel, entre los que destacan Jacques Le Goff y Emmanuel Le Roy Ladurie, quienes transitaron de la historia económica y social a la historia de las mentalidades. Es el caso de Jacques Le Goff, como se sabe, de *La civilización del Occidente medieval* (1969) a *El nacimiento del purgatorio* (1981); y de Emmanuel Le

Roy Ladurie, de *Los campesinos del Languedoc* (1966) a *Montaillou, aldea occitana de 1294 a 1324* (1975). Pero ellos no fueron los únicos ni los últimos en dar este paso, porque en la medida en que esta Escuela estallaba en migajas —al decir de François Dosse (1987)—, o se trivializaba su agenda de investigaciones, surgieron muchos otros que lo hicieron, mereciendo el implacable juicio de Braudel (citado por Aguirre 1999):

> Si mis sucesores prefieren estudiar las mentalidades, olvidando la vida económica ¡peor para ellos! Por mi parte, yo no estudiaría las mentalidades sin considerar al mismo tiempo todo el resto [...] porque no existe una historia autónoma de las mentalidades, ellas están ligadas siempre a todo el conjunto. (Aguirre 1999: 185)

Pero el problema no es solo de los últimos discípulos de la Escuela de los Annales. En efecto, a las grandes propuestas de sus fundadores —que han sido señaladas en los apartados anteriores—, Fernand Braudel sumó, por ejemplo, en "La historia y las ciencias sociales: la larga duración" (1958), la importante idea de la existencia de temporalidades distintas en la Historia que por largo tiempo alimentó las investigaciones de este grupo. No obstante, aún falta formular una propuesta rigurosa sobre la articulación de estos diferentes tiempos, como lo señala Josep Fontana (1982). De la misma manera, muchas de las propuestas son metáforas y no conceptos rigurosos, de modo que es muy difícil seguir sus enseñanzas con coherencia. Sus planteamientos más importantes también forman parte de una *historia-problema*, pero no de una *historia-teoría*. Aunque parecen ser grandiosos y únicos en las búsquedas imaginativas de los caminos al pasado, su tratamiento no es completamente satisfactorio.

Quisiera retomar los dos libros emblemáticos de Jacques Le Goff —*La civilización del Occidente medieval* y *El nacimiento del purgatorio*— para ilustrar los cambios en la problemática de sus investigaciones y analizar los trabajos de Ruggiero Romano, el historiador italiano más próximo a los Annales, para calibrar su impacto en América Latina.

Ruggiero Romano (1923-2002) fue un notable historiador italiano, que desde 1947 hasta 1989 vivió y enseñó en París en estrecha colaboración con los fundadores de la Escuela de los Annales, Lucien Febvre y Fernand Braudel. Interesa aquí sobre todo su labor como latinoamericanista, aunque él, por sobradas razones, no compartiera esta etiqueta. Su primer trabajo fue *Historia colonial hispanoamericana e historia de los precios* (1965), en el cual demostraba que el comportamiento de los precios en la América del siglo XVII era de una permanente estabilidad, y explicaba la razón en contraste con lo que ocurría en Europa. A lo largo de todos sus trabajos sobre Hispanoamérica, Romano insistió, con una coherencia y énfasis notables, en señalar la peculiaridad de esta región: una economía más natural que monetaria; un comportamiento de los precios opuesto al de Europa; el papel central de la "encomienda"; y la necesidad de América de pensar en sus propios términos. Su obra casi póstuma, *Mecanismo y elementos del sistema económico colonial americano: siglos XVI-XVIII* (2004), es a la vez un resumen y una actualización sobre la economía colonial latinoamericana, y, de manera particular, sobre la naturaleza del mercado, de la moneda y del intercambio. Hablar de una economía monetaria no tenía sentido alguno en la medida en que la producción de plata, al caracterizarse su emisión por grandes unidades, no tenía efectos prácticos para el comercio de pequeñas transacciones; se trataba, como decía él, de una "emisión aristocrática". Por otra parte, la moneda americana circulaba prácticamente por todo el mundo, salvo en el continente, como consecuencia de la puesta en marcha de múltiples mecanismos de evasión y de contrabando. Por lo tanto, la comprensión del funcionamiento de la economía colonial americana implicaba recurrir a conceptos distintos de los de moneda y mercado.

Como se sabe, estas tesis motivaron uno de los grandes debates en el campo de la historia económica de la región, particularmente animados por Carlos Sempat Assadourian (1979) y Antonio Ibarra (2000). El primero sostiene que la plata extraída del cerro de Potosí circuló internamente antes de ser exportada a Europa, y que ese proceso de circulación expresado en el uso de la plata como mercancía-dinero para la compra tanto de los bienes de consumo como de los bienes de capital que requerían las áreas mineras, fue creando grandes espacios mercantiles y no economías naturales. Ibarra, por su parte, argumenta que el valor de la emisión de la moneda menuda fue de una magnitud nada despreciable, poniendo también en cuestión las ideas de Romano.

Para continuar, vale la pena reproducir lo que escribió Le Goff en *La civilización del Occidente medieval* (1969, también en 1974, 1978 y 1981), cuando se interesaba por la historia económica, sobre la vida material en los siglos X y XI:

> El Occidente medieval es un mundo equipado mediocremente. Casi nos sentimos inclinados a decir sub-equipado. No obstante, repitámoslo, hablar a propósito de él, de sub-equipo, de sub-desarrollo, no resulta admisible. Porque, si bien el mundo bizantino, el mundo musulmán y la China lo superan por aquel entonces, en cuanto al brillo de su economía monetaria, a su civilización urbana, a su producción de lujo, el nivel de sus técnicas, sin embargo, es igualmente mediocre. Cierto que la Alta Edad Media padeció incluso una cierta regresión a este respecto en relación con el Imperio romano, pero, inversamente, progresos tecnológicos importantes surgen y se desarrollan a partir del siglo XI. Entre los siglos V y XIV, empero, la invención es escasa. De todas formas, el progreso, que en sus aspectos esenciales es más cuantitativo que calificativo, no nos parece desdeñable. Más que innovaciones, lo que hay es difusión de útiles, de máquinas, de técnicas conocidas desde la antigüedad, pero que se habían convertido más o menos en rarezas o curiosidades. Tal es el aspecto positivo de la evolución técnica en el Occidente medieval.
>
> Los dos "inventos medievales" más espectaculares y revolucionarios databan de la antigüedad, mas, para el historiador, su fecha de nacimiento coincide con la de su difusión, no con la de su descubrimiento. Esta fecha pertenece a la Edad Media. El molino de agua es conocido en Iliria desde el siglo II antes de Jesucristo y en Asia Menor desde el siglo I antes de Jesucristo. Existen así mismo en el mundo romano: Vitrubio lo describe y su descripción nos muestra que los romanos habían aportado a los primeros molinos de agua un perfeccionamiento notable al reemplazar las ruedas horizontales primitivas por ruedas verticales, con un engranaje que unía el eje horizontal de las ruedas al eje vertical de las muelas. Sin embargo, el molino de mano accionado por esclavos o animales sigue siendo la regla común. En el siglo IX, el molino ya está extendido por Occidente: cincuenta y nueve son mencionados en el políptico de la rica abadía de Saint-Germain des-Prés. No obstante, en el siglo X, los *Annales de San Bertín* describen como un "espectáculo admirable para nuestro tiempo" la construcción ordenada por el abad de un molino de agua, cerca de Saint-Omer. La expansión del molino hidráulico se sitúa entre los siglos XI y XIV. En un barrio de Ruán existen dos molinos en el siglo X, aparecen cinco más en el XII, otros diez en el XIII y todavía catorce en el XIV.

Del mismo modo, el arado medieval deriva casi con toda certeza del arado de ruedas, descrito por Plinio el Viejo en el siglo I. Se expande y se perfecciona lentamente durante la Alta Edad Media.

[...]

Queda por hablar de la utilización para diversos usos artesanales, a veces industriales, del molino hidráulico. En él se encuentra —con el sistema moderno de uncir a los animales— el gran progreso técnico de la Edad Media.

La Edad Media es el mundo de la madera. La madera constituía entonces el material universal. Se trata todavía con frecuencia de una madera de mala calidad o, en todo caso, de una madera cuyas piezas son de dimensiones restringidas y mediocremente trabajadas. Los grandes maderámenes de una sola pieza que se utilizan en la construcción de los edificios, en los mástiles de los navíos, en las armaduras —el "merrain"—, difíciles de cortar y labrar, son materiales caros, si no de lujo.

[...]

Otro producto de exportación hacia el Oriente, a partir de la época carolingia, fue el hierro, o, mejor, las espadas (las espadas francas abundan en las fuentes musulmanas de la Alta Edad Media). En este caso, se trata ya de un producto de lujo, un producto trabajado, fruto de la habilidad de los herreros bárbaros, expertos, como hemos visto, en las técnicas metalúrgicas procedentes, a través de la estepa, del Asia central, el mundo de los metales. El hierro, en contraposición a la madera, escaseaba en el mundo occidental de la Edad Media.

[...]

Nada de extraordinario tiene, por tanto, que el hierro sea, como hemos visto, objeto de atenciones que llegan hasta hacerlo ocasión de milagro. Nada de asombro que el herrero sea reputado desde la Alta Edad Media como un personaje extraordinario, con un prestigio cercano al del brujo. Sin duda alguna, debe sobre todo esta aureola a su actividad de forjador de armas, de fabricante de espadas, y a una creencia que él convierte, juntamente con el orfebre, en un ser sagrado, legado por la tradición bárbara escandinava y germánica al Occidente medieval.

[...]

Por otro lado, el material que, durante la Edad Media, rivaliza con la madera no es el hierro, que no proporciona, en general, sino muy escaso apoyo —hojas de las herramientas, clavos, herraduras, tirantes y cadenas que refuerzan los muros—; es la piedra.

La madera y la piedra, he aquí la pareja básica de materiales empleada en la técnica medieval. Los arquitectos son, a la vez, *carpentarii y lapidarii*, "carpinteros y albañiles". Los obreros de la construcción son calificados a menudo de *operarii lignorum et lapidum*, "obreros en madera y en piedra". Sin embargo, la piedra constituye por largo tiempo un lujo en relación a la madera. A partir del siglo XI, el gran crecimiento de la construcción, fenómeno esencial del gran desarrollo económico medieval, consiste con frecuencia en reemplazar una construcción de madera por una construcción de piedra. La sustitución se efectúa en iglesias, puentes, casas. La piedra, comparada con la madera, supone un material noble. Poseer una casa de piedra es signo de riqueza y de poderío. Dios y la Iglesia, los señores en sus castillos, son los primeros en disfrutar de ellas, pero pronto, como un signo de la ascensión de los más ricos burgueses, estos comienzan también a construirlas.

[...]

El resultado de todo ello es la exigüidad de los rendimientos agrícolas. En la época carolingia, tales rendimientos debieron de ser próximos a 2 (2'7, en el dominio real de Anappes, Francia, departamento del Norte, a comienzos del siglo IX). Incluso a veces se elevan apenas por encima de 1, es decir de la recuperación pura y simple de la semilla empleada. Un progreso notable se produce entre los siglos XI y XIV. No obstante, las cosechas siguen siendo malas. Los agrónomos ingleses del siglo XIII aseguran que las tasas normales eran de 8 para la cebada, 7 para el centeno, 6 para las leguminosas, 5 para el trigo y 4 para la avena. La realidad parece haber sido menos brillante. En las buenas tierras del obispado de Winchester, las tasas son 3'8 para el trigo y la cebada y 2'4 para la avena. La proporción de 4 o 4 por 1 aparenta haber sido la regla general para el trigo [...].

A pesar de todos los progresos realizados en los siglos XII y XIII por la energía hidráulica y la energía eólica, la parte más esencial del trabajo en el Occidente medieval es proporcionado todavía por el hombre y por los animales.

No puede ponerse en duda que, en este campo, se consiguen importantes avances. El más espectacular y el más rico en consecuencias de ellos es, sin discusión, lo que ha denominado, siguiendo al comandante Lefebvre des Noëttes y a M. Haudricourt, "el tiro o atelaje moderno", un conjunto de progresos que permitieron, hacia el año 1000, aprovechar mejor la tracción de sangre y aumentar el rendimiento del trabajo de los animales. Esas innovaciones facilitan sobre todo el empleo preferente del caballo como animal de tiro y de labor. Más rápido que el buey, el caballo es capaz de acelerar y multiplicar los trabajos, de arar y rastrillar.

[...]

Las mismas insuficiencias en el dominio de los transportes. Tampoco en este capítulo se puede olvidar la importancia de la energía humana sin duda las prestaciones de transporte, reminiscencia de la antigua esclavitud, se hacen cada vez menos numerosas y parecen desaparecer después del siglo XII. Pero aún en el siglo XI, por ejemplo, los monjes de Saint-Vanne exigen de sus siervos domiciliados en Laumesfeld, Lorena, "la obligación de transportar trigo en una distancia de seis millas sobre sus hombros" o, mejor aún, sobre su cuello, su nuca, como dice el texto latino: *cum collo*.

[...]

Los transportes marítimos, a despecho de ciertos perfeccionamientos técnicos no despreciables, continúan resultando insuficientes, ya sea porque esas mejoras no hayan producido todo su efecto antes del siglo XIV —o quizá más tarde—, ya sea que su importancia fuese bastante limitada.

En primer lugar, el tonelaje de las flotas de la Cristiandad occidental es mediocre. Los buques son pequeños, incluso después del aumento de los tonelajes en los siglos XII y XIII, particularmente en el Norte, donde los navíos han de transportar productos voluminosos, granos y madera, por lo que aparece la *kogge* o *coca* hanseática, mientras que, en el Mediterráneo, Venecia construye galeras o, mejor, *galeas* —*galea da mercato*— de mayores dimensiones. ¿Podemos avanzar algunas cifras? Una capacidad superior a las 200 toneladas parece excepcional.

Mediocre también el número de buques. Los "grandes" navíos son pocos. Los convoyes que Venecia —la mayor potencia marítima de la época— arma a partir del comienzo del siglo XIV, uno o dos por año, para enviarlos hacia Inglaterra y Flandes, no comprendían más allá de dos o tres galeras.

[...]

En cuanto al uso de la brújula, que determina el levantamiento de mapas más exactos y que permite la navegación durante el invierno, no comienza sino después de 1280. En fin, la Edad Media ignora el cuadrante y el astrolabio náutico, instrumentos del Renacimiento.

[...]

Los adelantos técnicos más significativos en el dominio "industrial" no afectan, en definitiva, sino a sectores particulares o, al menos, no fundamentales, Y, aun así, su difusión no se produce hasta finales de la Edad Media. El más espectacular de todos ellos es, sin duda alguna, la invención de la pólvora y de las armas de fuego. No obstante, su eficacia militar se afirma lentamente. Durante el siglo XIV, e incluso después, los primeros cañones siembran el terror en el adversario más por el estruendo que causan que por su carácter destructor. Su gran importancia estribará en el hecho de que el desarrollo de la artillería suscita, a partir del siglo XV, un gran progreso en la metalurgia.

[...]

Los técnicos y los inventores de la Edad Media son, en efecto, artesanos. No escapan tampoco a la regla aquellos en quienes se ha querido ver una selección intelectual, poseedora de técnicas sutiles: los mercaderes italianos o hanseáticos, a propósito de los cuales se ha llegado a hablar de una "supremacía intelectual". Sin embargo, ha de tenerse en cuenta que, durante largo tiempo, el principal trabajo del mercader ha consistido en desplazarse, para lo cual no es necesaria ninguna calificación especial. El mercader no es otra cosa que uno más entre los "errantes" de la ruta medieval. Se le llama en Inglaterra el *piepowder*, el "pie polvoriento", cubierto por el polvo de los caminos. Se nos muestra en la literatura, verbigracia en la narración de Jehan Bodel, *Le souhait fou* ("El deseo loco") de finales del siglo XII, como un hombre que pasa meses fuera de su casa, "para buscar su mercancía", y que regresa a ella, *"gai et joyeux"*, contento y feliz, después de haber permanecido largo tiempo fuera de su país, *"fors de poïs"*. A veces, si ese viajero es lo bastante rico, se las ingenia para tratar la mayor parte de sus negocios en las ferias de la Champagne. Cuando en sus negocios interviene un "intelectual" —mas esto únicamente en la Cristiandad meridional—, es el notario quien redacta para él los contratos, contratos en general muy sencillos y cuyo principal mérito estriba en servir de testimonio, al ejemplo de las cartas feudales. Ni siquiera la Iglesia, que fuerza al mercader a servirse de una cierta complicación y una cierta sutilidad al condenar bajo el nombre de usura todas las operaciones de crédito, consigue hacer progresar su técnica de una manera decisiva. Por otro lado, esos dos instrumentos que señalan un progreso seguro en la práctica comercial, si bien con una técnica restringida, la letra de cambio y la contabilidad por partida doble, no se extiende sino a partir del siglo XIV. Las técnicas comerciales y financieras de la Edad Media figuran entre las más rudimentarias. La más importante, el cambio, se limita a un intercambio de piezas: un solo cambio "manual".

En aquellas ocasiones en que se produjo un desarrollo económico en el Occidente medieval —como aconteció del siglo XI al XII, según hemos visto—, tal desarrollo no fue otra cosa que la consecuencia de un crecimiento demográfico. Era preciso hacer frente a un mayor número de gentes que debían ser nutridas, vestidas, alojadas. Las roturaciones y la extensión de los cultivos fueron los principales remedios aportados para solucionar los problemas causados por este excedente de población. El acrecentamiento de la productividad por procedimientos intensivos (barbecho trienal, abono, mejoras en el instrumental) no fue, por lo que respecta a la intención, sino un aspecto secundario. La dimensión misma de las grandes iglesias románicas y góticas respondía, en primer término, a la simple necesidad de acoger a un pueblo cristiano más numeroso. Por otra parte, las explotaciones monásticas, verdaderos pilotos y testimonios de la economía de la época, con frecuencia intensifican o aminoran su producción en función de las variaciones que se producen en la población monástica. Así, en Cantorbery, durante la segunda mitad del siglo XII, las prestaciones en especie exigidas a los campesinos se reducen al mismo tiempo que disminuye el número de monjes.

Es lógico que esta indiferencia, incluso esta hostilidad, al desarrollo económico se reflejase en el sector de la economía monetaria. Fuertes persistencias se oponían a la expansión de tal sector, que ostenta un espíritu de lucro de tipo precapitalista.

[...]

La Edad Media, al igual que la Antigüedad, se sirvió durante largo tiempo del préstamo de consumo como principal, como única forma de préstamo, siendo casi desconocido el préstamo de producción. El interés impuesto sobre el préstamo de consumo estaba prohibido entre cristianos y era considerado pura y simplemente como usura, rechazada por la Iglesia. Tres textos bíblicos (*Éxodo* 22, 25; *Levítico* 25, 35-37, y *Deuteronomio* 23, 19-20) condenan el préstamo con interés entre judíos, en reacción contra las influencias de Asiria y de Babilonia, donde el préstamo de cereales estaba muy desarrollado. Esas prescripciones, aunque poco respetadas por los antiguos judíos, fueron adoptadas por la Iglesia apoyándose sobre las palabras de Cristo: "Prestad sin esperar nada en devolución y vuestra recompensa será grande" (*Lucas* 6, 34-35). De esta manera, se dejaron de lado todos los pasajes en que Jesús, que no indicaba en esta frase más que un ideal propuesto a los más perfectos de sus discípulos, hacía alusión sin condenarlas a las prácticas financieras condenadas por la Iglesia medieval como usurarias. La actitud de Jesús ante Mateo, perceptor o banquero, hombre de dinero en todo caso, viene a corroborar ese aspecto indulgente de su doctrina respecto a la finanza. Sin embargo, tal actitud fue casi totalmente ignorada o, al menos, pasada en silencio por la Edad Media. Más aún, la Cristiandad medieval, después de haber condenado el préstamo de consumo entre cristianos —otra prueba de su constitución como grupo cerrado— y abandonado a los judíos el oficio de usureros (lo cual no privó a las grandes abadías de la Alta Edad Media de desempeñar en cierta medida el papel de "establecimientos de crédito"), se opuso también durante largo tiempo al préstamo de producción y, más generalmente, condenó como usura todas las formas de crédito, estimulante si no condición indispensable del desarrollo económico. Los escolásticos, siguiendo en esto a Santo Tomás de Aquino, poco comprensivo, contrariamente a lo que se ha sostenido, con respecto a los medios comerciales e imbuidos de las ideas económicas de la pequeña nobleza terrateniente de la que procedía, acudieron a Aristóteles en demanda de ayuda. Resucitaron su distinción entre la economía de tipo familiar autárquica y la economía de tipo comercial crematística, o, por mejor decir, su distinción entre la crematística natural que se dirige a la simple utilización de los bienes —a la subsistencia— y es, por lo tanto, alabada, y la crematística monetaria, práctica contra la naturaleza y, en consecuencia, condenada. Tomaron, asimismo, de Aristóteles la afirmación [de] que el dinero no nació de manera natural y, por lo tanto, no puede dar a luz otro dinero: *Nummus non parit nummos*. Toda operación de crédito que comportase la percepción de un interés chocó durante mucho tiempo contra ese dogma. (Le Goff 1969: 273-312)

De la economía a las mentalidades

Sería injusto, no obstante, vincular la emergencia de la historia de las mentalidades, como una de las disciplinas históricas recientes, a las peripecias descritas de la historia económica y social. En efecto, el mismo Lucien Febvre, antes de publicar el libro sobre Rabelais, ya había escrito "Histoire et psychologie" (1938); "Comment constituer la vie affective d'autrefois? La sensibilité et l'Histoire" (1941); "Sorcellerie, sottise ou révolution mentale?" (1948); "Histoire des sentiments: la terreur" (1951) y "Pour l'histoire d'un sentiment: le besoin de sécurité" (1956), es decir, un conjunto de trabajos cuyos temas constituyen una parte central de las preocupaciones de este nuevo tipo de Historia. Lo mismo puede decirse del trabajo pionero de George Duby, *L'histoire des mentalités* (1961). Y es que la inflexión hacia la historia de las mentalidades fue también el resultado de dos razones complementarias.

La primera tiene que ver con la *construcción* de la sociedad y con la *explicación* de su funcionamiento, es decir, con la teoría. Si se asume en toda su fuerza la afirmación de que los hombres no se contentan con vivir en sociedad, sino que producen sociedad para vivir, es decir que las sociedades son también el resultado de una construcción social, es importante pensar con profundidad sobre la naturaleza de esta construcción y sobre la articulación interna de los diferentes niveles que la integran.

En la reflexión marxista es bien conocida la distinción entre infraestructura y superestructura, pese a que los conceptos originales *Grundlage* y *Uberbau* empleados por Marx no corresponden del todo a esta traducción convencional. El *Uberbau* es la construcción, el edificio de cada sociedad, que se eleva sobre pilares, el *Grundlage*. Como señala Maurice Godelier (1984) en su libro *L'idéel et le matériel*, es en la casa donde se vive, y no en los pilares, de modo tal que una traducción más correcta hubiera tal vez evitado reducir la superestructura a una realidad empobrecida. En cualquier caso, en esta oposición de carácter metafórico radica la fuente de muchas confusiones, de muchos debates aún irresueltos.

Durante mucho tiempo, como consecuencia del congelamiento impuesto por el estalinismo sobre la investigación y la reflexión marxista, era en efecto un lugar común afirmar la primacía de la infraestructura, y sostener, como corolario, que la superestructura, es decir todo aquello que no correspondía al orden material de una sociedad, era un epifenómeno, un resultado, un reflejo de la infraestructura.

La crudeza del enunciado anterior hizo que no resistiera el menor análisis, una vez que la indagación libre de sus premisas fue posible. Se intentó resolver el *impasse* proponiendo la articulación dialéctica entre infraestructura y superestructura, pero esta solución de compromiso era poco satisfactoria.

En segundo lugar, es posible ahora postular, bajo ciertos contextos, como resultado de las investigaciones marxistas en el terreno de la cultura y de los avances de las investigaciones en antropología y en la historia de la Antigüedad y de la Edad Media, el reconocimiento pleno del orden ideal, incluso la preeminencia de la superestructura en el ordenamiento del conjunto de la totalidad social. Como también es posible reconocer el reclamo de historiadores como Lawrence Stone (1979), quien en su conocido artículo "The Revival of Narrative: Reflections on a New Old

History" cuestionaba la rigidez de los análisis históricos alimentados por las ciencias sociales y demandaba el rescate de enfoques más históricos. Tal reconocimiento fue decisivo para que la práctica de la historia de las mentalidades adquiriera la solvencia y la popularidad que tuvo hasta hace poco.

La agenda de investigación en la historia de las mentalidades

La historia de las mentalidades se interesa, como su nombre lo sugiere, por todos aquellos fenómenos que forman parte de la cultura, de los sentimientos, de las sensibilidades de una colectividad. Su definición, por lo mismo, no es todo lo rigurosa que sería deseable, como lo reconoce Jacques Le Goff en el artículo "Las mentalidades: una historia ambigua" (1974). En todo caso, forman parte de sus preocupaciones procesos e instituciones que habitualmente el historiador de la economía o de la sociedad desdeña.

En 1991, Georges Duby publicó, bajo el título de *L'Histoire continue*, un conjunto de reflexiones sobre el sentido de su trabajo como historiador. La definición que ofrece de la historia de las mentalidades no es más precisa, pero es de gran ayuda al lector que desea entender el *porqué* y el *para qué* de esta disciplina. Duby (1991) escribe:

> Ya no empleo la palabra mentalidad. No era satisfactoria y no tardaríamos en damos cuenta de ello. Pero entonces, a finales de los años cincuenta, nos venía muy bien, por sus debilidades, por su propia imprecisión para designar la *terra incógnita* que invitábamos a los historiadores a explorar con nosotros, cuyos límites y topografía aún no conocíamos. ¿De qué se trataba en realidad? De franquear al umbral con que tropieza el estudio de las sociedades del pasado cuando se limita a considerar los factores materiales: la producción, las técnicas, la población, los intercambios. Sentíamos la necesidad urgente de ir más allá, del lado de esas fuerzas cuya sede no está en las cosas sino en la idea que uno se hace y que en realidad gobierna imperiosamente la organización y el destino de los grupos humanos. (1991: 42)

Luego de diseñar su ámbito, son también importantes sus siguientes precisiones:

> Sin embargo —y ese era el segundo de nuestros principios— no estábamos interesados en el individuo. Obligados, por supuesto, a menudo, a comprender qué queríamos conseguir con una determinada personalidad, nos esforzábamos por extraer de sus pensamientos lo singular. Dado que no aceptábamos separarla de su cuerpo, tampoco consentíamos que se aislase a ese individuo del cuerpo social al que pertenecía. Por mentalidades entendíamos el conjunto borroso de imágenes y de certezas no razonadas, al cual se refieren todos los miembros de un mismo grupo. Pedíamos que la observación se concentrara sobre ese fondo común, ese núcleo por debajo de lo que cada uno podía imaginar y decidir. Sin embargo, nos pusimos en guardia, a pesar del uso que de él hacía el gran historiador de lo sagrado que fue Alphonse Dupront, contra el concepto de inconsciente colectivo, falaz a nuestro parecer. En efecto, no hay inconsciente sino en relación con una conciencia, es decir, una persona. Ahora bien, nosotros no intentábamos reconocer lo que cada persona accidentalmente tiene reprimido fuera de lo consciente, sino ese magma confuso de presunciones heredadas a las que hace referencia en todo momento sin darse cuenta, sin desecharlo de su mente. (1991: 42)

Por otro lado, en el tercer tomo del libro *Faire de l'histoire*, editado en 1974 por Pierre Nora y Jacques Le Goff, se publican como ejemplos de historia de las mentalidades los artículos de Jean Claude Chevalier, "La lengua: lingüística e historia"; de Roger Chartier y Daniel Roche, "El libro: un cambio de perspectiva"; de Pierre Vidal-Naquet, "Los jóvenes: crudo, niño griego y cocido"; de Jacques Revel y Jean-Pierre Peter, "El cuerpo: el hombre enfermo y su historia"; de Jean-Paul Aron, "La cocina: un menú en el siglo XIX"; de Jacques Ozouf, "La opinión pública: apología de los sondeos"; de Marc Ferro, "El cine: ¿un contraanálisis de la sociedad?"; y de Mona Ozouf, "La fiesta bajo la Revolución francesa". Dos décadas más tarde, el repertorio temático es ciertamente más variado, pues incluye como sujetos de análisis la muerte, la locura, los olores, la criminalidad, el ocio, etc.

Por los temas que constituyen la agenda de investigación en la historia de las mentalidades, es posible detectar el fuerte impacto que tuvo y tiene la antropología y la psicología en esta corriente, sobre todo la primera, dada la centralidad de la cultura en la investigación antropológica. En efecto, tanto Le Roy Ladurie como Duby y Le Goff, por mencionar a los tres mejores especialistas franceses en este campo, han reconocido explícitamente la deuda y la inspiración recibida de las investigaciones antropológicas, en las cuales la preocupación por el universo simbólico, los ritos y el mundo sobrenatural tiene una arraigada tradición. También el impacto de la psicología ha sido importante, pese a las dificultades técnicas que plantea la utilización de esta disciplina en el estudio del pasado, considerando que resulta imposible acceder al testimonio directo de los informantes.

La historia de las mentalidades y el problema de las fuentes

Según Le Goff y Nora (1974), todo es una fuente para el historiador de las mentalidades:

> Están primero los documentos que atestiguan estos sentimientos, estos comportamientos paroxísticos o marginales que por su separación aclaran la mentalidad común. Por no salir de la Edad Media, la hagiografía pone de manifiesto estructuras mentales de base: la permeabilidad entre el mundo sensible y el mundo sobrenatural, la identidad de naturaleza entre lo corporal y lo psíquico —de ahí la posibilidad del milagro y, más generalmente, de lo maravilloso—. La marginalidad del santo —reveladora del fondo de las cosas— tiene por corolario la marginalidad ejemplar también de los diabólicos: posesos, herejes, criminales. De ahí el carácter de documento privilegiado de todo cuanto da acceso a estos testigos: confesiones de herejes y procesos de inquisición, cartas de remisión otorgadas a criminales que detallan sus entuertos, documentos judiciales y más generalmente monumentos de la represión.
>
> Otra categoría de fuentes privilegiadas la constituyen los documentos literarios y artísticos. Historia, no de los fenómenos "objetivos", sino de la *representación* de estos fenómenos, la historia de las mentalidades se alimenta naturalmente de los documentos de lo imaginario. Huizinga en su célebre *Déclin du Moyen Age* mostró todo cuanto la utilización de textos literarios (es la fuerza y la debilidad del libro) puede aportar al conocimiento de la sensibilidad y de la mentalidad de una época. Pero la literatura y el arte vehiculan formas y temas venidos de un pasado que no es forzosamente el de la conciencia colectiva. (1974, tomo III: 92-93)

Una de las fuentes privilegiadas en la historia social son los testamentos. La lectura y el análisis de este tipo de documento permiten, por ejemplo, conocer el proceso de concentración y acumulación de riqueza en una familia a través de generaciones, mediante el estudio de los recursos transmitidos por herencia. También el estudio transversal de las vinculaciones familiares del difunto permite acercarse al conocimiento de la movilidad social de la familia y de los mecanismos de ascenso y descenso social.

Pero el historiador de las mentalidades someterá a otro tipo de lectura y de análisis a estos testamentos. Estará interesado, por ejemplo, en los extensos exordios del que testa, en la medida en que permiten conocer la visión del más allá que una sociedad tiene. Esa misma lectura proporcionará indicios valiosos acerca de los juicios sobre su vida y su desempeño, y la manera en que este balance concuerda o se separa de los estándares sociales. Del mismo modo, conocer cómo se distribuyen sus bienes en herencia permitirá al historiador de las mentalidades indagar sobre la naturaleza de la unidad familiar y el peso específico de cada uno de sus miembros.

Pero Jacques Le Goff no investigó solamente las bases materiales de la civilización medieval. La publicación de su libro *El nacimiento del purgatorio* (1981) consolida su interés por el estudio de las representaciones mentales de la gente. Como afirma Andrés G. Freijomil (2012) en su reseña sobre el libro, el medievalista Le Goff pasó a preguntarse ahora:

> [...] ¿cómo se prepara la gente para la muerte y cómo se imaginan lo que vendrá después? No es una sorpresa que gran parte de la historia de la fe cristiana haya tenido menos que decir sobre el purgatorio que sobre el infierno, cuyos tormentos aparecen en los portales de las iglesias ya desde el siglo XII y cuyos demonios se apiñan sobre los lechos de muerte en los grabados del siglo XV. El purgatorio era mucho más difícil de visualizar —¿qué había que enfatizar, sus terrores o sus esperanzas?— y casi no apareció en ninguna descripción pictórica sino hasta bien pasado el siglo XIV. No obstante, al purgatorio se le ha pensado como un antiguo descubrimiento que se instaló en la sensibilidad católica sólo entre los siglos XV y XVII, aun cuando los protestantes ya lo estaban borrando de su mapa espiritual. Le Goff modifica esta cronología por ambos cabos. La idea del purgatorio llegó tarde a la cristiandad occidental, si nos referimos

> al purgatorio genuino: un tercer lugar entre el cielo y el infierno para una categoría intermedia de personas, y no a una noción cambiante de fuegos purificadores en una vida posterior a la muerte. Una vez que "nació" en el siglo XII, sin embargo, la idea del purgatorio tuvo una importancia enorme, al representar conceptos nuevos del tiempo y del espacio, al fortalecer nuevas pretensiones de poder y prestigio, al remodelar los juicios en este mundo. (Freijomil 2012)

Le Goff demostró que la palabra *purgatorio* apareció a finales del siglo XII y con ella ese tercer lugar en el mundo del más allá, y que esto fue el resultado de una revolución mental y social que sustituyó los sistemas dualistas por sistemas que hacían intervenir la idea de intermediación. El brillante estudio de Le Goff se basó en el análisis de los textos de los grandes teólogos y de compiladores.

Frente a una historia crudamente materialista, que procuraba deducir los hechos y los procesos de la cultura del ordenamiento económico de una sociedad, la historia de las mentalidades, con su énfasis en la autonomía de la cultura y sus propuestas sobre la importancia que tiene el estudio de la misma en la investigación de la totalidad social, es ciertamente sugerente. Al respecto, los ejemplos detallados en el apartado anterior me parecen elocuentes.

Sin embargo, pese a toda la importancia que tiene la historia de las mentalidades como un campo reciente de especialización de la Historia, es importante señalar dos riesgos que suponen su práctica. Se ha mencionado ya, en la pluma de sus mejores cultores, su profunda *ambigüedad*. Por ambigüedad debe entenderse la falta de rigor en los conceptos que utiliza, en los mecanismos de control de las fuentes, en las dificultades asociadas a la verificación de las propuestas. Pero el riesgo mayor, con todo, resulta cuando se la practica con entera prescindencia del entorno social y material en el cual estas mentalidades se encuadran. Un descuido de esta naturaleza implica el grave problema de reproducir el viejo *idealismo* y de reducir el enorme potencial que contiene la historia de las mentalidades a una deplorable *frivolidad*.

3

Los otros paradigmas en la Historia

Género e Historia

Uno de los campos más importantes en el análisis histórico lo constituye la dimensión del *género*. Su eclosión empezó en el último tercio del siglo XX por razones tanto académicas como políticas. Por razones políticas debe entenderse el impacto global del movimiento feminista, cuyas participantes reclamaban tanto la equidad y el respeto por su condición de mujeres, como cambiar radicalmente su marginación en la sociedad y en la política. Por razones académicas, para el caso de la Historia en particular, se trataba de una reivindicación muy sensible porque en los libros viejos, y no tan viejos, juntamente con negros, indios y otras minorías, las mujeres no aparecían ni siquiera en los pies de página. Dicho en otras palabras, se trataba de una historia de los hombres y para los hombres.

Pero es evidente que una historia en torno al concepto de género no puede limitarse en modo alguno a sustituir a los hombres por las mujeres, ni tampoco a equipararlos o compararlos. El género es una identidad, al igual que la clase o la etnia, y, por tanto, su construcción es el resultado de una relación, la de hombres y mujeres, ya sea en diálogo, en cooperación o, como sucede la mayoría de las veces, en conflicto. En esa perspectiva, un análisis que incluya la dimensión de género supone dar cuenta del papel que tienen las mujeres en la génesis, el desarrollo y el desenlace de un proceso social. Eso cuando se trata de examinar la dinámica de una sociedad. Pero es evidente que el rol de las mujeres no se reduce solo a sus acciones colectivas y más o menos públicas. En una dimensión más privada pueden repetirse en el campo de la Historia las experiencias ganadas en la antropología y la economía, cuando incorporaron la dimensión de género tanto en sus reflexiones como en sus análisis. En el primer caso, es decir, en la antropología, es evidente que en los análisis de la estructura del parentesco, el *yo* —que es el centro de la organización casi siempre—, como consecuencia de un sesgo masculino, es el hombre. Pero muchas sociedades documentadas por los antropólogos no se rigen por normas patriarcales, sino que la autoridad y las líneas de descendencia se organizan por el lado femenino. En la economía, por otra parte, es muy conocido el hecho de que el salario percibido por el supuesto "jefe" del hogar, es decir, el hombre, no financia ni siquiera una mínima parte de la producción y reproducción de la fuerza de su trabajo, sino que, en la unidad doméstica, esto depende del trabajo oculto de las mujeres, realizado en condiciones precarias, sea como esposa, compañera o hija. Si los cuadros de la contabilidad nacional incluyeran esta dimensión invisible del trabajo femenino, las nociones de salario, reproducción y mercado laboral se redefinirían sustantivamente.

Es también conocido que la mediación entre el salario y el mercado la ejerce cotidianamente la mujer, porque ella sabe que el poder de compra se deteriora con el constante incremento de los precios. Por eso, son más inconformes y más rebeldes que su contraparte masculina. Pero ¿cómo se establece este protocolo de negociación en el seno del hogar? Para volver a la experiencia de la Historia, también es necesario mencionar el papel de las mujeres en las protestas y movilizaciones sociales, donde casi siempre se encuentran en las primeras filas, no para inspirar la condescendencia de la represión, sino porque consideran que las demandas de los líderes obreros, que por razones obvias son hombres, son mesuradas.

Por cierto, la izquierda siempre pensó que la liberación femenina sería el resultado automático de la victoria de la clase oprimida, una afirmación que la teoría y la práctica han desmentido una y otra vez. La dominación y la explotación de la mujer preceden y subsisten a la explotación de clase porque tienen un anclaje diferente: se arraigan en el campo de la cultura y de cómo se construye su identidad dominada.

Una de las cientistas sociales cuya producción contribuyó significativamente a comprender la experiencia del género es Joan W. Scott (2011). Ella afirma en la introducción de su libro *Género e historia,* que no debe existir una separación entre la política feminista y los estudios académicos sobre el género,

> [...] porque ambos forman parte del mismo proyecto político que consiste en el intento colectivo de enfrentarse a la actual distribución del poder y cambiarla, perspectiva que insiste también en la necesidad de examinar el género de forma concreta, en su contexto, y de considerarlo como un fenómeno histórico que se produce y reproduce en diferentes situaciones a lo largo del tiempo. (2011: 24)

La Historia no solo se ocupa de lo que les sucedió a las mujeres y hombres, y de qué manera reaccionaron, sino "de cómo se han construido las significaciones subjetivas colectivas de hombres y mujeres vistos como categorías de identidad" (Scott 2011: 25). El término género sugiere que las relaciones entre los sexos son un aspecto prioritario de la organización social (en lugar de derivar de las presiones económicas o demográficas), que los términos de identidad masculina y femenina están determinados culturalmente (y que no son enteramente producidos por individuos o colectividades), y que las diferencias entre los sexos constituyen estructuras sociales jerárquicas que, a su vez, son constituidas por estas (2011: 46). El término *género*, como sustituto de mujeres, también se emplea para sugerir que la información de las mujeres es necesariamente información sobre los hombres y que lo uno implica el estudio de lo otro (2011: 53). En el marxismo, el concepto de género ha sido tratado ampliamente como un producto accesorio en el cambio de las estructuras económicas; el género no ha gozado de un estatus analítico independiente, propio (2011: 58).

En torno al género y la Historia, Carmen Ramos Escandón, en "La nueva historia, el feminismo y la mujer" (1997), desarrolla una serie de argumentos sobre esta cuestión que importa recuperar y discutir. Con respecto al interés sobre las mujeres, sostiene que, en la década de 1970, "los estudios eran una suerte de historia de rescate, de reivindicación de las mujeres", y que luego se centraron en las relaciones entre hombres y mujeres, y en formular otra clase de preguntas.

Ramos Escandón afirma también que

> [...] existe una mirada femenina, una forma de plantear preguntas desde los asuntos trascendentes para las mujeres. ¿Cómo se determina lo femenino? ¿Cómo se constituye en relación con lo no-femenino? ¿Cómo se conforman las relaciones entre hombres y mujeres? Los vínculos entre los sexos se convierten entonces en una categoría social, en una construcción social dada en un tiempo y un espacio determinados, y no en una relación condicionada y predeterminada por la biología. (1997: 7-23)

Por otra parte, esta autora sigue a Joan W. Scott para decir lo siguiente:

> [...] la historiografía de la mujer ha enfrentado varios problemas en la búsqueda de responder a la pregunta sobre la especificidad de la historia femenina; tres de las más frecuentes son: 1) el énfasis en el patriarcado como causa principal de la opresión femenina; 2) la perspectiva marxista según la cual la clave está en la explicación de la reproducción como producción; 3) la explicación psicoanalítica que recurre a la fijación inconsciente del sujeto en la naturaleza o cultura para explicar la identidad de género de los sujetos. En el primer caso, y a partir de los estudios antropológicos que resaltan la constancia de la opresión femenina por parte de los hombres, el feminismo de los años 70 formula la categoría del patriarcado, es decir, la manifestación e institucionalización del dominio masculino sobre las mujeres y los niños en la familia y, por extensión, el dominio del hombre sobre la mujer como causa central. (Ramos Escandón 1997: 7-23)

Como otros estudiosos del patriarcado, en su libro *The Creation of Patriarchy*, Gerda Lerner (1986) señala la existencia del deseo del varón de dominar a la mujer como una forma de trascender su alienación a los medios de reproducción de la especie. De ahí, la importancia del control de la reproducción, la necesidad de verificar la paternidad y apropiarse del fruto de la reproducción. Pero Carmen Ramos advierte con precisión que el patriarcado plantea una constante atemporal de las formas de subordinación femenina. Si en todas las organizaciones sociales se somete a la mujer sobre la base de la sexualidad o de la reproducción, la especificidad histórica de la opresión femenina pierde concreción, se convierte prácticamente en un lugar común.

Una de las aproximaciones al género desde una perspectiva psicoanalítica se basa en las tesis de Freud sobre la relación del infante con su madre y cómo se supera esa fijación de modo diverso en los sujetos de sexo masculino, es decir, cómo se vuelven niños y niñas, para ubicar allí el proceso de identidad de género. Desde esta perspectiva, la importancia del inconsciente es innegable si se acepta que es allí donde se ubica la ponderación de géneros que se apoya en una división sexual. La otra variante del enfoque psicoanalítico sobre el género es la corriente estructuralista, que destaca la función del lenguaje como vehículo para la presentación del género y la reproducción de un sistema de significados. Esta corriente enfatiza sobre todo cómo el lenguaje está "sexuado" y cómo, en el significado mismo de las palabras hay una categorización que apunta a una diferenciación de género.

Marx y la Historia

En su búsqueda de una alternativa académica y política a la historia de las batallas, de los héroes y de los límites, las obras de Marx y el marxismo, en general, representaron una clara opción para la historiografía de la América Latina de mediados del siglo XX, incluso mucho más que la de los Annales, sobre todo para quienes pensaban que la práctica de la Historia no se limitaba a un simple ejercicio académico, sino que era un instrumento eficaz para comprender y poder cambiar la situación social y política. En ese contexto, no es de extrañar el enorme impacto que el marxismo tuvo en los escritos y debates de esta historiografía, aunque sus resultados no guardan relación con las esperanzas que se cifraron en él.

La explicación de esta paradoja no ha sido menos intensa y ha dado lugar a numerosas discusiones y artículos que escapan a los límites de este trabajo. Basta señalar que los resultados se debieron al sesgo marcadamente ideológico que tuvo la mayor parte de estos trabajos, en los que no se cotejaban las propuestas de Marx con la evidencia empírica, sino que se ofrecía una letanía de citas de Marx, como los versículos de *La Biblia*, en los que la realidad no se asomaba por ninguna parte. Tanto con la caída del Muro de Berlín y la crisis del socialismo —que algunos interesadamente asociaron con el derrumbe de Marx y del marxismo—, como con los avances del *posmodernismo*, el grueso de la historiografía marxista desapareció, a tal punto que hoy en día no se lee a Marx ni se discute su utilidad para las investigaciones sociales, salvo casos aislados que no hacen sino confirmar la validez de la regla general.

En este contexto, ¿tiene sentido aludir a Marx como un paradigma importante para la Historia y para las Ciencias Sociales en general? La respuesta inequívoca es afirmativa, con la condición de no convertir sus enunciados en cánones indiscutibles sino, más bien, en hipótesis o preguntas para guiar las investigaciones, y de no desvalorizar las críticas bajo la coartada de tratarse de una ideología burguesa. "Ni calco ni copia, sino creación heroica", como proponía en sus tiempos José Carlos Mariátegui o como opina Perry Anderson (1992a: 105-118) a propósito de la reformulación del concepto de "revolución burguesa" ante los cuestionamientos de la historiografía académica sobre esta experiencia.

Antes de señalar algunos elementos pertinentes del pensamiento de Marx para la investigación histórica, vale la pena enunciar lo que *debiera evitarse*, con la ayuda de Eric J. Hobsbawm (1998), quien escribe sobre ese "marxismo" al que denomina "vulgar".

> 1. La "interpretación económica de la historia", es decir, la creencia de que el factor económico es el principal del cual dependen los demás [...]
> 2. El modelo de "base y superestructura" (usado más ampliamente para explicar la historia de las ideas) [...]
> 3. "Intereses de clase y luchas de clases" [...]
> 4. "Las leyes históricas y la inevitabilidad histórica" [...]. (1998: 152)

Es bien conocido que Marx nunca suscribió la división académica de las disciplinas sociales, y que para él la ciencia social unitaria era el *materialismo histórico*. Si bien fueron pocos sus análisis históricos, en el sentido convencional del término —entre los que se encuentran *La lucha de clases en Francia*, *El dieciocho brumario de Luis Bonaparte* y *La comuna de París*, a los cuales deben añadirse *Las guerras campesinas en Alemania* y *El origen de la familia, la propiedad privada y el Estado*, de Friedrich Engels—, lo cierto es que, como evidencia *El capital*, en su pensamiento la Historia y la Economía eran indisociables o, para decirlo en palabras de Joseph Schumpeter (1963), "Fue el primer economista de gran clase en reconocer y enseñar sistemáticamente cómo la teoría económica puede ser convertida en análisis histórico y cómo la presentación histórica puede ser convertida en *historia razonada*" (1963: 72).

Pero no solo en sus escritos propiamente históricos, sino en textos como *El capital* (vol. 1), *La ideología alemana*, *Miseria de la filosofía* y *El manifiesto comunista*, Marx enunció algunos de los principios fundamentales del materialismo histórico, que deben ser analizados con atención para comprender su idea de la Historia y su tratamiento de la misma. Aquí, para discutir sus propuestas, se ha elegido la conocida introducción a *Contribución a la crítica de la economía política*, texto escrito en 1859 en Londres:

> La primera tarea que emprendí con el objeto de resolver las dudas que me asediaban fue una revisión crítica de la filosofía del derecho de Hegel, un trabajo cuya introducción apareció en los *Deutsch-Französische Jahrbücher*, editados en París en 1844. Mi investigación desembocó en el resultado de que tanto las condiciones jurídicas como las formas políticas no podían comprenderse por sí mismas ni a partir de lo que ha dado en llamarse el desarrollo general del espíritu humano, sino que, por el contrario, radican en las condiciones materiales de vida, cuya totalidad agrupa Hegel, según el procedimiento de los ingleses y franceses del siglo XVIII, bajo el nombre de "sociedad civil", pero que era menester buscar la anatomía de la sociedad civil en la economía política. Comencé en París la investigación de esta última, prosiguiéndola en Bruselas, hacia donde había emigrado como consecuencia de una orden de expulsión del señor Guizot. El resultado general que obtuve y que, una vez obtenido, sirvió de hilo conductor de mis estudios, puede formularse brevemente de la siguiente manera. En la producción social de su existencia, los hombres establecen determinadas relaciones, necesarias e independientes de su voluntad, relaciones de producción que corresponden a un determinado estadio evolutivo de sus fuerzas productivas materiales. La totalidad de esas relaciones de producción constituye la estructura económica de la sociedad, la base real sobre la cual se alza un edificio [*Uberbau*] jurídico y político, y a la cual corresponden determinadas formas de conciencia social. El modo de producción de la vida material determina [*bedingen*] el proceso social, político e intelectual de la vida en general. No es la conciencia de los hombres lo que determina su ser, sino, por el contrario es su existencia social lo que determina su conciencia. En un estudio determinado de su desarrollo, las

> fuerzas productivas materiales de la sociedad entran en contradicción con las relaciones de producción existentes o lo cual solo constituye una expresión jurídica de lo mismo con las relaciones de producción dentro de las cuales se habían estado moviendo hasta ese momento. Esas relaciones se transforman en formas de desarrollo de las fuerzas productivas en ataduras de las mismas. Se inicia entonces una época de revolución social. Con la modificación del fundamento económico todo ese edificio descomunal se trastoca con mayor o menor rapidez. Al considerar esta clase de trastocamientos, siempre es menester distinguir entre el trastocamiento material de las condiciones económicas de producción, fielmente comprobables desde el punto de vista de las ciencias naturales, y las formas jurídicas, políticas, religiosas, artísticas o filosóficas, en suma, ideológicas, dentro de las cuales los hombres cobran conciencia de este conflicto y lo dirimen. Así como no se juzga a un individuo de acuerdo a lo que este cree ser, tampoco es posible juzgar una época semejante de revolución a partir de su propia conciencia, sino que, por el contrario, se debe explicar esta conciencia a partir de las contradicciones de la vida material, a partir del conflicto existente entre fuerzas sociales productivas y relaciones de producción. Una formación social jamás perece hasta tanto no se hayan desarrollado todas las fuerzas productivas para las cuales resulta ampliamente suficiente, y jamás ocupan su lugar relaciones de producción nuevas y superiores antes de que las condiciones de existencia de las mismas no hayan sido incubadas en el seno de la propia antigua sociedad. De ahí que la humanidad siempre se plantee solo tareas que puede resolver, pues considerándolo más profundamente siempre hallaremos que la propia tarea solo surge cuando las condiciones materiales para su resolución ya existen o, cuando menos, se hallan en proceso de devenir. A grandes rasgos puede calificarse a los modos de producción asiático, antiguo, feudal y burgués moderno de épocas progresistas de la formación económica de la sociedad. Las relaciones de producción burguesas son la última forma antagónica del proceso social de la producción, antagónica no en el sentido del antagonismo individual, sino en el de un antagonismo que surge de las condiciones sociales de vida de los individuos, pero las fuerzas productivas que se desarrollan en el seno de la sociedad burguesa crean, al mismo tiempo, las condiciones materiales para resolver este antagonismo. Con esta formación social concluye, por consiguiente, la prehistoria de la sociedad humana. (1987: 4-6)

Sobre la articulación entre el marxismo y la Historia, en el texto figuran varios apartados que ameritan ser comentados y que tienen que ver con los conceptos de fuerzas productivas, relaciones de producción, su correspondencia recíproca, la determinación de la base sobre la superestructura y la relación entre *ser* y *conciencia*. Sobre cuestiones como estas ha girado la discusión entre los marxistas sin haber llegado a ningún consenso. Controversias que incluso involucran el concepto clave de "modo de producción", que fue pensado para capturar la totalidad histórica, agravado por el hecho de que en los escritos del propio Marx no existe una formulación precisa (Shaw 1978: 31). De la misma manera, como menciona Marx, si:

> [...] la totalidad de esas relaciones de producción constituye la estructura económica de la sociedad [las que a su vez] corresponden a un determinado estadio evolutivo de sus fuerzas productivas materiales [y si, finalmente] [...] en un estadio determinado de su desarrollo, las fuerzas productivas materiales de la sociedad entran en contradicción con las relaciones de producción existentes o —lo cual solo constituye una expresión jurídica de lo mismo— con las relaciones de producción dentro de las cuales se habían estado moviendo, esas relaciones se transforman de formas de desarrollo de las fuerzas productivas en ataduras de las mismas. Se inicia entonces una época de revolución social. (1987: 5)

El enunciado anterior plantea un dilema fundamental que divide al marxismo en dos campos: el que privilegia la dimensión técnica y productivista, por una parte, y el que enfatiza el papel de las relaciones de producción. La primera posición ha sido defendida por autores como Gerard A. Cohen (1979) y William Shaw (1978), mientras que la segunda constituye uno de los postulados fundamentales del así llamado "marxismo británico" (Kaye 1989), particularmente en su reivindicación del papel central de la "agencia humana" en el proceso histórico, en contraste con las rígidas propuestas del estructuralismo que subrayaba más bien la determinación de las acciones humanas por la estructura. Es evidente que la comprensión del proceso y del cambio social dependerá en gran medida del rol que alternativamente se asigne a las fuerzas productivas o a las relaciones de producción en el desarrollo de las sociedades humanas.

A continuación Marx afirma que "con la modificación del fundamento económico todo ese edificio descomunal se trastoca con mayor o menor rapidez" (1971). El dilema, otra vez, es el siguiente: ¿se trata de una determinación económica directa sobre las demás instancias de la sociedad, o de una en la que esta determinación está mediada o sobredeterminada? Fue Marx, después de todo, quien había escrito que:

> [...] en todas las formas de sociedad existe una determinada producción que asigna a todas las otras su correspondiente rango [e] influencia y cuyas relaciones por lo tanto asignan a todas las otras el rango y la influencia. Es una iluminación general en la que se bañan todos los colores y [que] modifica las particularidades de éstos. Es como un éter particular que determina el peso específico de todas las formas de existencia que allí toman relieve [...]. (1971: 27-28)

La cita anterior pertenece a los "Grundrisse", las notas preparatorias de *El capital*. Pero en esta obra vuelve a enfatizar la existencia de un todo sobredeterminado en el cual la economía desempeña un papel central:

> Aprovecho la oportunidad para responder brevemente a una objeción que al aparecer mi obra *Zur Kritik der politiscen Ökonomie* (1859), me formuló un periódico germano-norteamericano. Mi enfoque —sostuvo éste— según el cual el modo de producción dado y las relaciones de producción correspondientes al mismo, en suma "la estructura económica de la sociedad es la base real sobre la que se alza una superestructura jurídica y política, y a la que corresponden determinadas formas de conciencia", ese enfoque para el cual "el modo de producción de la vida material condiciona en general el proceso de la vida social, política y espiritual", sería indudablemente verdadero para el mundo actual, en el que imperan los intereses materiales, pero no para la Edad Media, en la que prevalecía el catolicismo, ni para Atenas y Roma, donde era la política la que dominaba. En primer término, es sorprendente que haya quien guste suponer que alguna persona ignora esos archiconocidos lugares comunes sobre la Edad Media y el mundo antiguo. Lo indiscutible es que ni la Edad Media pudo *vivir* de catolicismo ni el mundo antiguo de política. Es, a la inversa, el modo y manera en que la primera y el segundo se ganaban la vida, lo que explica por qué en un caso la política y en otro el catolicismo desempeñaron el papel protagónico. Por lo demás, basta con conocer someramente la historia de la república romana, por ejemplo, para saber que la historia de la propiedad de la tierra constituye su historia secreta. Ya Don Quijote,

> por otra parte, hubo de expiar el error de imaginar que la caballería andante era igualmente compatible con todas las formas económicas de la sociedad. (Marx 1978, tomo I: 100, nota 33)

Otra afirmación contundente de Marx es que "no es la conciencia de los hombres lo que determina su ser, sino, por el contrario, es su existencia social lo que determina su conciencia", frase que también tiene una densa y contradictoria historia. La sociología del conocimiento, la sociología de la literatura, han cuestionado la primacía señalada del ser sobre la conciencia y han propuesto mediaciones entre ambas, la autonomía de la cultura e, incluso, la primacía de esta última sobre el orden material. En todo caso, la pertinencia de una u otra propuesta requiere una rigurosa verificación empírica que permita conocer situaciones específicas.

Es bien sabido que en 1848, en *El manifiesto comunista*, Marx y Engels afirman que los cambios en la Historia han sido siempre el resultado de la lucha de clases. Para quienes conciben la Historia como la transformación de las sociedades humanas, se trata de una idea importante en tanto sugiere la clave para explicar el cambio social. Pero, otra vez, las dificultades que encierra son considerables. Si bien el modo de producción es el "locus" de la producción, es también el "locus" de la explotación y de la lucha de clases (Althusser 2014: 45). Pero en las obras de Marx la definición precisa de *clase* está ausente. Tan convencido estaba de la centralidad de este concepto, que dejó para el final su tratamiento, y murió antes de emprenderlo. De ahí se derivan polémicas en torno a la definición de clase, a los elementos objetivos y subjetivos que la constituyen (las clases "en sí" como opuestas a las clases "para sí"), a saber si pueden existir conflictos que no son de clases o clases sin conflicto, por no mencionar si la configuración de las clases es concomitante solo con el surgimiento del capitalismo y no con las épocas precedentes.

Es claro, igualmente que, al menos en *El manifiesto comunista*, la oposición entre las clases es presentada de manera dicotómica: amos contra esclavos, siervos contra señores y capitalistas contra obreros. Pero en otros trabajos, como *El dieciocho brumario de Luis Bonaparte*, la clase burguesa está escindida en fracciones como la agraria, la industrial y la financiera, división y oposición que también afecta a los obreros marcando la existencia de una aristocracia obrera y de un *lumpen* proletariado.

Por no mencionar, finalmente, el complejo problema de la conciencia social en sus diversas manifestaciones, como una "falsa" conciencia, una conciencia "real" y una conciencia "posible".

Resta la cuestión capital de la *reproducción*, tanto de las condiciones de la producción como, sobre todo, de *las relaciones de producción*. Sobre lo primero, entendido como la reproducción de los "medios de producción" y de la "fuerza de trabajo", una lectura atenta de *El capital* de Marx indica adecuadamente sus mecanismos, mientras que, para el análisis de la reproducción de las *relaciones de producción*, las sugerencias de Althusser (2014: 140-163, 209-231) son pertinentes para una investigación sobre este proceso —en particular su trabajo *Ideología y aparatos ideológicos del Estado*—, entre las cuales figura en un lugar prominente la escuela y las instituciones educativas.

La revolución cliométrica

En 1964, Robert W. Fogel, profesor de la Universidad de Chicago, publicó el libro *Railroads and American Economic Growth*, que analiza el papel de los ferrocarriles en el crecimiento de la economía norteamericana a finales del siglo XIX para verificar si la creencia popular sobre su aspecto positivo era fundada. Una década más tarde, con el profesor Stanley Engerman, Fogel publicó dos volúmenes titulados *Times on the Cross*, cuyo objetivo era conocer las razones del declive de la esclavitud en Estados Unidos, otra vez frente a una creencia, esta vez de que esto se había debido a la ineficiencia económica del sistema esclavista. Estos trabajos estuvieron precedidos por un artículo importante de A. H. Conrad y J. R. Meyer —"The Economics of Slavery in the Antebellum South" (1958)— y fueron el comienzo de la así llamada "revolución cliométrica", otro paradigma en la investigación histórica cuyo campo fundamental es la historia económica. Los *cliómetras* son principalmente economistas, lo que significa que trasladan al campo de la Historia las teorías vigentes en economía, particularmente las neoclásicas, junto con todo el arsenal matemático y econométrico del que disponen en su trabajo. Su impacto ha sido tan fuerte que sus adeptos controlan las principales revistas de historia económica, en las que se publican trabajos que los historiadores ni siquiera pueden leer y mucho menos entender como consecuencia de su nulo entrenamiento matemático. Esta situación crea un dilema fundamental porque la historia económica no es una economía retrospectiva, y tampoco utiliza las experiencias históricas para verificar la pertinencia de una teoría o de un modelo económico. Su agenda es distinta: trata de explicar por qué las economías a lo largo del tiempo crecen o se estancan, y cómo repercute esto en el bienestar de la gente. Que los historiadores hayan sido expulsados de la historia económica por su ignorancia tiene por cierto consecuencias muy serias para el desarrollo de la disciplina, en la medida en que quienes ejercen la Historia han abandonado el análisis de las fuerzas materiales que explican el dinamismo de las sociedades humanas, y en su lugar ocupan su tiempo en satisfacer su curiosidad con cuestiones más pedestres y frívolas.

La economía es entre las ciencias sociales la que ha alcanzado el mayor rigor analítico, en parte como consecuencia de la formalización matemática de los resultados de su investigación. Por tanto, para la historia económica las coordenadas y la guía teórica de la economía son fundamentales. Simplemente, sin teoría económica no puede existir historia económica. Recíprocamente, el papel de la Historia en el análisis económico fue también fundamental, en la medida en que proporcionaba a los economistas evidencias suficientes para controlar empíricamente sus postulados, y porque también les obligaba a pensar que no existen leyes y sistemas económicos eternos, sino que estos obedecen a una racionalidad que es principalmente histórica. Esta fue la gran enseñanza de los clásicos de la economía, como Adam Smith, David Ricardo, Thomas Malthus y, sobre todo, Marx, para quien la separación entre análisis económico y razonamiento histórico era sencillamente imposible. Fueron los exponentes del otro gran cambio en el paradigma económico, los *neoclásicos* de Austria, quienes separaron la economía de la historia para privilegiar el análisis del equilibrio y del corto plazo en desmedro del cambio y de las grandes tendencias.

Fue el reconocimiento de que esta perspectiva a-histórica o antihistórica vigente en la economía moderna no permitía que las investigaciones inspiradas en ella dieran cuenta de los problemas más significativos de nuestro tiempo, lo que produjo el *neoinstitucionalismo* de Douglass North, un nuevo paradigma que postula que el análisis económico, para ser eficaz, debe estar encuadrado en el examen de las *instituciones*, que operan siguiendo reglas o normas que no son solamente económicas.

Pero volvamos a la cliometría y a su legado mezclado en el campo de la Historia. El libro de Fogel sobre los ferrocarriles fue un contundente cuestionamiento a la convicción ingenua de sus compatriotas de que, sin los ferrocarriles, la economía norteamericana no hubiera llegado a ser lo que fue. Desde el punto de vista de la información y de la cultura, es evidente que los hallazgos de Fogel son fundamentales. Pero más allá de esos ámbitos, el libro cuestiona también la tesis de la *indispensabilidad* de un determinado factor en el proceso de cambio, sea el ferrocarril o cualquier otro. El autor indica, en efecto, que en ausencia del tren, una economía madura como la norteamericana hubiera optado por incrementar la productividad de otros sistemas de transportes, como las carretas y la navegación fluvial, para suplir la carencia de ferrocarriles. Igualmente, volcar en la investigación sobre los ferrocarriles todo el arsenal teórico y técnico de la economía constituye un extraordinario ejemplo, sobre todo para los historiadores, del importante papel de la teoría social en el análisis histórico cuando esta se realiza en profundidad y no de manera aleatoria.

Pero ¿cuáles son los sesgos y las limitaciones de la *cliometría*? En primer lugar, como lo han reconocido sus principales críticos, estos análisis están anclados en los supuestos más duros de la vertiente neoclásica de la economía, cuya utilización supone que la realidad económica opera conforme a sus postulados. Otra vez, por consiguiente, emerge la brecha o discrepancia entre teoría y realidad. En segundo lugar, se trata de un análisis cien por ciento económico, perspectiva que excluye otras variables que no lo sean, aunque obviamente Fogel podría replicar que habla y escribe como el economista que es, en lugar de balbucear sobre aquello que no sabe. En tercer lugar, se trata de un análisis sobre el ferrocarril en un cortísimo plazo de tiempo, en lugar de la preferencia de los historiadores por las ondas largas y el largo plazo. Si ese marco temporal es bueno o malo depende de los problemas por estudiar; en todo caso, es preferible un análisis exhaustivo en un marco de tiempo breve que las divagaciones de largo plazo. Pero la mayor controversia se encuentra en el diseño de las técnicas de investigación, particularmente en el empleo de las *counter factual hypothesis* (traducido con el barbarismo de "hipótesis contrafácticas"). En otras palabras, se mide el impacto del ferrocarril asumiendo que no fue construido, por medio de la pregunta:

¿qué hubiera pasado si los ferrocarriles no hubieran existido? Para historiadores formados en la convicción de que la Historia consiste en el análisis de hechos absolutamente únicos e irrepetibles, esta pregunta es una herejía y un despropósito porque convertiría a la Historia en una disciplina ficticia. Pero ¿es así realmente? Se sabe que la Historia no es una ciencia porque no puede, entre otras cosas, formular leyes ni cuenta con la posibilidad de experimentar sus enunciados, lo cual no significa que sea un caos, como pretenden algunos, sino una *práctica científica*. Ahora bien, esas carencias visibles de la Historia pueden, hasta cierto punto, ser compensadas a través de las hipótesis de falsación, como lo quería Popper, del recurso de la historia comparada o de las estrategias de simulación, es decir, preguntas del estilo de: ¿qué hubiera pasado si...? Son razones como estas las que hacen que disienta de las reservas formuladas por el profesor Hobsbawm sobre la cliometría (Hobsbawm 1998: 122-132).

En su libro *¿Cuál de los caminos al pasado?: dos visiones de la Historia*, Fogel (1989) hace explícitas las características del tipo de Historia que practica, señalando:

> [...] que la característica común de los Cliométricos es que aplican los métodos cuantitativos y los modelos conductuales de las ciencias sociales al estudio de la Historia [...] el enfoque a veces conduce a los Cliométricos a representar el comportamiento histórico mediante ecuaciones matemáticas y luego a buscar la prueba, generalmente cuantitativa, capaz de verificar la aplicabilidad de estas ecuaciones o de contradecirlas. (1989: 41-45)

Dice también:

> [...] no es el análisis sino la descripción lo que ocupa la mayor parte del tiempo de los Cliométricos. A este respecto los Cliométricos se atienen a la admonición de Ranke de que los historiadores deben dedicarse a la tarea de determinar lo que realmente aconteció [...] Y así, arribamos al tradicional meollo de la diferencia entre la Historia y la Cliométrica. Numerosos historiadores tradicionales tienden a centrarse mucho en individuos específicos, en ideas particulares y en hechos no repetitivos; quienes intentan explicar los fenómenos colectivos por lo general solo hacen un

> uso limitado de modelos explícitos de conducta, y por lo común se apoyan principalmente en la evidencia literaria. Los Cliométricos tienden a centrarse bastante en colecciones de individuos, en categorías de instituciones y en hechos repetitivos; sus explicaciones con frecuencia incluyen modelos explícitos de comportamiento y dependen mucho de la evidencia cuantitativa. (1989: 49-50)

Concluye, de manera resumida,

> [...] que las diferencias entre ambas historias radican en la materia, en los tipos preferidos de testimonio, en la normas de prueba, en el papel de la controversia, en las actitudes ante la colaboración, y en la comunicación con el público lector de Historia [...]. (1989: 68)

Volvamos al texto de Conrad y Meyer sobre la esclavitud como un ejemplo del tipo de Historia que practica la cliometría. Como se sabe, la economía sureña antes de la Guerra Civil se caracterizaba por un alto grado de especialización y por su dependencia exclusiva del trabajo de los esclavos. Durante mucho tiempo, la tensión estuvo concentrada en que la ineficiencia de la esclavitud produciría por sí misma su desaparición, aun sin una intervención externa. De manera mucho más enfática se señaló incluso que la Guerra Civil, en lugar de ser un conflicto incontrolable, fue un innecesario baño de sangre. El trabajo de Conrad y Meyer se propuso verificar la pertinencia de la tesis sobre la ineficiencia de la esclavitud, para lo cual plantearon examinar la hipótesis alternativa, colocando valores apropiados sobre las variables de las funciones de producción y computando la tasa de retorno sobre el costo y el flujo de los ingresos sobre el tiempo de vida del esclavo. La tasa de retorno y la eficiencia marginal del capital esclavo deben, a su vez, ser al menos iguales a la tasa de interés disponible en los mercados de capitales norteamericanos. Además, es necesario mostrar qué mercados apropiados existieron para que esta especialización regional fuera posible y para que la esclavitud no necesariamente implicara la desaparición o una equivocada asignación del capital. Un corolario como resultado se obtendrá de la evidencia sobre la capacidad de la fuerza de trabajo esclava de mantenerse numéricamente. Para estos fines, fue necesario obtener información sobre los precios de los esclavos y el algodón; el producto promedio obtenido por la mano de obra masculina en el campo y en el *field wenches*; la esperanza de vida de los negros nacidos en la esclavitud; el costo de mantenimiento de los esclavos durante la infancia y otros periodos no productivos; y, finalmente, la tasa neta de reproducción y la composición demográfica de la población esclava en las áreas de producción y de uso.

Al término de una meticulosa investigación realizada en torno a las variables mencionadas, los autores concluyen que es dudoso que el Sur hubiese sido forzado por un mal gobierno a una guerra innecesaria para proteger un sistema que desaparecería pronto porque no era económicamente rentable. Se trata, dicen ellos, de una hipótesis romántica que no se sostiene frente a los hechos. En su lugar, y sobre la base del ejercicio de computación de los retornos del capital en su modelo de una economía sureña preguerra, y de la demostración de la eficiencia de la especialización regional, las conclusiones a las que llegaron son las siguientes:

1. La esclavitud fue rentable para el conjunto del Sur.
2. No hubo necesariamente nada autodestructivo acerca de los beneficios de la economía esclavista. Asimismo, no es sostenible el argumento sobre la capitalización, ni la afirmación de que la esclavitud colapsaría porque los esclavos no se reproducirían. Los precios de los esclavos no superaron la productividad, y la estructura de los precios regionales de los esclavos implicaría adecuados mecanismos de transferencia y no lo contrario.
3. La expansión continua del territorio de la esclavitud fue a la vez posible y, en alguna medida, necesaria.
4. El excedente productivo disponible de la esclavitud pudo ser utilizado para el desarrollo económico o —como en los regímenes totalitarios de este siglo— para el militarismo. Pese a ese buen augurio, la inversión y la industrialización del Sur se atrasaron. Es difícil explicarlo, salvo señalar que el empresariado no se arraigó en el Sur, o que en el Sur realmente solo operaba un sistema que no era de su propiedad. Además, la experiencia norteamericana claramente sugiere que la esclavitud no es, desde un punto de vista estrictamente económico, un desaliento para el desarrollo de la economía. Ciertamente, las fuerzas

económicas a menudo operan a favor de la continuidad del trabajo esclavo, de tal manera que su eliminación puede depender de duras medidas políticas. Indudablemente, esta no fue la experiencia norteamericana.

La microhistoria y el "paradigma indiciario"

En 1976, Carlo Ginzburg publicó *Il formaggio e i vermi: Il cosmo di un mugnaio del Cinquecento (El queso y los gusanos: el cosmos según un molinero del siglo XVI)*, obra en la que explora el mundo espiritual de un molinero llamado Domenico Scandella, el ya famoso Menocchio, quien fue ejecutado por la Inquisición hacia 1600. Acusado de herejía, al ser interrogado por sus lecturas, Menocchio mencionó varias narraciones de *La Biblia*, libros de viajes, crónicas, es decir, el tipo de textos que era frecuente encontrar en las bibliotecas de los poderosos. Pero el propósito de Ginzburg fue demostrar que la cultura de Menocchio no solo se nutrió de los mensajes del orden social de su época, sino que, en un procedimiento parecido al adoptado por los indios de América frente a los catecismos, el material leído fue transformado por una visión radicalmente no cristiana del mundo.

Aunque hasta 1994 el propio Ginzburg no calificó el libro como microhistoria (Serna y Pons 2000: 232), el hecho es que ese texto fue internacionalmente reconocido como el emblema de esta corriente, es decir, como una de las nuevas maneras de pensar, investigar y escribir la Historia.

El libro trata de los procesos del Santo Oficio al molinero Menocchio, nacido en 1532 en Montereale, una pequeña comunidad del Friuli, veinticinco kilómetros al norte de Pordenone. Autodidacta, casado y padre de once hijos, de los cuales cuatro habían fallecido, en 1583, con 51 años, Menocchio fue denunciado al Santo Oficio por hacer proselitismo en contra de la Iglesia y de Cristo. Aunque se presentó voluntariamente ante los inquisidores, el franciscano fray Felice da Montefalco lo hizo arrestar y lo puso en la cárcel. El 7 de febrero de 1584, en su primer interrogatorio, dijo lo siguiente:

> [...] yo he dicho que por lo que yo pienso y creo, todo era un caos, es decir, tierra, aire, agua y fuego juntos [...] Al principio este mundo no era nada,

> y [...] del agua del mar fue batida como una espuma, y se coaguló como un queso, del cual luego nace gran cantidad de gusanos, y estos gusanos se convirtieron en hombres, de los cuales el más poderoso y sabio fue Dios. (Ginzburg 1976: 63-64)

Según Ginzburg, Menocchio cuestionaba también la virginidad de María y el comportamiento poco piadoso de la Iglesia católica. Estas audacias hicieron que los jueces pensaran que se trataba de un loco o un poseído, a la vez que su familia buscaba su liberación. Sus defensores explicaron que Menocchio pedía perdón, pero no renegaba de nada. Luego de una primera condena de tres años de cárcel, fue liberado y forzado a vivir de por vida en Montereale. En esa villa, donde fue de nuevo nombrado camarero de la iglesia de Santa María —aunque también desempeñó otros oficios, como maestro de escuela, guitarrista, segador, molinero, trabajador de hostería—, reincidió en sus fantasías. Quince años después, con 67 años, se le enjuició por segunda y última vez. En esta ocasión se lo declaró reincidente, fue sometido a tortura con la intención de que revelara los nombres de sus cómplices y finalmente acabó en la hoguera. Ginzburg subraya que la ejecución de Menocchio era una estrategia de las clases dominantes para mantener su hegemonía.

Son tres las dimensiones más rescatables del trabajo de Ginzburg, plasmadas en *El queso y los gusanos*. La primera, de carácter teórico, tiene que ver con el concepto de cultura popular, y con esa perspectiva conocida con el nombre de "una historia desde abajo". En realidad, la reivindicación de una historia popular no empieza con Ginzburg, sino que se remonta a varias décadas atrás y forma parte de la reacción de una nueva historiografía social y económica frente a la tradicional que se concentraba en la historia de los poderosos y de los grandes hombres. De este modo, el libro de Ginzburg es un esfuerzo por descentrar el enfoque elitista de la vieja historia, pero la novedad radica en el hecho de que no existe, en el planteamiento de Ginzburg, una barrera infranqueable entre la cultura popular y la cultura de los dominadores. Más bien, lo que hay es una circularidad permanente entre una y otra, y ello tiene implicancias muy grandes para la comprensión y el conocimiento de lo que debe entenderse por cultura popular.

La segunda dimensión tiene que ver con el concepto de *microhistoria*. La definición precisa es imposible, razón por la cual es mejor acudir a la idea que se hicieron de ella sus practicantes, como Giovanni Levi (1993), quien sostiene que esa práctica supone la reducción de la escala de observación, lo que iría unido al "análisis microscópico y el estudio intensivo del material documental". Al adoptar este enfoque, el historiador puede ahora profundizar los diversos componentes que traman un proceso, con las características puntuales que sustentan una institución. Lo que se pierde en generalidad se gana en profundidad, a condición de no convertir a la *microhistoria* en un ejercicio de "parroquialismo" separado de su contexto. Es igualmente importante reconocer —como lo señalan los autores Serna y Pons (2000)— que en este tipo de relatos, el autor, es decir, el historiador, interviene de manera protagónica no solo comentando las acciones de sus personajes sino también revelando ante el lector las múltiples dificultades que confronta el análisis documental.

La tercera dimensión se relaciona con el "paradigma indiciario". Para Ginzburg, las coordenadas de este paradigma fueron trazadas por Giovanni Morelli, Sherlock Holmes y Sigmund Freud. El primero era capaz de identificar la autoría de una pintura a partir de detalles que pasaban inadvertidos, Sherlock Holmes desenredaba la trama de un crimen a partir de detalles que parecían insignificantes, y Freud diagnosticaba los males de sus pacientes a partir de pistas significativas.

Como señalan Serna y Pons (2000), lo que practica Ginzburg es la *conjetura*, en tanto que el autor formula interpretaciones que no están en la fuente, pero que no son mera fantasía o elaboración imaginaria. A esta manera de investigar y operar, Charles S. Peirce, en su libro *El hombre, un signo* (1988), la llama *abducción*, una forma especial o diferente de inducción. Es un proceso en virtud del cual el resultado surge de una regla que se descubre. Obliga al investigador a partir de los hechos, sin que disponga de una teoría previa que los explique, pero al mismo tiempo necesitándola como paso final. Por el contrario, la inducción implica comenzar desde una hipótesis adecuada sin que simultáneamente se tenga un hecho particular que la sustente, con lo que el investigador deberá completar su trabajo con aquel dato o datos de los que inicialmente carece. Esto quiere decir, pues, que mientras que la primera concluye con una regla, la segunda acaba dando con los hechos. Así pues, podemos decir con Peirce que "la deducción prueba que algo *tiene que*; la inducción muestra que algo es *actualmente operativo*; la abducción sugiere que algo *puede ser*" (Serna y Pons 2000: 171).

Mucho antes de que la microhistoria se hiciera internacionalmente popular, el historiador mexicano José Luis González, en su libro *Pueblo en vilo* —dedicado a la recepción en un pueblo aislado de la Revolución mexicana de 1910—, había adoptado una perspectiva de este tipo, pero sin nombrarla. Cada vez más, esta suerte de *local history* se ha convertido en la práctica frecuente de historiadores que prefieren dar cuenta de detalles pintorescos o significativos. Permite, como en el caso del trabajo de campo de un antropólogo, realizar un inventario exhaustivo de los aspectos que configuran una trama social y, como consecuencia de la reducción de la escala de análisis, su práctica es importante. No obstante, quienes la practican no deben olvidar que, por muy pequeña que sea la unidad de análisis, es necesario señalar, en primer lugar, lo que permite la articulación interna del conjunto local y, en segundo lugar, la articulación con los agregados macro y más grandes.

Otro ejemplo notable de microhistoria es el libro de Natalie Zemon Davis, *The Return of Martin Guerre* (1983), que trata de la impostura protagonizada por Bertrande de Rols, la mujer del desaparecido Martin Guerre, quien convive con Arnaud Du Tilh simulando ser su esposo.

Giro lingüístico, narración y la encrucijada de la Historia

Una de las transformaciones importantes en la historiografía contemporánea ha derivado del impacto que tuvieron en ella tanto la lingüística como la teoría literaria. Sobre la Historia y la Teoría literaria se tratará más adelante, en particular cuando se examine el alcance de las propuestas de Hayden White y de la *metahistoria*.

En la que respecta a la lingüística, como escribe Georg G. Iggers (1997), la relación entre conocimiento y realidad tiene un papel central en la teoría lingüística. La ciencia moderna entendió el lenguaje como un vehículo para la transmisión del conocimiento significativo. El positivismo lógico, que se originó en el Círculo de Viena, abogó por un lenguaje depurado de contradicciones y de ambigüedades culturalmente condicionadas, con la capacidad de comunicar conceptos lógicos y los resultados de la investigación científica. Más tarde, el estructuralismo cuestionó precisamente esta función referencial del lenguaje.

Para la teoría del lenguaje, como fuera formulada por el lingüista suizo Ferdinand de Saussure en *Curso de lingüística general* —obra que apareciera póstumamente en 1916—, dos ideas relacionadas eran básicas: de un lado, el lenguaje forma un sistema autónomo cerrado, que posee una estructura sintáctica; más aún, el lenguaje no es un medio para comunicar significados y unidades de significado, sino que, por el contrario, el significado es una función del lenguaje. Dicho de otro modo, el hombre no usa el lenguaje para transmitir sus pensamientos, sino más bien lo contrario: el significado es una función del lenguaje. Aquí yace la idea central de la concepción estructuralista sobre la sociedad y la Historia: el hombre se mueve en el encuadre de estructuras —en este caso, estructuras lingüísticas—, que él no determina, sino que lo determinan a él.

Desde la perspectiva de la teoría del lenguaje, el texto no hace referencia a una realidad externa, sino que está contenido en sí mismo. Puesto que los textos no se refieren a la realidad, argumenta Barthes, no existe diferencia entre verdad y ficción. El texto, además, es visto como independiente no solo del mundo externo, sino también como de su autor. El paso próximo asumido por Michael Foucault fue eliminar al autor como actor relevante en la producción de los textos. Si el autor desaparece, la intencionalidad y el significado también desaparecen del texto. Para Foucault, la Historia, por consiguiente, pierde su significación. Es una invención tardía del hombre occidental, en lo que llama la fase "clásica" de la historia moderna, que ya ha pasado. Esta convicción constituye una versión radical de la concepción que Saussure tenía sobre la visión del lenguaje, en el sentido de que para él existía una unidad entre la palabra (significante) y la cosa a la cual se refería (significado). Para Derrida, esta unidad no existe más; concibe, más bien, un infinito número de significantes sin significados claros porque no existe un punto similar al de Arquímedes desde el cual un significado claro puede ser asignado. Para la historiografía esto significa un mundo sin significado, desprovisto de actores humanos, voliciones o intenciones humanas, y con una total ausencia de coherencia (Iggers 1997: 120-121).

La conclusión de Iggers es que toda esta filosofía del lenguaje se aplica mejor a la crítica literaria que a la escritura histórica. Porque los recuentos históricos, incluso si utilizan formas narrativas que están muy cerca de los modelos literarios, reclaman todavía retratar o reconstruir un pasado actual mucho más grande que en el caso de la literatura ficticia. La mayor parte de los historiadores estarían de acuerdo con Carlo Smith Rosenberg en que, "mientras las diferencias lingüísticas estructuran la sociedad, las diferencias sociales estructuran el lenguaje".

En su libro *In Defense of History* (1997), Richard Evans ofrece como preludio a su defensa del carácter científico de la Historia un breve recorrido de la historia de la disciplina que se retoma aquí a modo de contexto antes de discutir sus dilemas contemporáneos.

Dice Evans que, en la Edad Media y en la temprana Edad Moderna, los historiadores concibieron su función como la crónica de los propósitos de Dios en el mundo. Las cosas ocurrían porque Dios así lo quería y la historia humana era el terreno de juego de las fuerzas naturales de Dios y del Demonio. Los historiadores racionalistas de la Ilustración lo sustituyeron por un tipo de explicación basada en las fuerzas humanas, aunque pensaban su trabajo como una suerte de ilustración moral. Un ejemplo de esta perspectiva es el gran libro de Edward Gibbon, *The History of the Decline and Fall of the Roman Empire*, en el que los actores son cualidades morales más que seres humanos, y cuya lección última es que la superstición, el fanatismo y las creencias religiosas eran fuerzas peligrosas que provocaron la caída de un gran y benigno Imperio. La Historia era "filosofía que enseña por el ejemplo"; la naturaleza humana era universal, "incambiante" y no histórica. En la Edad Romántica, los historiadores rechazaron este tipo de argumento. Bajo la influencia de escritores como Walter Scott, percibieron el pasado como excitante porque era diferente. Y bajo la influencia de teóricos políticos como Edmund Burke, argumentaron que proporcionaba la única base posible para la estabilidad que había sido sacudida por las tormentas de la Revolución francesa. El objetivo de la Historia no era proporcionar ejemplos para doctrinas filosóficas abstractas o principios, sino simplemente considerar el pasado como algo para querer y preservar, como el único fundamento para una verdadera comprensión de las instituciones del Estado y de la sociedad en el presente. Quien lideró este cambio fue Leopold von

Ranke, quien convirtió a la Historia al descubrir que la novela de Scott *Quintin Durward* era históricamente incorrecta. Para Von Ranke, a la Historia le fue asignada la tarea de demostrar cómo ocurrieron las cosas.

En Inglaterra, mientras tanto, George Macaulay Trevelyan, si bien valoraba algunos aspectos "científicos" de la Historia, pensaba que esta disciplina no tenía valores prácticos y que nadie había podido establecer leyes generales de causa y efecto. Para este historiador, recopilar los hechos y ponderar la evidencia sobre los acontecimientos del pasado son actividades de cierto modo científicas, pero no lo es el descubrimiento de las causas y efectos de esos acontecimientos.

Ya antes de la Primera Guerra Mundial, por consiguiente, la posibilidad de contar con un método científico y de brindar una Historia neutra y objetiva aparecía como dudosa. Su credibilidad fue sacudida aún más por el conflicto y la posguerra. Algunos historiadores estaban desconcertados al no encontrar ningún patrón o significado en el pasado, concepciones fortalecidas en un ámbito más teórico por la naturaleza cambiante de las ciencias naturales de ese periodo. La teoría general de la relatividad formulada por Einstein en 1913 ayudó a desarrollar un clima intelectual que pensaba que "el aspecto de las cosas" cambiaba con la posición del observador. La idea de la relatividad del hecho y del observador fue aplicada a la Historia por muchos filósofos de entreguerras, como el italiano Benedetto Croce y el inglés R. G. Collingwood, quienes compartían con el filósofo alemán de la preguerra Wilhelm Dilthey su escepticismo sobre la posibilidad de un conocimiento objetivo del pasado. Croce argumentaba que toda Historia es escrita consciente o inconscientemente desde la perspectiva del presente, mientras que Collingwood argüía que toda Historia es una historia del pensamiento. Estas consideraciones terminaron oscureciendo la distinción formulada por los historiadores de la preguerra entre hecho e interpretación, porque el simple hecho de observar y recolectar estaba ya guiado por las convicciones apriorísticas del historiador sobre el pasado. Igualmente, las décadas de 1920 a 1940, con sus dificultades económicas, conflictos internacionales y levantamientos revolucionarios, sobre todo en Alemania, Rusia, España e Italia, socavaron la creencia en el progreso de los historiadores de la preguerra.

Luego de la Segunda Guerra Mundial, con la recuperación económica y la desmovilización del Ejército, una nueva generación de profesores ingresó a la profesión, y su tarea fue enfrentar el escepticismo y la desorientación de sus predecesores, enfatizando los valores tradicionales de la investigación académica. Un ejemplo en Inglaterra fue el historiador nacido en Polonia Lewis Namier, quien pensaba que Freud, más que Von Ranke, había establecido los principios científicos para un estudio del pasado más sólidamente fundado que antes, porque, según él, lo que motivaba el comportamiento de la gente eran fuerzas y motivos personales más que ideologías o creencias.

El énfasis en la objetividad durante la Guerra Fría, que había sostenido la abrumadora influencia de Namier en Inglaterra en las décadas de 1950 y 1960, también se dio en el campo de la filosofía de la ciencia, donde sir Karl Popper desempeñó un papel descollante. Popper era un filósofo de origen vienés que había dedicado su vida a rechazar los reclamos del marxismo de ser una doctrina científica. Argumentaba que una mejor aproximación al conocimiento objetivo se haría a través de proposiciones sobre las cuales uno podría especificar las condiciones bajo las cuales ellas podrían ser falseadas. Teorías como el marxismo, que dan cuenta de todo y que pueden ser adaptadas a cualquier circunstancia, eran simplemente metafísicas; solo las teorías que no proclaman explicar todo, y aun las que resisten los intentos de probar que son falsas, eran para Popper las verdaderamente científicas.

Fue en este contexto, concluye Evans, que se produjo la invasión de las Ciencias Sociales a la Historia, en gran parte como reclamo de los franceses agrupados en torno a la revista *Annales*, pues la única manera de otorgar un estatuto científico a la Historia era a través de la adopción de las teorías, los métodos y las técnicas de las ciencias sociales. Esta alianza, como se mencionó antes, permitió el resplandor de la historia económica y social francesa hasta la década de 1970. Paralelamente, en los Estados Unidos, la revolución "cliométrica" permitió que su principal exponente, Robert W. Fogel, pensara que la suya era una auténtica historia "científica", mientras que a todo el resto las consideraba "tradicionales".

Esta pretensión de los cliométricos de alcanzar un grado máximo de objetividad y certeza a través del uso de métodos científicos apropiados fue, no obstante, socavada por los nuevos desarrollos de la filosofía de la ciencia. Una vez que la posición largamente empírica de Popper devino vacilante en la década de 1950, la obra de Thomas Kuhn, *The*

Structure of Scientific Revolutions, se convirtió en el modelo dominante. En lugar de considerar el desarrollo de la ciencia como un progreso continuo, Kuhn argumentaba que la mayor parte de los científicos trabajaba, a menudo de manera inconsciente, ajustándose a un "paradigma", es decir, a un conjunto de teorías y agendas de investigación que guiaba sus experimentos y aseguraba que sus observaciones calzaran con las teorías que postulaban. Los paradigmas no podían estar por tanto falseados, y cuando los datos no se ajustaban a ellos, las anomalías eran a menudo ignoradas. Solo cuando las anomalías se acumulaban al punto de provocar un sentido general de malestar en la comunidad científica, empezaba la investigación de un nuevo paradigma. La desventaja del nuevo paradigma era que con frecuencia no daba cuenta de fenómenos que el antiguo sí explicaba, y es que diferentes paradigmas constituyen diferentes mundos que no son comparables entre sí. La ciencia no era necesariamente progresiva y las teorías científicas falseables no eran establecidas a través de la confirmación experimental, sino mantenidas por consensos intelectuales.

La conclusión de Richard Evans al final de este recorrido por la historiografía es que, hacia 1980, la larga búsqueda de un método científico de la Historia no produjo ningún resultado definitivo. Por lo tanto, si la Historia no era una ciencia, ¿eran los historiadores diferentes a los novelistas o a los poetas?

Otro componente en la gestación de la historiografía contemporánea y en su crisis tiene que ver, como se mencionó al inicio, con las propuestas y el avance del pensamiento *posmodernista*. Para esta corriente, la evidencia, es decir, la documentación y los datos, tiene poca relación con la interpretación del historiador. Como dice Aróstegui (2001):

> [...] de acuerdo con la filosofía postmodernista, el historiador debe abandonar toda ingenua y peligrosa ilusión de contribuir a un pensamiento "científico"; debe renunciar a todo intento de explicación y al principio de causalidad, a la idea de la verdad independiente y del lenguaje como correspondencia con un cierto mundo exterior; todo ello son reminiscencias de un *esencialismo superado*. Lo reseñable en la obra histórica es su carácter estético, donde el estilo es lo máximamente importante. Contar "una buena historia" y contarla bien, con buen estilo literario tal es la clave. La

significación de la historiografía es la *interpretación* y no la realidad objetiva, concepto que deja de tener sentido [...]. (2001: 143)

A partir de estas consideraciones, el planteamiento de la similitud entre una obra histórica y una novela no resulta sorprendente, porque tanto una como la otra carece de todo referente externo al discurso que permita evaluar si lo que se dice tiene algo que ver con la realidad.

La erosión que produjo el posmodernismo en la historiografía explica, paradójicamente, la emergencia de nuevas perspectivas historiográficas, como la referida microhistoria de Carlo Ginzburg y la historia cultural, sobre la cual se expondrá ahora.

La historia cultural y el problema del discurso

La historia cultural es el resultado de la impronta ejercida sobre ella por la antropología, particularmente por la antropología simbólica de Clifford Geertz, cuya agenda implica la interpretación del significado de los hechos y procesos históricos, enfatizando la mediación de los lenguajes en las formas de captación del mundo del sujeto individual y colectivo. Esta historia cultural cuenta entre sus principales cultores a Roger Chartier, Joan W. Scott, Robert Darnhton, Linn Hunt, Gabrielle M. Spiegel, Peter Burke, Gareth Stedman Jones, William Sewell y Michel Foucault. El énfasis se pone en descifrar el significado de las acciones humanas, que obedecen a signos anclados en la cultura de las gentes.

Otras de las derivas de la reflexión histórica contemporánea tienen que ver con la centralidad del concepto de *discurso*. No se trata del reclamo formulado en 1979 por Lawrence Stone, para quien la importación en el campo de la Historia de las ciencias sociales no produjo ningún adelanto sino una confusión, por lo que los historiadores debían retornar a lo que mejor sabían hacer, es decir, a la práctica de la narrativa. Stone es demasiado lúcido para no pensar que esa exigencia de retorno implicaba volver a producir los relatos sin sentido de antes. Para él, "narrativa" significa la organización del material en un orden cronológicamente secuencial y la concentración del contenido en una coherente historia singular. Las dos maneras esenciales en que la historia narrativa difiere de la historia estructural son que su arreglo es descriptivo más que analítico y que se centra principalmente en el hombre y no en las circunstancias. Por tanto, trata con lo particular y específico más que con lo colectivo y estadístico. La narrativa es un modo de escritura histórica, pero es un modo que también afecta y es afectado por el contenido y el método (Stone 1979: 74).

La propuesta de Stone recibió muchas críticas por no tener en cuenta los notables logros y avances realizados por la historiografía en las décadas de 1960 y 1970. Uno de los primeros juicios en contra fue el formulado por Eric Hobsbawm en 1980 en el artículo "Sobre el renacer de la narrativa", cuya traducción fue publicada en su libro *Sobre la Historia* (1998: 190-195).

Lo que propone la teoría del *discurso* es algo completamente diferente y es el resultado de la transformación de un concepto del lenguaje como exclusivamente mimético. Como dice Miguel Ángel Cabrera en *Historia, lenguaje y teoría de la sociedad* (2001: 39), "aunque las ideas y las prácticas simbólicas son un producto de las condiciones sociales, operan a su vez sobre dichas condiciones, reforzando, cuestionando o reconfigurando los intereses, las identidades y las divisiones sociales". Este enunciado no fue sino la premisa de una profunda ruptura teórica en la investigación histórica, consistente, como dice Cabrera, en la idea de que:

> [...] el cuerpo de categorías mediante el cual en toda situación histórica los individuos aprehenden si ordenan significativamente la realidad social (y que, en consecuencia, opera como organizador básico de su práctica), no es el reflejo subjetivo de una estructura social objetiva, sino que constituye una *esfera social específica*, dotada de una lógica histórica propia. (2001: 50)

A esta esfera social de carácter específico los historiadores le han dado, entre otras denominaciones, la de *discurso*, entre otros nombres. Lo esencial, dice Cabrera, es que más allá de esta diversidad nominal:

> [...] los conceptos enumerados hacen referencia al hecho de que en toda situación histórica, existe un sistema establecido de reglas de significación que media activamente entre los individuos y la realidad social, que es inaprensible mediante el esquema dualista convencional (de hecho, lo niega) y que es el que crea el espacio en el que se gestan tanto los objetos como los sujetos. (2001: 51)

Continúa diciendo que:

> [...] en el plano puramente descriptivo, lo que el término discurso designa es el cuerpo coherente de categorías mediante el cual, en una situación histórica dada, los individuos aprehenden y conceptualizan la realidad (y, en particular, la realidad social) y en función del cual desarrollan su práctica. Dicho de otro modo, un discurso es una rejilla conceptual de visibilidad, especificación y clasificación mediante la cual los individuos dotan de significado al contexto social y confieren sentido a su relación con él, mediante el cual se concibe y conforman a sí mismos como sujetos y agentes, y mediante el cual, en consecuencia, regulan su práctica social. (2001: 51)

En otras palabras, los discursos no son ni representaciones sociales ni creaciones racionales, lo que implica:

> [...] que el discurso opera, históricamente como un auténtico *sistema de significados*, en el sentido [de] que no es un medio de transmisión de los significados de la realidad, sino, por el contrario, un componente activo del proceso de constitución de dichos significados. O lo que es lo mismo, que los significados que la realidad adquiera al ser conceptualizada no están previamente inscritos en, ni están determinados por la realidad misma, sino que dependen del cuerpo categorial aplicado en cada caso. La segunda implicación es que si el discurso no es ni un medio a través del cual la esfera social ejerce su determinación ni es un instrumento en manos de sujetos racionales, entonces el discurso opera, en la configuración de los procesos históricos, como una auténtica variable independiente. De hecho, esta doble afirmación representa la piedra angular de la emergente teoría de la sociedad y del nuevo paradigma historiográfico al que esta sirve de fundamento. (2001: 51)

Aún más, el concepto de discurso ha supuesto:

> [...] el establecimiento de una marcada distinción y una nítida separación entre concepto y significado, con la siguiente adscripción de uno y otro a esferas sociales diferentes. Es decir, la distinción y separación (tanto teórica como empírica) entre, por un lado, las categorías mediante los cuales los individuos perciben y hacen significativamente la realidad social y, por otro, los significados y formas de conciencia (interpretaciones, ideas,

> creencias, sistemas de valores) resultantes de esa operación de percepción y dotación de significado. De ambos, según la nueva historia, solo los significados son entidades subjetivas, en el sentido [de] que los sujetos no solo tienen conciencia plena de su existencia, sino que los manejan a voluntad en el curso de su práctica e interacción sociales. No ocurre en el caso de los conceptos, pues estos les vienen dados a los sujetos por un determinado discurso o imaginario social de cuya existencia y mediación son generalmente inconscientes y que, por tanto, no solo impone y trasciende a los propios sujetos, sino que escapa por completo a su control intencional. Por ilustrarlo con un ejemplo trivial, una cosa sería los conceptos de libertad, igualdad, individuo, ciudadanía o clase y otra bien distinta las ideas de libertad, igualdad, individuo, ciudadanía o clase que las personas se forjan como consecuencia de la apuesta en juego de dichos conceptos en el curso de su desenvolvimiento social. (2001: 54-55)

Con este tipo de propuestas, el desconcierto sobre el trabajo de los historiadores no hace sino aumentar. Como argumenta persuasivamente Carreras (2003):

> Si a los efectos del giro hermenéutico sumamos los del giro lingüístico, el espacio reclamado para la autonomía del sujeto, punto de arranque a la crítica a la gran historia social desde arriba, comienza paradójicamente a estrecharse. Efectivamente, el lenguaje, tratándose del giro lingüístico, pasa de ser medio de comunicación o ropaje verbal superpuesto a la realidad, a transformarse en patrón de significados, y en muchos autores, de manera a veces subrepticia, las prácticas constitutivas del mundo se reducen a los principios del discurso. Dicho más sencillamente: somos prisioneros del lenguaje que aceptamos o que nos imponen, un lenguaje que, llegado el caso, puede dar distintos significados al mismo mundo social, y las clases sociales resultan construcciones lingüísticas, lenguajes políticos [...] que condicionan nuestras ideas y nuestras acciones. En este camino se ha llegado incluso a sugerir que, en algo tan dramático como la Revolución Francesa, los usos de la lengua pueden tener más importancia que otras muchas cosas. (2003: 78)

En el mismo contexto, Reinhart Koselleck, en su libro publicado originalmente en 1979 y traducido en 1993, así como en uno más reciente (2002), aboga por la llamada *historia conceptual*, una propuesta en la que se constata que

> Dentro de la exégesis de los textos, la consideración sobre el uso de conceptos sociopolíticos, la investigación de sus significados, alcanza un rango sociohistórico. Los momentos de la permanencia, de los cambios y de la futuridad contenidos en una situación política concreta quedan comprendidos en la adquisición del lenguaje. Así, se tematizan ya —hablando aun genéricamente— los estados sociales y sus cambios. (1993: 109-110)

Luego Koselleck afirma: "De todo esto se deriva una exigencia metódica mínima: que hay que investigar los conflictos políticos y sociales del pasado en medio de la limitación conceptual de su época y en la autocomprensión del uso del lenguaje que hicieron las partes interesadas en el pasado" (1993: 111). Se trata, dice, de un método especializado; no solo los conceptos encuadran, sino que permiten constatar si la sociedad en su proceso cambió el contenido de una palabra, y para eso se requiere distinguir entre "palabra" y "concepto", recordándonos que

> [...] cada concepto depende de una palabra, pero cada palabra no es un concepto social y político. Los conceptos sociales y políticos contienen una concreta pretensión de generalidad y son siempre polisémicos —y contienen ambas cosas no sólo como simples palabras para la ciencia de la historia. (1993: 116)

Las propuestas de Koselleck son ciertamente persuasivas y útiles en la investigación histórica, por lo menos hasta un cierto punto. Porque a fin de cuentas, los conceptos son formulados por alguien, para ciertos propósitos, y si bien permiten cernir una dimensión de la realidad que se investiga, es esa realidad la que explica la racionalidad de los conceptos y sus límites.

Las nuevas formas de escritura de la Historia

A lo largo de este libro se han presentado las diferentes formas que reviste el ejercicio teórico y práctico de la Historia. En el apartado anterior se discutieron las implicaciones de la propuesta *narrativa*, cuya concreción es el libro de Hayden White *Metahistoria: la imaginación histórica en la Europa del siglo XIX* (1992a). El planteamiento de White no consiste en buscar hechos o acontecimientos para ser analizados por el historiador, sino más bien en investigar las diferentes formas de la escritura de la Historia en el siglo XIX, a través de la obra de cuatro historiadores (Michelet, Von Ranke, Burckhardt y Tocqueville) y cuatro filósofos (Hegel, Marx, Nietzsche y Croce). Su tema es, por tanto, la historiografía definida como "estructura verbal en forma de discurso y en prosa narrativa"; escribir la Historia no es el análisis de los textos sino su retórica, el arte de escribirla. Asume que ficción e Historia pertenecen al mismo género de discurso, porque ambas utilizan una estructura narrativa. La escritura de la Historia no es algo exterior a la concepción y a la composición de la Historia misma, no constituye una simple operación secundaria, sino que equivale a la manera de comprenderla.

En lugar de indagar si una obra o un relato es mejor que otro, White se propone identificar los componentes estructurales de los relatos seleccionados a fin de formular una explicación. Explicar es calar en profundidad la estructura narrativa de la obra historiográfica, que es, por lo general, de naturaleza lingüística. Solo a través de las estructuras del lenguaje (estructuras verbales) se puede entender la Historia y dar cuenta de sus procesos. La calidad del texto no depende de la cantidad de datos sino del efecto que el autor logre producir en sus lectores.

El historiador se da cuenta de que tiene varias opciones narrativas disponibles. Debe pensar o *prefigurar* (representar anticipadamente una cosa) el conjunto de sucesos registrados en los documentos que tiene en sus manos y debe escribirlos con sus propias palabras y no en los términos de los documentos, como recomendaba Von Ranke.

Seleccionar el lenguaje es una acción crucial porque los términos del historiador comprenden su manera personal de ver el mundo, y cada quien opta por la modalidad del lenguaje que juzga adecuada para emitir un mensaje. Escribir, aunque sea un ensayo breve, requiere de una preparación que se origina mucho antes de proceder a reunir, analizar y seleccionar el material. White califica esta preparación como *pre-lógica* y *pre-conceptual,* y esto representa la parte central de su trabajo.

White sostiene que todo texto literario opera en dos niveles: el primero es el de la "superficie", que consta del relato de quien escribe y de los conceptos teóricos que emplea; el segundo es "un nivel profundo de conciencias", en el que se eligen las estrategias conceptuales en las cuales se enmarcan su explicación. Este nivel profundo es de naturaleza poética.

En su discusión sobre el nivel de la superficie, White se interesa en ofrecer un recuento de los conceptos teóricos que los historiadores utilizan en sus explicaciones. Para él, existen tres tipos de explicación:

1. La explicación por la *trama*, en la cual la secuencia de los acontecimientos gradualmente revela ser una historia de tipo particular.
2. La explicación por el *argumento*, que dice lo que sucedió invocando leyes de desarrollo histórico.
3. La explicación por la *ideología*, donde las implicaciones se derivan del estudio de acontecimientos del pasado en función de oposiciones políticas.

Cada uno de estos tres tipos de explicación contiene, a su vez, cuatro clases diferentes de escritura histórica.

Pero sigamos de cerca las consideraciones sobre estos asuntos que ofrece el propio White. En el comienzo de su libro, el autor señala que su objetivo es intentar establecer una teoría formal de la obra histórica, pensada como una estructura verbal en forma de discurso, en forma de prosa narrativa. Considera que las historias y las filosofías de la Historia combinan cierta cantidad de "datos", conceptos teóricos para explicar esos datos y una estructura narrativa para mostrarlos como la representación de acontecimientos que supuestamente ocurrieron en tiempos pasados. Pero para White, tienen además un contenido estructural profundo que es, en general, de naturaleza poética, y, en particular, lingüística, y que sirve como paradigma precríticamente aceptado de lo que debe ser una interpretación de especie histórica. Este paradigma funciona como un elemento *metahistórico* en todas las obras históricas de mayor alcance que la monografía o el informe de archivo.

White distingue tres clases de estrategia que los historiadores emplean para obtener distintos tipos de "efecto explicatorio": la explicación por argumentación formal, la explicación por la trama y la explicación por la ideología. A su vez, en cada una de esas diferentes estrategias identifica cuatro modos posibles de articulación por los cuales el historiador puede conseguir un efecto explicatorio de un tipo específico. Para la argumentación se tienen los modos de *formismo*, *organicismo*, *mecanicismo* y *conceptualismo*; para la trama, los arquetipos de la *novela*, la *comedia*, la *tragedia* y la *sátira*; y para la implicación ideológica, las tácticas del *anarquismo*, el *conservadurismo*, el *radicalismo* y el *liberalismo*. La combinación de esos modos las denomina "estilo" historiográfico, y para relacionar esos estilos entre sí como elementos de una misma tradición de pensamiento histórico, postula un nivel profundo de conciencia en el cual el pensador histórico exige estrategias conceptuales por medio de las cuales explica o representa sus datos. En ese nivel, el historiador realiza un acto *poético* en el cual prefigura el campo histórico y lo constituye como un dominio sobre el cual aplica las teorías específicas que utilizará para explicar "lo que en *realidad* estaba sucediendo". Ese acto de prefiguración puede adoptar una serie de formas cuyos tipos pueden caracterizarse por los modos lingüísticos en que se presenta. Llama a esos cuatro tipos de prefiguración por los nombres de los cuatro tropos del lenguaje poético: *metáfora*, *metonimia*, *sinécdoque* e *ironía*. Piensa que es indispensable dejar de pensar en si la Historia es una ciencia y que, más bien, se debe examinar la naturaleza ineluctablemente poética de la obra histórica.

En la consideración de los autores que elige para examinarlos como posibles modelos de representación histórica, declara que ello no depende de la naturaleza de los datos que usaron, ni de las teorías que invocaron para explicarlos, sino más bien de la consistencia, coherencia y fuerza esclarecedora de sus respectivas visiones del campo histórico. Por ello, concluye, no es posible "refutarlos" ni "impugnar" sus generalizaciones.

Como se ha mencionado, White distingue los siguientes niveles de conceptualización en la obra histórica: 1) crónica; 2) relato-cuento; 3) modo de trama; 4) modo de argumentación; y 5) modo de implicación ideológica. No toma en cuenta los dos primeros por considerarlos elementos primitivos y se concentra en los tres últimos. La explicación por la trama contiene cuatro modos: la *tragedia*, la *comedia*, el *romance* y la *sátira*. El romance es un "drama de autoidentificación simbolizado por la trascendencia del héroe del mundo de la experiencia, su victoria sobre este y su liberación final de ese mundo"; el tipo de drama asociado con el relato de la resurrección de Cristo en la mitología cristiana. Es una trama del triunfo del bien sobre el mal, de la virtud sobre el vicio. El tema arquetípico de la sátira es opuesto a ese drama romántico de la redención;

es, en realidad, un drama de desgarramiento, un drama dominado por el terror de que, finalmente, el hombre es prisionero del mundo antes que su amo. La comedia y la tragedia, sin embargo, sugieren la posibilidad de una posición, al menos parcial, de la condición de la caída y de un escape, siquiera provisional, del estado dividido en que los hombres se encuentran en este mundo.

En la explicación por la *argumentación* lo que se busca es explicar el "sentido de todo eso". La teoría *formista* apunta a la identificación de las características *exclusivas* de objetos que habitan el campo histórico. El formista considera que una explicación es completa cuando determinado conjunto de objetos ha sido debidamente identificado. Entre los seguidores de esta teoría se cuentan Herder, Carlyle, Michelet, Niebuhr, Mommsen y Trevelyan. El formista es esencialmente dispersivo en sus operaciones analíticas, antes que "integrativo", como tienden a ser los organicistas y los mecanicistas. Las hipótesis *organicistas* y sus correspondientes teorías de la verdad y la argumentación son relativamente más "integrativas" y, por tanto, más reductivas en sus operaciones. Las hipótesis *mecanicistas* del mundo también son integrativas en su objetivo, pero tienden a ser más reductivas que sintéticas. La teoría *mecanicista* gira en torno a la búsqueda de las leyes causales que determinan los desenlaces de procesos descubiertos en el mundo. Finalmente, el presupuesto del *contextualismo* es que los acontecimientos pueden ser explicados en el "contexto" de su ocurrencia.

Estas explicaciones no están exentas de una carga ideológica. El anarquismo es el más "socialmente transcendente"; el radicalismo lo es de modo relativo. Los conservadores son los que más desconfían de las transformaciones programáticas del *statu quo* social, mientras que los liberales y anarquistas desconfían relativamente menos del cambio en general y, en consecuencia, son más o menos optimistas acerca de las perspectivas de una rápida transformación social.

Una vez distinguidos los tres niveles en los que trabajan los historiadores para conseguir un efecto explicativo en las narraciones, el historiador debe *prefigurar* el campo, es decir, constituirlo como objeto de percepción mental, y de esta manera prepararlo para la explicación y la representación que después ofrecerá de él su narración.

No obstante, el número de estrategias posibles no es infinito. Existen cuatro tipos principales, que corresponden a los cuatro tropos del lenguaje poético: la *metáfora*, la *metonimia*, la *sinécdoque* y la *ironía*. Son posibles maneras de usar el lenguaje para alterar el significado que comúnmente damos a las palabras y contribuyen a recrear, aunque no a reproducir, la realidad. En la *metáfora* (literalmente "transferencia"), por ejemplo, los fenómenos pueden ser caracterizados en cuanto a sus semejanzas y diferencia con otros, al modo de la analogía o el símil, como en la frase "mi amor, eres una rosa". Por medio de la *metonimia* (literalmente "cambio de nombre"), el nombre de una parte de una cosa puede sustituir al nombre del todo, como en la frase "cincuenta velas", cuando lo que se quiere decir es "cincuenta barcos". Con la *sinécdoque*, que para algunos teóricos es una forma de metonimia, un fenómeno puede ser caracterizado utilizando la parte para simbolizar alguna *cualidad* presuntamente inherente a la totalidad, como en la expresión "es todo corazón". Mediante la ironía, por último, se pueden caracterizar entidades negando en el nivel figurativo lo que se afirma positivamente en el nivel literal. Las figuras de la expresión manifiestamente absurdas (catacresis), como "bocas ciegas", y de la paradoja explícita (oxímoron), como pasión fría, pueden ser vistas como emblemas de este tipo.

Para White, entonces, y a manera de resumen, el pasado no puede ser representado directamente, sino textualmente interpretado a través de la construcción de una narración. Para hacerlo, el historiador debe utilizar los tipos de explicación que ya se mencionaron (por el argumento, la trama y la ideología, cada uno de los cuales se integran respectivamente en cuatro modos de articulación), además de un tipo de "estrategia conceptual configurativa". Según Jenkins (1995), su seguidor más entusiasta, son estas estrategias conceptuales las que sirven para explicar y representar los datos. En este nivel, el historiador realiza un acto poético en el cual prefigura el campo histórico y lo constituye en un terreno sobre el cual proyecta las teorías específicas que utilizará para explicar lo que realmente ocurrió (1995: 148). Como se ha mencionado antes, este acto de *prefiguración* puede tomar formas como la *metáfora*, la *metonimia*, la *sinécdoque* y la *ironía*, que son tropos del lenguaje poético.

La afirmación tradicional de que la Historia simplemente revela o encuentra lo que está enterrado en las crónicas y que su obra se diferencia de la novela porque la última es ficticia es una afirmación incorrecta y muestra la incomprensión del concepto de *invención*: los historiadores deben imaginar para persuadir a sus lectores. Según Jenkins, lo que constituye la base *metahistórica* de cada trabajo histórico es este modo tropológico dominante y su correspondiente protocolo lingüístico.

Si la Historia no es una ciencia, por lo menos en el sentido usual de la palabra, y si distinciones como "nomotécnico", aplicada a las ciencias duras, o "ideográfica", para una disciplina como la Historia —tal y como fuera formulada por Windelband (1921)—, no son enteramente convincentes, el trabajo de White rompe claramente con estas ambivalencias para enfatizar la peculiaridad de la Historia, en la cual el tramado es de responsabilidad de su autor a través de la prefiguración del terreno de análisis y del uso de un conjunto de figuras que pertenecen al dominio de la lingüística. Pese a todo, estas estrategias no cancelan la objeción fundamental de que todo enunciado debe sustentarse en una evidencia empírica. Como señala Anderson (1992b: 64), existen límites a la representación histórica. La "solución final", por ejemplo, no puede ser históricamente escrita como romance o comedia, además de que la trama cuenta con un poder muy débil como determinante de la selección de la evidencia.

Cabe preguntarse, finalmente, sobre la pertinencia de este tipo de *escritura* de la Historia en el contexto de América Latina. Es oportuno aquí recordar una experiencia personal. Hace varios años, en un seminario animado por Lucien Goldman, el heredero de Georg Lukács, en la École Pratique en Sciences Sociales de la Universidad de París, alguien preguntó al autor del *Dieu caché* si el tipo de análisis al que había sometido a las obras de Pascal y Racine era posible en el marco de la región. Su respuesta fue contundente: según dijo, ni siquiera García Márquez tenía una "visión del mundo" equivalente a esos autores de la Francia del siglo XVII. Por ello, pese a los avances de la historiografía latinoamericana, resultado del trabajo de autores de la región y de latinoamericanistas, es obvio que ninguno iguala a Tocqueville ni mucho menos a Marx.

Pero no se trata de la envergadura de la obra de los autores que White utiliza. También debe añadirse la cuestión central, pese a la fineza de las propuestas de White: la irrevocable frontera que separa la realidad (es decir, la historia) de la ficción (la novela). Y si bien es posible aceptar que, tomadas como creaciones literarias, esas obras son susceptibles de ser tratadas a través de los tropos lingüísticos, luego de la *prefiguración* realizada por el autor y en la cual se revela la naturaleza *metahistórica* de la tarea que emprende, no es menos cierto que esa representación no se agota en el círculo cerrado de las estrategias que utiliza, sino que es indispensable buscar y explicar la vinculación entre lo que representa y el referente que lo contraste o su analogía. Tal vez sea esa la manera más pertinente de pensar la Historia como una expresión poética o artística, pero la Historia tuvo y tiene la pretensión de no ser solamente eso, pese a todos los avatares y desencantos que estas páginas reportan en su empeño obstinado de dar cuenta de una realidad y de sus cambios concretos.

Psicoanálisis e Historia

Existe la vieja convicción de que hay una gran semejanza entre el Psicoanálisis y la Historia. En efecto, uno y otro tratan de comprender —e incluso curar, en el caso del Psicoanálisis— a través de una retrospección de la vida de los pueblos o de los individuos. Pese a esta semejanza, existe una diferencia radical entre ambos. La Historia trata de procesos colectivos, mientras que el Psicoanálisis se ocupa de individuos. Más aún: quien está en el diván del Psicoanalista es una persona viva, no es posible psicoanalizar a los muertos, como de alguna manera trata de hacer la Historia en el sentido de que intenta explicar el porqué de los acontecimientos y de los procesos humanos del pasado, y si no lo logra, por lo menos procura hacerlo.

El hecho de que no sea posible psicoanalizar a los muertos es una de las principales razones que explica la reticencia de los historiadores a buscar en el Psicoanálisis un punto de apoyo para su trabajo. Pese a esta desconfianza, existen ejemplos muy claros de la utilización de una perspectiva psicoanalítica en la reconstrucción de la biografía de hombres públicos, tanto vivos como muertos. Mientras que los primeros son susceptibles de ser interrogados una y otra vez, los segundos, por ser célebres, han dejado abundantes testimonios personales o escritos por sus contemporáneos.

En la historiografía de la Europa Moderna, el caso más célebre es seguramente la biografía de Martín Lutero escrita por Lucien Febvre en 1928. En su tiempo, este fue un extraordinario ejemplo de cómo dar cuenta de este célebre personaje a través del contraste entre su vida y el contexto social y cultural de la Europa del siglo XVI, que Febvre, mejor que nadie, conocía admirablemente. No obstante, es necesario reconocer que incluso la sobresaliente formación académica de Febvre no fue suficiente para describir la compleja vida de un personaje tan torturado como Lutero. Ahí radica el extraordinario aporte del psicoanalista Eric Ericson en su libro *Young Man Luther* (1962), quien justamente a partir de su formación profesional, pudo analizar síntomas y traumas de manera mucho más precisa que el historiador Febvre.

Pero, ciertamente, la inclusión psicoanalítica en el análisis histórico no se limita a la productividad del análisis, por importante que ella sea en sí misma. En efecto, el análisis histórico, como sus mejores exponentes reconocen, supone que son las acciones de los hombres y las mujeres las que construyen la trama del proceso histórico, y que esas acciones son el resultado de decisiones conscientes que obedecen a motivaciones racionales, emocionales y en el límite irracional. Es posible, no obstante, como en el caso de la esquizofrenia, constatar que alguien piensa una cosa, se decide por otra completamente diferente, y termina haciendo algo que no tiene que ver con las dos premisas anteriores, sobre todo considerando que la Historia no es el estudio del comportamiento de algunos individuos sino de masas colectivas, cuya acción no puede ser el promedio de las diferentes acciones individuales. Más aún: una de las notables dificultades de este tipo de análisis es que se limita a la dimensión consciente de los individuos, es decir, a la coartada que esconde, camufla y sobre todo reprime el tenebroso inconsciente de los hombres y las mujeres. En tal sentido, Peter Gay (1985) recuerda que:

> [...] analizando campañas rabiosas contra la prostitución para mi estudio del amor en la cultura decimonónica, fui sorprendido por el amplio deseo de rescatar a las "mujeres caídas" y del reclamo para ellas de una vida pura y respetable. El compromiso para tal rehabilitación era intenso y, para la mayor parte de los reformadores consciente [...] Animaba los Comité de expertos que se formaron en ciudades grandes a lo largo de la civilización occidental a fines del siglo XIX, como lo hicieron organizadores tempranos de casos a medio camino y de refugios; alimentó la rápida simpatía de Charles Dickens, de manera más notoria de William Edward Gladstone

> quien cruzaría las calles nocturnas de Londres para abordar jóvenes prostitutas con panfletos, discursos bien dichos e invitaciones para reunirse con su mujer en casa. Todos esos esfuerzos benévolos calzaban con la mentalidad progresista de la clase media del siglo XIX ya sea piadosa o secular. Pero resulté convencido [de] que gran parte de su energía provenía de una idea inconsciente de rescatar la fantasía, del deseo de rehabilitar extranjeros, un disfraz del deseo mucho más potente por restaurar la pureza de la madre quien, oficialmente un ángel, hacia cosas terribles y misteriosas con el padre detrás de las puertas cerradas del dormitorio. De no haber estudiado [a] Freud no habría visto la fantasía del rescate en acción, como tampoco me hubiera dado cuenta cuán pesado era el deber en una cultura lista para la compasión. (1985: 188-189)

Gay también se refiere al libro de E. R. Dodds, *The Greeks and the Irrational* (1951), como un ejemplo de integración exitosa de las teorías de Freud en sus investigaciones históricas, y eso le permitió descubrir dimensiones nuevas en el pensamiento de los griegos: reconocer la costumbre de este pueblo de adscribir sus estados mentales a la intervención de los dioses, pero no como una excusa convencional, sino como una forma de proyección a la expresión pictórica de un movimiento interno a partir del cual la divina maquinaria se desarrolla. Más tarde, en el siglo V a. C., esta proyección que contiene impulsos no racionales y acciones que de ellos resultan son expulsados de uno y adscritos a un origen ajeno para dar paso a una demanda naciente de justicia social, una especie de internalización de la conciencia (Gay 1985: 193-194). Dodds, al tomar la antigua actividad proyectiva como un signo de estilos arcaicos de pensamiento y no como un tic misterioso y accidental, y al reconocer la traducción de impulsos indeseables en la intervención maliciosa de deidades caprichosas, pudo evitar moralizar sobre el comportamiento de los griegos, una actitud que alguien no entrenado en el pensamiento psicoanalítico no hubiera podido tener (Gay 1985: 194). Esto concuerda con la afirmación de Dodds de que la situación de la familia en la Antigua Grecia dio origen a antiguos conflictos infantiles cuyos ecos yacían en la mente inconsciente del adulto. A fin de cuentas, recuerda Dodds, Freud enseñó que la potencia de la fuente de sentimientos de culpa es la presión de deseos no reconocidos, deseos excluidos de la conciencia, salvo en los sueños o los sueños de la vigilia, pero capaces de producir, en uno, un profundo sentido de moral incómoda (Gay 1985: 195).

En este contexto, importa mencionar que uno de los supuestos centrales de la historia económica y social es concebir la dinámica social y política como el resultado de la confrontación de fuerzas sociales con intereses contrapuestos, cuya naturaleza es múltiple. Pero los intereses que expresan los actores en la arena del conflicto obedecen a motivaciones conscientes de los actores o de las fuerzas en pugna, incluso si al final los resultados son diferentes o incluso opuestos a los que se trataba de alcanzar. La pregunta, por tanto, es si este tipo de análisis no alcanzaría una densidad y una explicación más profundas si a la vez el investigador indagara las bases ocultas de estas motivaciones, en lugar de limitarse al simple registro de aquello que dicen querer los agentes. Es evidente que la lucha por el cambio de estatus en la jerarquía social traduce la insatisfacción derivada de una subordinación y del dominio que se ejerce; pero la satisfacción o insatisfacción tienen un anclaje más profundo que la constatación objetiva de una desigualdad. Después de todo, no todos los insatisfechos se rebelan. Y ciertamente no todos lo hacen de la misma manera. Buscar las raíces de estas determinaciones, cuya racionalidad escapa incluso a la comprensión de quienes luchan, permitiría un mejor entendimiento de sus alcances, del porqué de sus ambivalentes resultados y también de por qué el desenlace termina siendo una nueva forma de dominación.

El libro de Peter Gay (1985) concluye con una reflexión sobre el deseo de construir una historia *total*, por lo menos de quienes están adscritos al paradigma de los Annales. Se sabe que al respecto los resultados han sido esquivos, incluso para sus más apasionados propulsores. El autor cita con entusiasmo el reclamo de Marc Bloch de que los historiadores exploren, en los hombres, "las necesidades secretas del corazón" (1985: 209). Sin embargo, objeta que esas necesidades estén alojadas solo en la conciencia y afirma, más bien, que la vida es una serie de compromisos en los cuales las movilizaciones irreprimibles, las señales de ansiedad preventivas, las estratagemas de defensa, las persecuciones del superego, tienen un papel conductor pero no exclusivo, porque la Historia es más que un monólogo del inconsciente y más que una danza de síntomas (1985: 211). Gay termina afirmando que una alianza de la Historia con el Psicoanálisis permitirá una comprensión más firme de la totalidad de la experiencia humana, lo que es una forma de alcanzar la meta de la historia total (1985: 212)

Consideraciones finales

Las secciones anteriores muestran el contradictorio proceso que siguió la historiografía en el Occidente, desde la formulación de paradigmas más o menos persuasivos hasta el desconcierto de hoy. Este juicio no significa que la historiografía no haya alcanzado cimas notables en diversas coyunturas, ni que la lectura de los libros de Historia no tenga cada vez más adeptos. Pero el hecho es que no existe más una idea clara sobre cómo investigar la Historia y cómo escribirla. Algunos interpretan esto como algo positivo, en el sentido de que caben múltiples alternativas que no hacen sino traducir los intereses cambiantes de las gentes. Con todo, como la Historia no es un ejercicio neutro, sería deseable establecer una agenda razonable de sus preocupaciones y de cómo investigarlas.

Es un consenso que la Historia, en su actual versión académica, surgió en el marco de los trabajos de Von Ranke en el último tercio del siglo XIX, que significaron un cambio notable con respecto a la tradición previa. Al convertir al documento histórico en la fuente principal de análisis, este historiador legó una enseñanza perdurable. No obstante, su cuestionable propuesta de que los documentos hablan por sí mismos fue el aspecto que sus críticos no tardaron en objetar.

El segundo momento en el desarrollo de la historiografía lo constituye el trabajo de los historiadores franceses agrupados en torno a la revista *Annales*. Pero su trayectoria muestra mutaciones profundas, traducidas finalmente en el abandono de sus premisas centrales y en un desconcertante programa de trabajo. Estos historiadores fueron muy imaginativos a la hora de buscar vías para la indagación histórica y de proclamar que una Historia sin un problema que articule su razonamiento carece de sentido, pero en el camino se olvidaron de la explicación y de la teoría social.

Por otra parte, el marxismo, desde su aparición, pasó de ser uno de los fundamentos del cuestionamiento de la historiografía tradicional a convertirse en la actualidad en una postura escéptica cuando no rechazable. Pese a que en los textos de Marx se encuentran propuestas que tomadas como hipótesis son extremadamente útiles para la investigación histórica, su puesta en práctica muchas veces se limitó a la simple citación de citas canónicas con prescindencia de una investigación concreta. Como se señaló, fue Althusser en la década de 1960 quien insistió en la necesidad de profundizar el aporte de Marx a la Historia, de dotarlo de un concepto de Historia y de tiempo más pertinente. Su conocido aforismo: "el conocimiento de la Historia no es más histórico que azucarado el conocimiento del azúcar", además de provocar la ira de Edward Thompson, así como un rígido esquematismo —si bien atenuado en sus últimos libros (Althusser 2003, 2004)—, pasa por alto que la historia es inseparable de la sociedad histórica que la ha producido, como justamente recordaba hace tiempo Chesneaux (1977: 111).

Las reflexiones formuladas por E. H Carr, inicialmente en el marco de los seminarios de la Universidad de Cambridge y propaladas por la BBC de Londres entre enero y marzo de 1961, fueron publicadas en un libro de medio millar de ejemplares bajo el título de ¿Qué es la Historia? Lo que planteaba Carr no era sino el resultado de las reflexiones más recientes sobre la disciplina. Discutía los dilemas clásicos, como el historiador y los hechos; la sociedad y el individuo; la Historia, la ciencia y la moralidad; la causación en la Historia; la Historia como progreso. En ese contexto, su afirmación de que la sociología y la Historia serán más pertinentes cuando la primera se haga más histórica y la segunda más sociológica, no hacía sino resumir con contundencia el estado al cual había llegado la disciplina en la década de 1960.

El contenido de ese libro constituye un anatema para K. Jenkins (1995), quien postula que una guía más convincente para la investigación histórica son las obras de Rorty y de White. Sobre las propuestas de White, ya se hizo en las páginas anteriores una presentación general y se formularon los reparos más pertinentes. Pero, entretanto, los cambios en la concepción de la Historia resultantes de las exigencias de los Annales, del marxismo y de la cliometría fueron recusados por el perjuicio que generaban en la disciplina histórica, resumido en los libros de Lawrence Stone (1981) y Gertrude Himmelfarb (1987). Por cierto, Jenkins no avala esas protestas, pero en su rechazo a las propuestas de Carr concuerda con la necesidad de abandonar la historiografía anclada en la explicación y en la teoría social.

El conjunto de estos debates, a fin de cuentas, forma parte de las tres preguntas centrales que se hacen los historiadores cuando indagan sobre el pasado y el presente de las sociedades: cómo, por qué y qué sentido o significado tiene lo ocurrido entre los hombres. No solo son diferentes estas preguntas, sino que lo son también los caminos que se usan para contestarlas, por provisorios que sean, y las coordenadas analíticas a las que se invoca cuando se formula una respuesta.

Y es en este contexto que importa aclarar los supuestos implícitos que encierran esas distintas preguntas. Para empezar, fue Lucien Febvre quien en sus libros sobre Lutero y Rabelais afirmó que el rol de la Historia no era juzgar sino comprender y hacer comprender. Ciertamente, todo juicio sobre las acciones de los agentes del pasado desde el presente es absurdo y anacrónico, y eso no significa que no se pueda juzgar las decisiones que se tomaron. Pero a su vez, el ejercicio de la comprensión, método que se usa en la Historia bajo el nombre de *hermenéutica*, no está exento de problemas. La comprensión es un acto individual y nada garantiza que ese contenido sea el mismo para el lector que para el oyente. Este tipo de dificultad se enfrenta a través del uso de códigos de una sociedad y de una cultura para controlar el sesgo del autor apelando a una dimensión colectiva. Hans-George Gadamer (1960), luego de reflexionar sobre la práctica de la hermenéutica, concluye que la comprensión necesariamente apela a la inclusión de las partes dentro del todo, a la vez que ese todo debe de estar inserto en un contexto general.

La *narración* es otro de los dilemas que forma parte del debate central de la historiografía. Es bien conocido el firme rechazo que mereció por parte de los integrantes de la Escuela de los Annales, para quienes la narración se concentraba en lo episódico, en la superficie, en desmedro de las estructuras. Asociados arbitrariamente con la historia política, estos relatos sobre una serie de acontecimientos carecían de toda importancia para ellos. Su reivindicación vendría más tarde, con Lawrence Stone y, sobre todo, con White, para quien la narración no solo era una forma de exposición, sino que la trama narrativa encerraba una relación de causalidad. Pero como señala Callinicos (1995), su propuesta de narrativa sirve "para imponer una clausura en el desorden de los acontecimientos, un sentido de certeza" (p. 210). Como postula correctamente, "una teoría de la Historia que rechaza la idea de la inevitabilidad requiere por lo tanto una narrativa historiográfica para percibir por qué los acontecimientos dentro de ciertas situaciones asumen un proceso y no otro".

Sobre el problema de la *interpretación*, habría que volver otra vez a White, quien afirma que

> [...] los historiadores también pretenden a menudo explicar las cuestiones de que tratan proporcionando una adecuada comprensión de estas. El método por el que proporcionan esta comprensión se denomina *interpretación*. La narración es tanto la forma en que se realiza una interpretación como el tipo de discurso en el que se representa una comprensión efectiva de una materia histórica. (1992b: 77-78)

En esa vinculación, concluye el autor, radica los fundamentos para considerar a los estudios históricos como una disciplina especial y no como una ciencia. No obstante, la Historia es una práctica científica que cuenta con un protocolo y con reglas de evaluación de la evidencia. Aun así, las consideraciones de White sobre la dimensión interpretativa son pertinentes, en el sentido de que el anclaje de la misma es indisociable de la política y está impuesta por el poder.

En lo que concierne a la dimensión significativa de los hechos y procesos históricos, otra de las metas alternativas de la investigación —particularmente de la llamada historia cultural— le debe mucho a la obra de Clifford Geertz, en especial a su *Interpretación de las culturas*, donde expone que el análisis implica dar cuenta del significado de las acciones humanas a través de lo que él llama una "descripción densa". Al igual que la comprensión, las claves de esta interpretación se encuentran en el tramado de la cultura de las sociedades humanas.

La explicación, el antiguo paradigma hoy convencionalmente descartado como anacrónico, ¿ha perdido realmente todo su valor? Todo depende de la agenda del historiador y, como diría Michel de Certeau, del lugar desde donde se escribe la Historia y del compromiso que aquel tenga con su sociedad y con su tiempo. Porque explicar no es describir, como tampoco es interpretar, por mucho que se diga que una buena descripción encierra ya una explicación. Si una tarea esencial del análisis histórico es dar cuenta de por qué ocurren los dramas de hoy, esa pregunta lleva a la formulación de hipótesis, de modelos, de protocolos que faculten su control, todo lo cual remite a la literatura especializada sobre ese problema, a fin de encuadrar las hipótesis para seguir avanzando en el conocimiento. Todo esto, a su vez, requiere de una teoría de la Historia —o si se prefiere, de coordenadas de análisis—, que debiera incluir, como reclamaba Callicos, "una teoría de la estructura, de la transformación, y de su direccionalidad" (1995: 98-103). Solo así su ejercicio, complejo y nada fácil, encuentra una justificación plena.

Segunda parte

Historia y problema en la región andina

4

El pasado y el presente en los Andes

A fines de la década de 1960, cuando tomaron por asalto las fortalezas de la razón en Occidente, Althusser y sus discípulos fueron los principales protagonistas de un debate acerca de la primacía de la *estructura* sobre la *génesis*, en función del conocimiento de una determinada realidad. En otras palabras, el rechazo radical al *historicismo* y la reivindicación de la posibilidad y necesidad del conocimiento de un sistema dado en su sincronía y sin apelación a su proceso (Althusser 1977: 101-156).

No era, ciertamente, la primera vez que en el campo de las ciencias sociales se formulaba una propuesta semejante. En el caso de la antropología, estaba el funcionalismo de Radcliffe-Brown y, en el de la economía, toda la vertiente marginalista y neoclásica, por citar solo los ejemplos más conocidos. Sin embargo, la propuesta de Althusser era más sofisticada académicamente y, a la vez, se inscribía en el terreno de la perspectiva marxista, es decir, aquella donde la Historia y las Ciencias Sociales son virtualmente una unidad.

Las réplicas desde la Historia a la propuesta de Althusser no se hicieron esperar. La primera, y la más débil, fue la de Pierre Vilar (1973), a la cual siguió una más contundente de Edward P. Thompson (1978), y luego otra que reconocía sus concordancias bajo la pluma de Perry Anderson (1980). Pero ni el radical rechazo de Thompson logró levantar la observación central de Althusser de que era necesario que los historiadores reemplazaran la categoría empírica de *tiempo* por una teorización más adecuada del concepto de *tiempo histórico*.

A mi entender, este importante debate no tuvo ningún eco en los Andes, salvo la banalización piadosa de las categorías marxo-althusserianas realizada por Marta Harnecker (1976) y el sermón de Rodrigo Montoya (1980) sobre cómo debía ser el trabajo de los historiadores. Y esa ausencia es particularmente lamentable, tanto porque la región andina constituye un área privilegiada en cuanto a su densidad histórica, por la proliferación de estudios de ciencias sociales en los que la perspectiva histórica no solo es reconocida, sino que además está sobredimensionada. Desde 1992, efectivamente, casi todos los cientistas sociales, con la notable excepción del encomiable recato de los economistas, han volcado sus intereses hacia la Historia —pero una historia entendida no como razonamiento, sino como un terreno adicional de aplicación de sus propias disciplinas—, y eso ha generado en el camino, una confusión inaudita.

En este contexto, el propósito central de estas notas es mostrar la *producción* y la *reproducción* del pasado en el presente, cuya inteligencia, por lo mismo, no requiere excursiones académicas muy lejanas en ese pasado (por los obvios riesgos de extravío), con la condición de que se sepan distinguir con claridad en el presente las distintas *temporalidades* que están articuladas. En función de este propósito, son dos las coordenadas que importa discutir: la secuencia de los estratos temporales en la historia de los Andes, y las expresiones de esa secuencia en los ámbitos de la economía, la sociedad y la política.

La estratificación temporal

La historia de los Andes es un proceso claro de *yuxtaposición de parcelas* de realidad cuya racionalidad remite a temporalidades distintas, sin que la matriz histórica que las alberga haya logrado resolver esa heterogeneidad otorgándole un tiempo y una unidad uniformes. Es a esa heterogeneidad a la que aludían metafóricamente tanto Víctor Raúl Haya de la Torre cuando escribía que en estos suelos estaban presentes, al mismo tiempo, todas las etapas de la historia tecnológica de la humanidad (desde el arado neolítico hasta los modernos tractores), como José Carlos Mariátegui, cuando describía la sociedad peruana como una *malagua* sin forma y consistencia, como si quisiera llegar a ser algo sin realmente conseguirlo. De una manera u otra, el debate de la década de 1970 sobre la *articulación* de los modos de producción también aludía a este proceso, aunque enfatizando la *funcionalidad* de esa articulación más su discordancia.

El hecho de que un ordenamiento nuevo tenga la capacidad de destruir *parcialmente* el anterior, pero no la de construir *orgánicamente* uno distinto, obedece a varias razones. En términos económicos, a la naturaleza inacabada de un sistema colonial y de un sistema capitalista. En términos sociales, a una abigarrada estructura de clases en la cual la que dominaba se apoyaba en todas las demás. En términos políticos, porque el Estado —o la instancia política equivalente— nunca se separó de la sociedad y muchas veces fue controlado por esta, o delegó sus funciones, como en el caso de las comunidades campesinas. Evidentemente, el peso específico de cada uno de estos factores fue mutando en función de las diferentes coyunturas históricas por las que atravesaron estas sociedades, con el resultado preciso de que la Historia de las mismas, en el sentido de proceso, es producto de esta peculiar articulación de tiempos cuya lógica probablemente se ubique en algún lugar del inconsciente colectivo.

Sus expresiones

Esta presencia del pasado en el presente puede detectarse en los terrenos de la economía, la sociedad y la política. En la economía, se percibe en el papel excepcional de su sector externo. Poco importa si lo que se exporta son productos tradicionales (materias primas) o bienes de consumo, en los que la ventaja comparativa absoluta está representada por la extremada baratura de la mano de obra, el hecho es que ese sector modela el comportamiento del conjunto de las economías andinas y constituye el fundamento de la subordinación permanente de estas economías en el mercado internacional.

En el terreno social, el peso decisivo de la dimensión étnica en la estratificación y segmentación de la sociedad le otorga al ordenamiento de sus clases una connotación muy peculiar. Esta fractura, por otra parte, hace que las partes que la integran muestren comportamientos que obedecen a racionalidades excluyentes. Las ciencias sociales de añoranza neoindigenista han saludado, probablemente con razón, la pervivencia de los grupos indígenas, pero han sido muy renuentes a discutir por qué subsisten esos arcaísmos, con lo que se han privado de una entrada inteligible a la explicación de ese pasado que se reproduce.

En el terreno de la cultura política, los países andinos se caracterizan por una reproducción permanente de sistemas y patrones de comportamiento poco compatibles con aquello que los libros de texto prescriben para las sociedades modernas. En parte porque la tradición autoritaria y patrimonial no fue despejada del escenario como consecuencia del arribo del liberalismo, pero también porque generó marcos de protección de las clases populares, algunos de cuyos segmentos incluso pudieron avanzar sus intereses en medio de la tortuosidad de esos caminos.

En un plano más macro, algunas de las características de la historiografía andina contemporánea permiten encontrar otro ejemplo de esta reproducción del pasado en el presente. De manera casi simultánea, a mediados de la década de 1980, Alberto Flores-Galindo y Manuel Burga Díaz publicaron en Lima sendos libros titulados *Buscando un Inca* y *Nacimiento de una utopía: muerte y resurrección de los incas*, en los que sugirieron que tanto en el periodo contemporáneo como en el colonial existe una peculiar memoria colectiva, enraizada en el pasado histórico de los pueblos andinos y que es la que sustenta la esperanza y alienta sus reivindicaciones por un futuro distinto. Burga Díaz ha sugerido que esta memoria se cristaliza en el siglo XVII y es la que impulsa las grandes rebeliones del siglo XVIII, mientras que Flores-Galindo, actualizando la propuesta que formulara José Carlos Mariátegui a fines de la década de 1920, postula que la fusión de ese mito ancestral con el socialismo moderno es la que galvaniza las masas y dota de un sentido fulminante a sus movilizaciones. Las fuentes de estas propuestas la constituye la praxis misma de los movimientos, los sueños de sus participantes, los mitos de carácter milenario, los procesos de los acusados.

El análisis de este laberinto es histórico, pero solo en la medida en que se pueda *de-construirlo* con el fin de mostrar las racionalidades históricas específicas de cada segmento; por lo demás, basta una observación inteligente desde el presente, como la que intentara Roger Bartra (1987) en Mesoamérica, el hermano gemelo de los Andes.

5

El área andina como situación y como problema

El análisis y el conocimiento de un problema adquieren una mayor profundidad cuando se les sitúa en un contexto más vasto o cuando se les confronta con otros que han ocurrido u ocurren en otras áreas del mundo. Para el caso de la América Latina, las ventajas de esta perspectiva se constatan cuando se mide la distancia existente entre los primeros ensayos localistas y los nuevos planeamientos que formulan la unidad y la diversidad de la región en su conjunto. Empero, la perspectiva comparativa es valida a condición de que los términos del problema o las características de la realidad sean, justamente, comparables. Ahora bien, la historia económica y social de la América Latina de este último medio siglo se caracteriza por una profundización de las brechas en el crecimiento económico de sus diferentes áreas y por una mayor complejidad en la estructura de sus respectivas sociedades. Admitida la común subordinación del conjunto de la economía latinoamericana con respecto al mercado internacional, ¿qué sentido tiene "comparar" las situaciones y los procesos contemporáneos de Brasil, Argentina y México, por un lado, y de Perú, Paraguay o Bolivia, por otro? Obviamente, tal comparación serviría, pese a todo, para examinar el papel de diferentes factores en el avance o atraso relativo de la economía de estos diferentes países y para medir los límites derivados de la posición de cada uno de ellos en la división internacional del trabajo. Es una comparación tan legítima como la que se puede establecer, por ejemplo, entre el Perú y el Japón, o entre América Latina y Europa. Pero si se trata de hacer comparaciones entre realidades en las que por lo menos uno de sus términos es homologable, es indispensable buscar bases mucho más firmes.

No se trata, por otra parte, de volver a plantear análisis (contemporáneos o históricos) dentro de un marco crudamente "nacional" como una alternativa a las no menos vagas generalizaciones "latinoamericanas". Un estudio del pasado y del presente peruano, por ejemplo, que olvidara las determinaciones de la bolsa de Ámsterdam en el siglo XVII o las firmas internacionales para su economía contemporánea y, en otro ámbito, que descuidara examinar el papel de Buenos Aires en la crisis del XVIII o los actuales condicionamientos impuestos por los subcentros regionales de poder, sería un ensayo absolutamente vacuo. Superar perspectivas basadas en generalizaciones o en reducciones poco significativas probablemente consista en rescatar el análisis de áreas, es decir, de realidades mucho más homogéneas. Ese es el caso particular del área andina. La opción se justifica no solamente por la existencia de un crecimiento económico relativamente homogéneo, sino, sobre todo, por la profunda unidad de su estructura histórica y cultural.

La alternativa del área andina como problema de investigación y como terreno para confrontar los resultados de trabajos que se realizan en cada uno de sus países obviamente no es nueva. Ya en 1944, Julian H. Steward dedicó el segundo volumen del *Handbook of South American Indians* a las civilizaciones andinas, reuniendo un conjunto de ensayos de los más renombrados antropólogos del momento. No obstante, es el énfasis el que ha cambiado. En la década de 1940, los antropólogos que se especializaron en el área, básicamente fueron tributarios de las preocupaciones dominantes en su disciplina, por lo que se dedicaron a inventariar los componentes de la llamada cultura material y espiritual de cada pueblo, y a trazar, sobre esa base, paralelismos y divergencias. Hoy no se trata más de hacer constataciones, por importantes que ellas sean, sino de conocer las razones de la estabilidad y el cambio de un conjunto de sociedades sometidas a una determinación histórica y cultural homogénea, y de examinar la diferente traducción de estos determinantes en la génesis y el desarrollo de los procesos sociales más significativos. Hasta ahora el análisis social ha privilegiado y se ha centrado en estos últimos, ignorando consciente e inconscientemente que ellos se inscriben en una estructura subyacente que es la que les otorga sentido y significación. La distinción entre *esencia* y *apariencia* establecida por Marx y retomada más recientemente por Lévi-Strauss, o la argumentación sobre los fenómenos de "larga duración" desarrollada por Braudel, constituyen, en este sentido, fecundas hipótesis de trabajo para el área andina.

El espacio físico del área andina está dominado por la cordillera de los Andes que se extiende desde Colombia hasta Chile en una longitud de 5760 kilómetros y con una anchura que oscila entre 160 y 640 kilómetros. Corresponde, por otra parte, a los actuales territorios de las repúblicas del Ecuador, Perú y Bolivia, así como a fracciones de las serranías de Colombia y el noroeste de Argentina y Chile (Bennett 1962: 2). La carencia de información desagregada para estas tres últimas porciones de territorio obliga a dar una idea del área solo a partir de los datos estadísticos del Ecuador, Perú y Bolivia, es decir, de los tres países centrales del área andina.

Para finales de la primera década del siglo XXI, la población total de estos tres países ha sido calculada en unos 55 millones de habitantes, que corresponden 14.483.499 al Ecuador, 30.814.175 al Perú y 10.027.254 a Bolivia, con una tasa de crecimiento anual promedio para el año 2012 de 1,6%, 1,2% y 1,6%, respectivamente. La población urbana de cada país representa, de manera respectiva, 66%, 78% y 66% del total de sus habitantes.[1] En el año 2012, por otra parte, el PIB del Ecuador, Perú y Bolivia fue, en este orden, de US$ 84,04, US$ 203,8 y US$ 27,04 mil millones de dólares de 2012. Si se considera que en ese mismo año el PIB de Argentina, Brasil y México era de US$ 475,5, US$ 2253 y US$ 1178 mil millones de dólares de 2012, respectivamente, puede tenerse una idea de la posición de los países andinos en América Latina. La tasa anual de crecimiento del PIB promedio para el mismo año fue de 5,1%, 6,3% y 5,2%, respectivamente. La tabla 5.1 resume la participación de cada sector económico en la formación del PIB de cada uno de estos países.[2]

1. Véase para datos demográficos el Banco Mundial: <http://datos.bancomundial.org/indicador/SP.POP.TOTL>.

2. Véase Comisión Económica para América Latina y el Caribe: <http://estadisticas.cepal.org/cepalstat/WEB_CEPALSTAT/perfilesNacionales.asp?idioma=e>.

Tabla 5.1
PARTICIPACIÓN SECTORIAL EN EL PIB

País	Agricultura, pesca (%)	Minería (%)	Industria manufacturera (%)	Construcción (%)	Servicios (%)	Otros* (%)
Ecuador	9,4	12,5	12,9	11,8	15,8	37,6
Perú	7,0	10,5	14,0	8,2	15,2	45,2
Bolivia	12,3	18,4	12,8	3,3	18,9	34,3
* Intermediación financiera, transporte y comunicaciones, electricidad, gas, agua y comercio.						

Fuente: Cepal, varios años.

Pese al relativo fortalecimiento industrial de la región, la economía de estos países sigue dependiendo en gran medida de la exportación de materias primas. Es el caso del petróleo, el banano, el cacao y el café para el Ecuador; de los metales y de la harina de pescado para el Perú; y de los minerales metálicos e hidrocarburos para Bolivia. Se trata, por consiguiente, de economías profundamente vulnerables, no solo como consecuencia de su subordinación en el mercado internacional, sino también del control ejercido por el capital imperialista sobre su estructura productiva.

Pero es en el ámbito de la estructura social donde radican los rasgos más característicos del área andina, de los cuales la diversidad cultural y la heterogeneidad lingüística son seguramente los más significativos. Más aún, en las áreas rurales de los Andes viven grupos de campesinos indígenas asentados en pequeños poblados denominados "comunidades indígenas" y cuyos integrantes participan de un conjunto de prácticas, normas y valores que se consideran típicamente "andinos". El número de estas comunidades se calcula en 1310 para el Ecuador (Jaramillo 1970: 55).

El área andina como subsuelo de análisis

En las páginas anteriores expusimos los datos que constituyen el perfil económico y social de la América Andina; hasta ahí la superficie. Pero ese *diálogo entre espacios y hombres*, que en definitiva es toda sociedad, está codificado por una gramática y una lógica que derivan de la civilización que la sustenta. El reconocimiento y la traducción de esta lógica, por otra parte, exigen la constitución de un tipo de conocimiento que no se limite (como el actual) a la constatación o a la correlación de fenómenos *directamente* observables, sino que *los trascienda* y encuentre las bases de su expresión y de su sentido. Esta "arqueología" del saber solo puede establecerse en la medida en que exista *un deslinde muy preciso del objeto de su reflexión y de su análisis*. Tal "objeto", evidentemente, no pertenece a la metafísica, sino que es el resultado de la propia Historia. Es este el caso particular del área andina.

A la civilización andina correspondería así la matriz que ordena e informa el conjunto de procesos ocurridos en esta área, y cuyo análisis constituye justamente una de las tareas futuras de investigación. Esta "determinación" es el producto y se sustenta en una larga y compleja historia.

Si se toma los años de 1808-1826 como el periodo en el que se establece una ruptura decisiva entre la historia poscolonial, por una parte, y la historia precolonial y colonial, por la otra, sorprende constatar el profundo desequilibrio entre ambos "bloques" históricos. El primero, en efecto, suma apenas una centuria y media, mientras que el proceso que corre desde la instalación de las primeras culturas aborígenes hasta la ruptura del pacto colonial se mide en miles de años. He ahí una de las razones históricas de la solidez y significación del área andina. Pero eso no es todo. Ocurre también que antes de la "balcanización" del continente producida por la "emancipación" política de la metrópoli española, el área andina constituía también otro tipo de unidad histórica, esta vez como consecuencia de la estructuración económica y social que prevaleció en su seno. A los espacios y al tiempo se añaden ahora los sistemas y los hombres.

Es bien conocido que en las cuatro centurias que corresponden al establecimiento del Tahuantinsuyo, la dominación política y el reacondicionamiento económico impuestos por el Estado inca establecieron en la región andina un sistema económico y social altamente homogéneo, y que la rapidez de esta estructuración imperial se debió a que el Estado inca supo apoyarse en instituciones y procesos *formalmente equivalentes* a los cuales solo se les cambió de contenido y orientación. Posteriormente, el sistema colonial que empezó a establecerse con la Conquista y que se consolidó con las reformas toledanas resultó también de una imbricación profunda de espacios y de grupos, desde Charcas hasta Quito. Tal sistema, que igualmente se apoyó en las instituciones andinas, pese a la hecatombe demográfica de su población, sobrevivió a la ruptura política del pacto colonial y sustentó el reordenamiento del espacio económico y social de los Andes cuando el mercado internacional le impuso un nuevo rol en la división internacional del trabajo a lo largo del siglo XIX y, por lo menos, de las tres primeras décadas del siglo XX.

Densidad temporal, unidad cultural y articulación de sus sistemas, en consecuencia, fundan la especificidad y significación del área andina. Si esta estructura así forjada trasciende y se expresa en el comportamiento de los hombres, el problema decisivo que es necesario plantear es justamente el conocimiento de la relación entre esta estructura y los múltiples acontecimientos que se desarrollaron en su superficie. Hasta ahora la investigación social realizada en el área ha privilegiado excesivamente a los últimos, sin ofrecernos, por lo mismo, una explicación convincente de su génesis, ni, mucho menos, de su sentido. Se trata, por consiguiente, de invertir el orden de la investigación y tomar estos acontecimientos y procesos como lo que justamente son, es decir, *epifenómenos* que traducen (en el mejor de los casos) las *crispaciones* de una estructura. Y nada más. Tal vez esta *inversión* permita a fin de cuentas conocer el significado del territorio andino y abrir horizontes menos opacos y mediocres para la investigación social. Quizás algunos ejemplos permitan precisar mejor el sentido de esta propuesta.

Hablar de la unidad de un sistema no implica necesariamente sostener la perfecta homogeneidad de sus partes. Aunque sea superfluo recordarlo, se trata de una *unidad de contrarios*. En el caso del sistema imperial andino, el reconocimiento de esta unidad subyacente a la diversidad de sus partes permitiría conocer de manera mucho más profunda tanto los mecanismos de funcionamiento de sus sistemas económicos y sociales, como sus límites. Tómese, por ejemplo, el caso de los aymara del Altiplano boliviano o el de los grupos que integraron el llamado "reino de Quito". ¿Cuáles eran sus respectivas estructuras en el momento de su incorporación al Tahuantinsuyo y, sobre todo, qué modificaciones se producen en el seno de las mismas como consecuencia de su subordinación? Es posible, además, que la progresiva extensión territorial del Imperio, al imponer modificaciones sustantivas a su Estado, también haya introducido perturbaciones en los mismos principios que sustentaron su propio funcionamiento. Las investigaciones en curso de Frank Salomon, por ejemplo, sugerirían alternativas al modelo propuesto por John Murra en su aplicación a los Andes ecuatorianos.

Todo el sistema colonial andino, igualmente, estuvo estructurado en torno al eje Potosí-Huancavelica. He ahí la razón de ser de la producción ganadera de la Argentina colonial, de los textiles quiteños y del trigo chileno. Pero pese a esta integración tan profunda, ello no impidió la conformación de significativas estructuras regionales. De ahí también que esta variación relativa de las estructuras regionales del sistema colonial explique la unidad y la diversidad de las revueltas que de una manera u otra intentaron su corrección o su desmantelamiento. En todo caso, y es este el aspecto fundamental del problema, ni la especificidad ni la generalidad de estas estructuras pueden entenderse en sus propios términos. Es el rescate de esta unidad, finalmente, lo que también permitirá conocer el peso y la posición dentro del sistema colonial de las economías de la franja del litoral del Pacífico, caracterizadas por una articulación con un mercado externo al sistema y, sobre todo, por una explotación alternativa de la fuerza de trabajo. Pero es en la investigación de la historia contemporánea de la región donde el énfasis en esta "dimensión andina" adquiere toda su relevancia.

La Emancipación señala el nacimiento accidental y accidentado de Ecuador, Perú y Bolivia, que postularon su destino nacional y adoptaron la forma política de repúblicas. Como repúblicas, pese a sus peripecias, se mantuvieron, pero el destino nacional resultó hasta hoy una promesa inconclusa. Este solo hecho es un síntoma elocuente de que el fenómeno de "nación" reviste en el área andina características muy diferentes a las de la Europa del XIX y que la realidad sea irreductible a todo paradigma que contradiga su historia. De ahí también, aunque en otro ámbito, la absoluta inutilidad científica de las llamadas "historias nacionales", país por país, en la medida en que los "cortes" de análisis que establecen carecen de toda significación. Y aquí es necesario destacar de nuevo la significación del área andina, esta vez en su componente colonial.

Señalar que la estructura colonial representa una suerte de simbiosis entre lo "andino" y lo "hispánico", y que ella trasciende a la ruptura política del pacto colonial es, sin duda, una excelente constatación.

Pero es ahí justamente donde el análisis científico empieza. Porque esta estructura colonial no solo "sobrevive", sino que reorienta y reordena instituciones y procesos movilizados como consecuencia de los nuevos requerimientos del orden internacional. Permítaseme examinar esta hipótesis en los ámbitos de la economía, la sociedad y la política de la región.

Después de la crisis colonial y de la desorganización económica producto de las guerras de la Emancipación, la reactivación económica que se produce en la región estuvo estrechamente asociada con la incentivación del mercado externo. Fue el caso del cacao, el café y el banano en el Ecuador; de las lanas, el guano, el algodón y el azúcar en el Perú; de la quina, la plata, el cobre y, más tarde, del estaño en Bolivia. La organización de las unidades económicas de acuerdo con esta producción para el mercado externo introdujo cambios sustantivos en las áreas rurales, traducidos particularmente en la expansión de los latifundios y en una mayor subordinación de las comunidades de indígenas, al mismo tiempo que modificaba o reforzaba las tradicionales relaciones de producción en un proceso similar al que desarrollarían más tarde los emergentes enclaves mineros. Ahora bien, si el mercado externo como estimulante desempeña aquí un papel similar al que tuvo en otras regiones periféricas, son las respuestas internas a este estímulo las que merecen un examen más cuidadoso. Las escasas evidencias disponibles son, sin embargo, suficientes para sugerir que ni el impacto de estos enclaves sobre su *hinterland* rural, ni las serias resistencias a la capitalización entera de la economía, configuraron procesos similares a los ocurridos en las áreas centrales del desarrollo capitalista. En tanto se ignore la lógica que ordenó la economía andina y el comportamiento de sus hombres, no será posible entender bien el sentido de sus respuestas a la mutación de la economía.

Igualmente, la comprensión de las circunstancias y consecuencias del cambio de la condición campesino-indígena como producto de la emergencia de estos modernos "enclaves" ganaría en profundidad y en alcance si se reconoce que este cambio, si bien resulta de la mutación de la base material de la economía tradicional, traduce en su desarrollo un conjunto de comportamientos condicionados por normas y valores andinos. Tomemos, por ejemplo, el caso de los mineros andinos de la sierra central del Perú.

La aparición de la Cerro de Pasco Copper Corporation en el alba del siglo XX abrió el camino para el surgimiento del capitalismo en la sierra central. Este hecho, asociado con la experiencia de las grandes plantaciones azucareras en la costa norte, muestra con suficiente claridad que el nacimiento del capitalismo en el Perú fue un proceso ligado orgánicamente a la expansión imperialista. En ambos casos, dada la naturaleza de las empresas agrícolas y mineras, y dado también el tipo de explotación por ellas impuesto, el *capitalismo* naciente fue un capitalismo de "enclave", es decir, no solo dependiente de las exigencias externas de acumulación sino, y sobre todo, internamente fragmentado. Por lo tanto, el proletariado que aquí empieza a emerger no solo es incipiente (es decir, minoritario frente a las otras fracciones de las clases populares), sino que también está relacionado con las fases más primitivas del desarrollo económico. Este proletariado, además, fue de *transición*, es decir, a diferencia del proceso ocurrido en las áreas centrales del desarrollo capitalista, fue un proletariado que no quebró, y no quiebra todavía, definitiva e irreversiblemente, sus lazos con el campo. Ahora bien, el estudio del cambio de la condición campesina, de su transición y conversión en un proletariado minero, no debe olvidar que en el caso de los Andes estamos en presencia de un campesino que no solamente es "campesino", sino que es un campesino-indio. Es posible que el incremento de la homogenización cultural haya, hasta cierto punto, atenuado esta distinción. Pero ese no fue el caso durante el periodo de formación de los primeros grupos mineros. ¿Qué peso real tiene en la posterior emergencia de una "cultura" obrera que sus protagonistas participen del mundo social y cultural de los Andes? ¿Cuáles son sus implicaciones concretas? Por otra parte, se ha señalado ya la permanente situación intermedia del minero andino, su intermitente vinculación con su antiguo mundo, su terco rechazo a consolidar una ruptura. Una vez más, ¿qué incidencias tuvo este particular escenario en la estructuración de la conciencia social del emergente proletariado minero de los Andes?

La modernización, sectorial y segmentada, de la economía andina, por otra parte, al incrementar la diferenciación regional, provocó modificaciones sustantivas en las haciendas y en las comunidades campesinas, las dos instituciones clásicas de la sociedad rural andina. En efecto, cualquier observador atento podrá constatar, en el caso de las comunidades, que entre el modelo homogéneo de organización implantado por Toledo en el siglo XVI y las actuales comunidades de indígenas, por una parte, y entre estas mismas comunidades pero ubicadas en diferentes contextos nacionales, por otra, existe tanto una diferencia interna como una diferente relación con el sistema nacional. Este es un caso que ilustra una situación opuesta: los límites de la identidad de una estructura. Se ha sugerido que esta identidad genera procesos semejantes. Pero, justamente, ¿cuál es ese límite y cuál es el mecanismo que rompe esta identidad para iniciar el camino de la diferenciación? Una vez más, es necesario tomar estos fenómenos en su visibilidad para encontrar la razón que la subyace.

Examinemos ahora el peso y la significación de la estructura andina en el ordenamiento social de esta región. Tomemos para ello dos de sus componentes privilegiados: la nación y la clase.

Nación y clase, conciencia nacional y conciencia de clase, son los famosos términos de una ecuación que ha estado en el centro de las más ásperas discusiones políticas contemporáneas. Son bien conocidos, por ejemplo, los esfuerzos realizados por el movimiento comunista, desde Marx y a través de la II y la III Internacional, para educar a la clase trabajadora en el indispensable deslinde entre la conciencia de *su* clase y la conciencia nacional enarbolada básicamente por la burguesía, con el objeto de que el movimiento revolucionario no perdiera su necesaria autonomía y no asumiera posiciones diferentes a las suyas. Pero el problema así planteado, si bien era correcto en sus términos generales, revestía características relativamente diferentes dependiendo de la posición de cada país en la división internacional del trabajo.

En las regiones centrales del desarrollo capitalista, el establecimiento de la nación es concomitante con la aparición del capitalismo. Por medio de la mercantilización creciente de la economía y, sobre todo, de la expansión y profundización del mercado, regiones y grupos hasta entonces aislados empiezan a crear las bases objetivas para la emergencia del hecho nacional a través de la sucesiva conquista del aparato político e ideológico del Estado. La burguesía, que es la clase dominante, logra, por lo mismo, difundir y confundir sus intereses de clase con los intereses de la nación, es decir, con los intereses de la totalidad de las clases sometidas a su dominación. Es en este contexto, por consiguiente, que las clases populares (particularmente el proletariado y el campesinado) debían aprender a disociar y a oponer los intereses de su clase a los de la burguesía.

En los países coloniales, sin embargo, donde el fenómeno nacional no está, o solo está en vías de constitución, donde el Estado antecede muchas veces al establecimiento de la nación (en la medida en que traduce intereses foráneos independientemente o no de la complicidad de las oligarquías nativas), el problema nacional y de clase debía formularse en términos relativamente distintos. Por ello, las discusiones en el seno del movimiento comunista internacional giraron en torno a la estrategia y táctica respecto de los movimientos de descolonización, a la potencialidad de las burguesías nativas para constituirse en una clase efectivamente nacional, a la actitud que debían asumir las clases oprimidas en la movilización liderada por las burguesías periféricas y, en fin, al tipo de integración que debía lograrse en espacios donde coexistían diversas nacionalidades. Dependiendo de la estructura de cada región particular y de la correlación de fuerzas sociales tanto a escala interna como internacional, las sugerencias propuestas fueron múltiples[3]. Pero pese a los avances derivados de estas discusiones y de la propia práctica del movimiento revolucionario, el problema nacional y de clase en los países coloniales y poscoloniales está lejos de haber sido resuelto.

Este debate político, por razones obvias, giró básicamente en torno a los conceptos de "nación" y "clase". La excepción importante en esta discusión fue el tema de las "nacionalidades". A pesar de los aportes ya importantes de este debate, no se prestó demasiada atención al concepto "etnia", es decir, a la presencia de grupos humanos significativos que en varias regiones del mundo, juntamente con las "clases", integran o dificultan la constitución de una nación. En otras palabras, y de manera mucho más precisa, no se trata de postular aquí que las "etnias" o los grupos étnicos constituyen realidades separadas de las "clases". Más aún: la tendencia en una larga perspectiva histórica es al desplazamiento

3. La literatura sobre el "problema nacional" en el debate marxista es inmensa. Incluye los textos clásicos de Marx, Engels, Lenin, Kautski, Stalin, Trotski, Rosa Luxemburgo y Otto Bauer, a los que se pueden agregar (Bloom 1941; Rosdolsky 1964; Davis 1967; Schram y Carrere d'Encausse 1965; Schlessinger 1974; Levrero 1972; Haupt, Lowy y Weill 1974).

(hasta su cancelación) de las etnias y de las relaciones étnicas por la clase y las relaciones de clase en la estructuración global de una sociedad. Pero esta propensión no está exenta de ciertos avatares significativos en algunas áreas del mundo. Y este es particularmente el caso de Mesoamérica y del área andina. Aquí, como expresión de los "avatares" señalados, se dieron, primero, el encapsulamiento de las relaciones de clase en las relaciones étnicas; la yuxtaposición de ambas, después; y, finalmente, la inversión contemporánea en que la relación de clase encapsula, a su vez, las debilitadas pero existentes relaciones étnicas.[4]

¿Cómo traducir conceptualmente esta situación? En el caso de Mesoamérica y de la América andina, este es un proceso que reviste mayor importancia antes de la consolidación completa del capitalismo, es decir, en sociedades básicamente precapitalistas. Las clases de este tipo de sociedades, para decirlo de manera sumaria, no están todavía plenamente configuradas. Son, en palabras de Marx, una clase "en sí". Su conversión en una clase "para sí" es concomitante con el desarrollo del capitalismo, sistema que a través de la extensión y profundización del mercado quiebra el aislamiento tanto de regiones como de grupos humanos, posibilitando por consiguiente la disolución de todo tipo de particularismos. La confrontación y el enfrentamiento de las diferentes clases entre sí, facilitados ahora por la uniformidad del terreno político, llevaron a la emergencia y consolidación de la "conciencia de clase", un factor decisivo en la transformación de una clase "en sí" en una "para sí". En síntesis, este fenómeno de la conciencia de clase, que es inexistente, total o parcialmente, en las sociedades precapitalistas, explicaría la preeminencia y la perdurabilidad de una conciencia, esta vez étnica, sobre la conciencia de clase. Ha sido Georg Lukács (1960) quien ha planteado el problema que se acaba de evocar en términos rigurosos:

> De acuerdo con todo eso, la relación de la consciencia de clase con la historia es completamente distinta en los tiempos precapitalistas de lo que es en el capitalismo. Pues en aquellos las clases no pueden identificarse más que *por medio de la interpretación de la historia* por obra del materialismo

---

4. Una de las observaciones más pertinentes sobre este problema es la de Rodolfo Stavenhagen (1969: 245-247).

histórico, partiendo de la realidad histórica inmediatamente dada, mientras que en el capitalismo las clases son la *realidad* histórica misma inmediatamente dada. Como ya indicó Engels, no es, pues, una casualidad que este conocimiento de la Historia no fuera posible hasta la época del capitalismo. Y ello no solo —como dice Engels— a causa de la mayor sencillez de esta estructura en comparación con las "complicadas y encubiertas conexiones" de tiempos anteriores, sino también y ante todo porque el interés económico de clase como motor de la Historia no aparece en toda su desnuda pureza hasta el capitalismo. Las verdaderas "fuerzas motoras" que "se encuentran tras los motivos de los hombres históricamente activos" no podían, por ello, llegar nunca en forma pura a la consciencia en los tiempos precapitalistas (ni siquiera como contenido atribuible). Verdaderamente quedaron ocultas, como fuerzas ciegas del desarrollo histórico, por detrás de los motivos. Los momentos ideológicos no solo "encubren" los intereses económicos, no son solo banderas y consignas en la lucha, sino partes y elementos de la lucha real misma. Es cierto que cuando se busca, por medio del materialismo histórico, el *sentido sociológico* de esas luchas, *entonces* es posible descubrir esos intereses como los *momentos explicativos* decisivos en última instancia. Pero, respecto del capitalismo, se tiene la insalvable diferencia de que en este los momentos económicos no están ya ocultos "tras" la consciencia, sino que están *en* la consciencia misma (aunque sea reprimidos en lo inconsciente, etc.). Con el capitalismo, con la destrucción de la estructura estamental y la construcción de una sociedad articulada de un modo *puramente económico*, la consciencia de clase entra en el estadio de *consciencia refleja posible*. La lucha social se refleja ahora en una lucha ideológica por la consciencia, por encubrir o revelar el carácter clasista de la sociedad. Pero la posibilidad de esa lucha remite ya a las contradicciones dialécticas, a la autodisolución interna de la pura sociedad de clases. "Cuando la filosofía", dice Hegel, "pinta su monótono cuadro gris, una forma de la vida se ha hecho ya vieja, y con esos grises no es posible rejuvenecerla, sino solo reconocerla; la lechuza de Minerva no echa a volar sino cuando empieza a caer el crepúsculo".[5] (1960: 82-83)

Ahora bien, es el análisis de este conjunto de problemas, es decir, de las múltiples relaciones entre etnia, clase y nación, entre conciencia de

5. Una penetrante reflexión histórica sobre el enunciado de Lukács se debe a Eric J. Hobsbawm (1970: 7-11).

clase, conciencia étnica y conciencia nacional, el que encuentra un terreno privilegiado en la experiencia andina. Esta es una región multiétnica, con relaciones de clase no enteramente depuradas de sus antiguas connotaciones coloniales y donde el "fenómeno nacional" aparece más como un *dictado* que como una expresión concreta (sino ¿cómo explicar la fuerza y la vigencia del sentimiento y de la conciencia de las pequeñas regiones?). La historia particular de los países que conforman el área andina, por otra parte, está permanentemente atravesada por crisis internas y guerras externas, las que constituyen coyunturas excepcionalmente propicias para comprobar el juego múltiple entre las relaciones étnicas y las relaciones de clases y el papel que ellas desempeñaron en la emergencia del Ecuador, el Perú y de Bolivia como problemas y, tal vez, como imposibilidades.

Queda, finalmente, por sugerir la necesidad de examinar el problema del Estado en el contexto político de los Andes. Y es esta cuestión la que todavía constituye una suerte de página en blanco en la investigación social del área. En una larga perspectiva histórica —y pese a los sobresalientes esfuerzos de Murra, Rowe, Zuidema, Katz y Wachtel—, estamos lejos de conocer la génesis y la estructura del Estado que imperó en el Tahuantinsuyo. Menos aún la estructura política de los diferentes grupos étnicos que fueron incorporados a su seno como consecuencia de la expansión militar de los incas. Existe una similar ignorancia sobre ese extraordinario fenómeno que representó el Estado colonial, aunque algunos avances los debemos a las investigaciones de Richard Morse (1982) y Magali Sarfatti (1986) para el Perú, y de Andrés Guerrero (1991) y Rafael Quintero y Erica Silva (1991) para la Audiencia de Quito. ¿Qué clase de Estado?, ¿el Estado de qué clase?, ¿cuáles fueron los límites de su independencia con respecto al conjunto del sistema colonial? Estas son las preguntas obvias que aún esperan una respuesta convincente.

Con la Emancipación emerge y se consolida un Estado con pretensión nacional y que en la práctica traduce y procesa la dominación política de un grupo oligárquico. Las modificaciones sucesivas de la naturaleza de este Estado y de las formas de su dominación concuerdan con las variaciones internas en la correlación de fuerzas sociales y con las condiciones cambiantes de la dominación internacional. Pero, otra vez, este enunciado traduce afirmaciones hipotéticas o, en el mejor de los casos, rigurosas constataciones. Aquí también la explicación científica exige conocer si la moderna teoría política, gestada en el análisis de los Estados de las sociedades dominantes, puede utilizarse en la investigación tanto de Estados poscoloniales como de los del área andina. El reconocimiento de la peculiaridad de su proceso político, resultante de los múltiples determinantes que se mencionaron en las páginas anteriores, probablemente permita retomar esta investigación sobre bases mucho más firmes.

En un momento en el que la labor de los científicos sociales del área pareciera condenada a la trivialidad de sus análisis, y en el que muchos confunden su ejercicio (que no puede ser sino el resultado de una genuina vocación) con una absurda y atrofiante profesionalización y burocratización, tal vez el replanteamiento de la investigación social en la perspectiva propuesta en este texto permita no solo un conocimiento más exacto de la realidad andina, sino que también justifique la existencia y la práctica de las ciencias sociales en el área. Esta perspectiva, permítaseme reiterarlo, pasa por el reconocimiento de la peculiaridad de la conformación histórica de la región, reconocimiento que en modo alguno se reduce a un agregado "de historia", como quien añade una salsa exótica para sazonar mejor un potaje. En caso contrario, el talento y la sensibilidad de un Arguedas, de un Icaza o de un Lara, seguirán haciendo de ellos sus mejores intérpretes.

6

Los Andes: la metamorfosis y los particularismos de una región

Los estudios sociales realizados sobre la región andina en las tres últimas décadas del siglo XX han subrayado con mucha fuerza su unidad y homogeneidad. Las razones son obvias: la particular densidad histórica de la región, el peso de una de las geografías más difíciles del planeta y las características de la población indígena, todavía una de las más significativas en el conjunto nacional. Como consecuencia de esta homogeneidad, el rescate de esta dimensión regional, como unidad de análisis, presenta una importante ventaja sobre las anteriores investigaciones, en la medida en que permite comparaciones indispensables en el conocimiento de un problema.

El riesgo, no obstante, radica en la *reificación* de la dimensión andina, es decir, en pensar la región como una suerte de llave maestra con la capacidad o de explicar o de singularizar todo lo que ocurra en su contexto. Tomados en esos términos, los Andes, como realidad o como meta concepto, son una dimensión omnipresente, inmune al tiempo (es decir, a la historia), y cuya homogeneidad prevalece sobre sus profundos regionalismos y localismos. Estos *andinismos* no solo no resisten a la evidencia, sino que revelan la tautología del razonamiento. Se convierte en explicación aquello que requiere más bien ser explicado.

Pero las limitaciones de esta manera de percibir la realidad no son solo de carácter analítico. Son más serias aún cuando soslayan o minimizan las profundas brechas *nacionales* de la región bajo el pretexto de su homogeneidad. Entender, por ejemplo, por qué dos países andinos como el Perú y el Ecuador, que comparten todo, desde su cultura hasta su miseria, estuvieron no obstante dispuestos hasta un pasado reciente a enfrentamientos sangrientos, es un asunto demasiado serio como para cuestionar la pertinencia de esta supuesta unidad regional de los Andes.

La peculiaridad *nacional* de la región andina, al igual que la del conjunto de la América Latina, no es en realidad reciente. Se remonta, por lo menos, a sus inicios como países independientes, como resultado del impacto de las reformas borbónicas de la segunda mitad del siglo XVIII y de las características muy precisas que tuvo el proceso político de la Emancipación. Los doctores de Chuquisaca decidieron convertir la Charcas colonial en la Bolivia de hoy, como consecuencia del cansancio de que su territorio oscilara como un péndulo entre el campo de Buenos Aires y el de la Lima de Abascal. Y si quiteños y guayaquileños tuvieron momentáneamente que inclinar sus orgullosas banderas regionales para otorgar a su precaria unidad nacional el nombre de la línea imaginaria del Ecuador, fue como resultado de que su convivencia dentro de la Gran Colombia no era más posible ni deseable. Estos curiosos nacionalismos, por la forma en que emergen y por el contenido que encierran, no son por cierto un privilegio de los Andes. Lo mismo ocurrió en la Banda Oriental de Artigas para dar paso al Uruguay contemporáneo o en los dominios reservados del doctor José Gaspar Rodríguez de Francia, antes de convertirse en el Paraguay que conocemos.

Estos *nacionalismos* andinos, reproducidos y alimentados por la sospecha y el temor al vecino, no solo configuran unidades nacionales diferenciables y opuestas; también en los territorios nacionales es constatable esta diferencia, ya sea como situación o como proceso en curso. Es lo que ocurre, por paradójico que parezca, con el campesinado indígena y con sus respectivas *comunidades*, es decir, nada menos que con los grupos e instituciones que fueron y son tomados como paradigmas de la unidad de la región.

Como es bien sabido, las *comunidades de indígenas* fueron el resultado de un primer proceso de urbanización masiva implementado por el virrey Toledo a mediados del siglo XVI a fin de facilitar la colonización y la eficiente asignación de mano de obra nativa a las empresas españolas. Desde la Nueva Granada hasta Charcas, este poblamiento obedeció a un modelo y unos patrones comunes. Sin embargo, alguien que recorra el campo andino, desde Popayán, en Colombia, hasta Cochabamba, en Bolivia, podrá sin dificultad constatar sus profundas diferencias. En Colombia casi no existen comunidades indígenas, porque gran parte de sus *resguardos* indígenas son una creación reciente, que se dio cuando sus pobladores campesinos constataron que organizados de ese modo aumentaban sus chances de obtener el respaldo del gobierno central. En el Ecuador, el mismo territorio indígena desapareció como consecuencia de la permanente trashumancia de los indios durante el periodo colonial. Por cierto que saraguros, otavalos y salasacas constituyen enclaves étnicos identificables, pero la inmensa mayoría de las *comunas indígenas* son también ahí creaciones recientes, puesto que están conformadas por excolonos de haciendas, los célebres *huasipungueros*, quienes se agruparon en estos pueblos cuando en 1964 se disolvió su vinculación secular con las haciendas de la sierra ecuatoriana. No es esa la situación ni en el Perú ni en Bolivia, pese a que tampoco en estos países sea posible ignorar la profunda diversidad regional de la comunidad campesina.

Constatar esta situación no tendría tal vez mayor interés si solo se limitara a un ejercicio académico. Sin embargo, sus implicaciones van incluso más allá del enunciado de las profundas brechas nacionales en el contexto de la región andina y apuntan, más bien, a señalar dimensiones significativas para comprender y explicar la racionalidad del proceso político reciente. Por razones de espacio ilustrará la importancia del reconocimiento de esta heterogeneidad —tanto nacional como regional—, refiriéndome solo al comportamiento político de los campesinos de los Andes.

En 1952 en Bolivia y en 1969 en el Perú, los campesinos lograron imponer a sus respectivas clases propietarias reformas agrarias profundas, traducidas en la cancelación de los latifundios tradicionales. Dicha imposición no ocurrió en el Ecuador ni mucho menos en Colombia. Y es que la aparente homogeneidad de la región andina esconde, en realidad, una muy diferente articulación de sus clases agrarias, uno de cuyos desenlaces fue justamente la alteración o la persistencia del sistema de tenencia de la tierra. En el caso de Colombia y el Ecuador se está en presencia, en efecto, de una clase terrateniente poderosa y un campesinado débil y fragmentado, mientras que en el caso del Perú y Bolivia la correlación es exactamente inversa, es decir, una clase propietaria débil frente a un campesinado fuerte.

Pero la fortaleza del campesinado en el caso de Bolivia y el Perú, frente a la debilidad y dispersión de los campesinos en el Ecuador y en Colombia, es a la vez consecuencia del diferente proceso seguido por sus respectivas comunidades. Al desaparecer o fragmentarse, como es el caso de las dos últimas experiencias nacionales, el campesinado no contó con el encuadramiento necesario para el asedio externo de las tierras de los latifundios, como efectivamente ocurrió en el Perú y en Bolivia, o, para añadir otra experiencia significativa, en el Morelos de Emiliano Zapata, en el contexto de la conmoción mexicana de 1910. Por lo mismo, la tímida reforma agraria de 1964 en el Ecuador, expresada en la disolución del *concertaje* y del *huasipungo* como expresiones arcaicas de la explotación de la fuerza de trabajo indígena, no pudo, sino, ser el resultado de la resistencia de los colonos de hacienda, situación que a la vez contradice aquellos juicios que califican como pasivo el comportamiento de este tipo de campesinos al estar envueltos por el manto paternalista del propietario.

En suma, el reconocimiento de los Andes como una de las grandes áreas culturales del Hemisferio, su articulación económica y política innegable en el periodo prehispánico y gran parte del periodo colonial, debiera dar paso al examen del proceso de fragmentación interna y sus implicancias para la comprensión de la economía y de la política contemporáneas. Pero un análisis de este tipo no debe ni puede soslayar que se trata de un proceso de fragmentación que ocurre en un contexto cultural que es, a la vez, muy preciso y que frena una dislocación más completa y profunda.

El estado de la cuestión

Reconocer la fragmentación territorial y regional del mundo andino es una cosa; construir el concepto de "región" es otra muy distinta. En efecto, una región puede ser definida de múltiples maneras, en función de la perspectiva del análisis y de los objetivos que se quiera lograr. En términos económicos, por ejemplo, es el flujo de bienes y hombres el que diseña una región. En términos culturales, es la extensión de los mismos patrones el que señala sus fronteras o la adhesión a un conjunto de normas y valores específicos. En términos políticos, la región está definida por el ámbito de poder y autoridad que ejerce el grupo dominante. En cambio, la definición histórica de una región es mucho menos precisa y, al mismo tiempo, más incluyente. La conciencia histórica compartida de *pertenecer* a una región por parte de los grupos sociales que viven en ella es, tal y como Pierre Vilar (1962) lo demostrara para la Cataluña moderna, el elemento central en la caracterización de una región desde una perspectiva histórica. Una conciencia histórica de ese tipo es la condensación de un conjunto de fuerzas, desde las materiales hasta las simbólicas, que motivan la acción de los hombres y que les permite identificar sus intereses con un territorio.

Una definición de la región en tales términos no ha sido utilizada en la investigación histórica en la región andina. Las dimensiones más importantes que han sido usadas para caracteriza la región son de carácter económico, político y étnico. Quisiera mencionar brevemente las más significativas en el contexto de las diversas coyunturas temporales de la historia de los Andes.

Durante mucho tiempo, el mundo prehispánico fue asociado e identificado con los incas y el Imperio del Tahuantinsuyo. Esto es claramente un error, porque confunde las dos centurias de duración del Imperio de los incas con los veinte milenios previos a su historia, es decir, desde el momento en que aparecieron los primeros grupos humanos hasta el inicio de la expansión del Tahuantinsuyo con el Inca Pachacútec. Que el Tahuantinsuyo se haya consolidado en tan poco tiempo solo puede explicarse por el hecho de que los incas, al igual que los españoles más tarde, supieron apoyarse en instituciones y mecanismos económicos y políticos de probada eficacia utilizados por los grupos que los precedieron. Por consiguiente, es el análisis de estos fundamentos de la civilización andina el que debiera tener preeminencia.

El estudio del Tahuantinsuyo, como consecuencia de la información proporcionada por los cronistas —que era la principal fuente para su conocimiento—, estuvo centrado casi exclusivamente en el Estado inca y en el Cuzco, la capital imperial. Por lo mismo, se desconocía casi todo sobre los mecanismos de incorporación de los diferentes reinos regionales al seno del Imperio, así como sobre su funcionamiento dentro de este sistema. Fue el descubrimiento y la utilización de las visitas del reino de los Chupaycho, en Huánuco, y de los Lupaka, en el Altiplano andino (es decir de verdaderas encuestas sociológicas ordenadas por la administración colonial temprana) los que han permitido en los últimos años descentrar estas investigaciones y conocer a estos grupos étnicos dominados por el Cuzco. Aquí, por consiguiente, se tiene un primer ejemplo de etnohistoria regional cuya investigación ha modificado y profundizado el conocimiento del Tahuantinsuyo. La región, en este caso, está definida en términos estrictamente étnicos, en el sentido de "territorio controlado por una determinada jefatura" y donde estuvieron establecidas las unidades domésticas que formaban parte de ese reino. Esa "territorialidad étnica" podía o no ser continua y contigua. Dados los mecanismos de colonización establecidos por el Estado inca a través de los *mitimaes*, o del control de pisos térmicos distantes por parte de grupos campesinos segregados de sus etnias de origen, la territorialidad podía presentar discontinuidades espaciales muy grandes.

Durante el conjunto del periodo colonial, por otra parte, el sector minero fue el dominante de la economía. Ese carácter está establecido por su capacidad de generar extensos y profundos eslabonamientos con regiones diversas, y también con los demás sectores productivos. De ese modo, el sector minero arrastró tras de sí el funcionamiento de otras economías y de otros espacios, operando como un auténtico polo de crecimiento e imponiendo al conjunto del espacio andino una genuina división del trabajo regional. Han sido los trabajos pioneros de Carlos Sempat Assadourian (1979, 1982) sobre la minería andina temprana, así como los de Enrique Tandeter (1992) para el periodo colonial tardío, los que claramente han demostrado el alcance de la articulación regional generada por el sector minero. Assadourian, por ejemplo, ha señalado de manera muy precisa cómo la producción textil de Quito, la de azúcar y algodón de las plantaciones de la costa peruana, la crianza de mulas en las estancias de Córdoba, la producción de yerba mate en las plantaciones guaraníes, la de vinos y telas del norte argentino, encontraron todas su racionalidad y su sentido en el hecho de que pudieron abastecer de manera eficiente la demanda del mercado minero de Potosí, uno de los principales en el espacio económico andino. La constitución de estos diversos mercados regionales fue, por consiguiente, el resultado de la circulación de la mercancía plata como dinero y de su cotejo con otras mercancías en el espacio andino, antes de ser exportada a Europa. Las investigaciones anteriores sobre la plata americana —como consecuencia de su único interés en los efectos que la circulación del metal produjo en las economías europeas— pasaron por alto esta situación y no permitieron indagar sobre problemas importantes, como el surgimiento de los mercados regionales y el nacimiento de una economía monetaria. Estos estudios pioneros fueron continuados por otros investigadores del mundo andino, como Juan Carlos Garavaglia (1984), Luis Miguel Glave (1988), Carlos Contreras (1995), Tristan Platt (1983) y Antonio Mitre (1981), cuyos trabajos han terminado por constituir una de las más importantes corrientes de investigación y de conocimiento en la historia de los Andes.

En estas investigaciones sobre el periodo colonial y el papel que tuvo el sector minero en la polarización regional de su espacio, ha sido la dimensión económica el vector utilizado en el análisis. Las regiones son espacios que se constituyen por los flujos de bienes, tanto de consumo como de capital, desde diversos centros regionales hacia el mercado dominante de Potosí.

En el contexto del siglo XIX, la historia regional de los Andes ha sido analizada en dos contextos temporalmente distintos. El primero corresponde a la primera mitad del siglo XIX, uno de los periodos más oscuros en cuanto al conocimiento y que corresponde a toda una etapa de repliegue de sus economías, como consecuencia de no haber contado con bienes primarios significativos exportables al mercado internacional. Esta primera mitad del siglo era usualmente pensada como el escenario de una "parroquialización" de los espacios nacionales, en cuyos fragmentos el latifundio tradicional (es decir, la única unidad productiva significativa) apenas habría producido los excedentes necesarios para conservar a los grupos que vivían dentro de la hacienda y para usarlos como prebendas en el mantenimiento de lealtades que vinculaban al propietario con sus seguidores. Los trabajos de Paul Gootenberg (1989) han sido los que han cambiado de manera significativa esta visión. A partir de parámetros económicos y políticos, Gootenberg ha mostrado la existencia del norte y del sur peruanos como bloques regionales que se expresaron tanto en estructuras diferentes como en la inspiración de políticas económicas contrapuestas por parte de un Estado "nacional" bastante frágil. Hasta donde sé, este tipo de estudios todavía no existe para los demás países andinos.

El otro contexto corresponde a la segunda mitad del siglo XIX, es decir, al momento en que el cacao, en el caso del Ecuador; la plata, en Bolivia; y el guano, en el Perú, hacen que las exportaciones y el sector externo vuelvan a ser los sectores dominantes en sus respectivas economías. Los trabajos de Andrés Guerrero (1981) sobre el cacao han demostrado, por ejemplo, los mecanismos por los cuales su producción, por muy tradicional que fuera, pudo inducir el surgimiento del sector moderno mercantil, financiero, e incluso industrial, de Guayaquil y de su entorno. En el caso de la plata boliviana, tanto Tristan Platt (1983) como Antonio Mitre (1981) han documentado igualmente las transformaciones regionales que se produjeron como respuesta del abastecimiento de mano de obra y de bienes de consumo para los mercados dominantes. En el caso del Perú con el guano, tanto Shane Hunt (1985) como Heraclio Bonilla (1984 [1974]) han señalado los cambios inducidos como consecuencia de la reasignación de la renta guanera por parte del Estado peruano, que era el propietario de esas rentas fiscales. En ese mismo contexto, el libro de Nelson Manrique (1987) sobre la sierra central del Perú en la segunda mitad del siglo XIX, a la vez que diseña los circuitos regionales, muestra también la poca importancia que tuvo la renta del fertilizante peruano en ese proceso y, más bien, el papel primordial que desempeñaron los sectores minero y ganadero de esa región en la acumulación del capital.

La primera mitad del siglo XX, finalmente, es el periodo de consolidación del sector externo de las economías de los países andinos. En el caso del Perú, las exportaciones respondieron a un portafolio más diversificado, mientras que, en el caso del Ecuador, el banano sustituyó al cacao; y, en Bolivia, fue el estaño el que reemplazó a la plata como consecuencia del desplome de los precios de este producto en el mercado internacional desde 1895. El pensamiento social latinoamericano de la década de 1960 ha llamado "enclaves" a las unidades productivas que se consolidaron como resultado de este proceso. Este término alude a la importante articulación vertical de las empresas que produjeron estos productos con sus matrices establecidas en el extranjero, y de las cuales aquellas no serían sino simples filiales; es decir, un tipo de articulación que habría impedido gestar enlazamientos horizontales dentro de la región y, por extensión, dentro del país en el cual operaban estas empresas "enclavadas". Por consiguiente, la definición misma de "enclave" contradice la idea de región. Sin embargo, las investigaciones más recientes, a la vez que cuestionan este concepto, han mostrado las profundas transformaciones en su entorno que impuso su funcionamiento. El control extranjero de su capital de operaciones, en efecto, no significó que todos los medios de producción ni los bienes de consumo vinieran de fuera. Los trabajadores empleados en el cultivo de la caña de azúcar, o en la extracción del cobre, así como los bienes de consumo para la reposición de la fuerza de trabajo en las minas de estaño, o en las plantaciones bananeras de la costa guayaquileña, salieron de diferentes regiones de cada espacio nacional. Por otra parte, el Estado, por débil que fuera, también participó de las rentas producidas por medio de impuestos, mientras que la utilización de los mismos en el gasto público fue otro mecanismo a partir del cual estos productos, y las empresas que los produjeron, contribuyeron al diseño de nuevas economías regionales o a la profundización de las existentes.

Las tareas pendientes

Un balance somero de los estudios de historia regional en el mundo andino sería suficiente para reconocer que los mayores avances en la investigación histórica de la región no solo se han producido en este campo, sino que el análisis de las peculiaridades regionales de cada país ha permitido un conocimiento más profundo sobre el mismo. En este sentido preciso, la historia "nacional" puede ser mejor comprendida como la historia contradictoria de las regiones que la integran, cada una de ellas con una estructura propia, con ritmos disímiles y con un peso específico dentro del país en su conjunto. En suma, este tipo de investigaciones ha sido y es mucho más relevante que las superficiales historias nacionales, las que, al asumir erróneamente la uniformidad del país, impiden el conocimiento de su configuración interna y de la peculiaridad de su proceso.

Sin embargo, esta historia regional ha privilegiado la dimensión económica en la caracterización de sus respectivos espacios, al señalar que los flujos entre los centros de producción y sus respectivos mercados constituyen el fundamento de las regiones. Es todavía necesario, por consiguiente, examinar los mecanismos de articulación de variables como población, cultura, política, etnicidad y clases sociales con aquellas propiamente económicas en el proceso de constitución y consolidación de las regiones. Del mismo modo, también es necesario estudiar la articulación interregional con el fin de conocer la complejidad del proceso seguido por el conjunto del país. El libro clásico de Emilio Sereni, *Capitalismo e mercato nazionale* (1966), constituye un ejemplo muy preciso del alcance que pueden lograr investigaciones sobre las tensiones interregionales en la trayectoria histórica de una nación.

Por otra parte, las investigaciones sobre los eslabonamientos generados en su entorno por el funcionamiento de las economías de exportación, con toda la importancia que ellas tienen, han soslayado el estudio de otro tipo de regiones, tal vez las más significativas desde el punto de vista del volumen de la población que concentran. Me refiero a aquellas regiones que no fueron sensibilizadas por las economías de exportación y que estuvieron autocentradas. Es el caso de aquellos espacios rurales con una importante población indígena que tuvieron en las parcelas campesinas, las comunidades de indígenas o las haciendas tradicionales, sus unidades económicas y sociales más importantes. Aquí el enlace regional fue cultural, aunque en su articulación interna las dimensiones económicas y políticas no estuvieron ausentes.

La propuesta: Estado, nación y etnicidad en la región andina

Los meses de enero y febrero de 1995 fueron el escenario de una confrontación bélica entre destacamentos de las Fuerzas Armadas del Ecuador y del Perú a lo largo de la cordillera del Cóndor. Esos incidentes no eran nuevos, ciertamente, porque también en enero de 1981 había estallado otro conflicto militar en la zona de Paquisha. Por otro lado, las relaciones entre Perú y Colombia, en las décadas de 1920 y 1930, tampoco estuvieron exentas de este tipo de tensiones sobre límites de frontera. En uno y otro caso, fueron indispensables acuerdos de paz para poner término a estas disputas. Estos conflictos fueron y son nacionales, definición que en principio alude a actores que están dotados de una configuración nacional y cuya expresión más extrema es la decisión de ir a la guerra en defensa del territorio. Sin embargo, el "nacionalismo" de los países andinos disimula inadecuadamente los clivajes de todo tipo que fragmentan internamente a los países de la región, desde los espaciales hasta los sociales, pasando por las divisiones de raza y etnia. En el marco de un periodo cronológico que va desde las guerras de la Independencia hasta 1995, y a través del estudio de sus coyunturas más significativas, esta investigación se propone examinar tanto el sentido de las diferentes metamorfosis del nacionalismo en los Andes como el proceso de fragmentación interna de una región, sin que esta ruptura haya cancelado por completo las características centrales de la civilización andina. Importa enfatizar que la comprensión de esta coyuntura bisecular solo es posible en la medida en que se reconozca que este presente condensa, de manera contradictoria y no resuelta, los procesos históricos que de manera apretada fueron resumidos en las páginas anteriores.

Los estudios sobre la configuración nacional de los países andinos, y en particular sobre el papel de las clases populares en cada experiencia nacional, han despertado cada vez más interés (Bonilla 1980). Pero estos trabajos presentan dos dificultades importantes que impiden una cabal comprensión del problema. La primera radica en su carácter unilateral: toman una sola dimensión, la de las clases populares, y prescinden de su articulación con las clases propietarias. Por muy importante que haya sido y sea el papel de las clases populares, y en particular del campesinado, es obvio que la configuración o el truncamiento del proceso nacional es el resultado de la interacción del conjunto de los grupos sociales anclados en una realidad. La segunda dificultad es el excesivo "parroquialismo" de estos estudios. Si bien algunas investigaciones muy reducidas, incluso dentro de cada espacio nacional (Manrique 1981), han sido muy importantes porque han profundizado el conocimiento tanto del papel de los grupos campesinos en este proceso como del significado compartido del concepto "nación", han demostrado que la naturaleza de estas investigaciones no solo dificulta una generalización mayor de sus hallazgos, sino que impide conocer el rol potencial de esos mismos actores o las características que el proceso podría asumir cuando coordenadas o variables distintas a una experiencia específica también estén presentes. La excepción a este localismo de los estudios para la región andina es el libro de Florencia Mallon (1995), solo que la comparación contrasta a los campesinos del valle del Mantaro y de Cajamarca, en el Perú, con los de México, en el contexto de la ocupación francesa.

El papel de la etnicidad en los estudios sobre la construcción nacional es aún de mayor trascendencia. En efecto, la gran mayoría de las investigaciones sobre nación y nacionalismo inciden sobre todo en el rol de las clases sociales en este proceso (Bloom 1975). En este contexto, el conjunto de la región andina constituye, por su configuración multiétnica, un extraordinario laboratorio porque permite profundizar el análisis del hecho nacional al incluir la dimensión étnica. Una cosa es que la clase dominante de una sociedad logre confundir —desde el control del Estado— sus intereses con los del conjunto de la sociedad, y otra muy distinta es que quiera, o pueda, confundirse con grupos demográficos cuya lengua, color e historia no comparte.

El estudio de la constitución del Estado en la región andina y en el contexto de las sociedades poscoloniales presenta también dificultades importantes, tanto porque las teorías utilizadas en el análisis no rescatan esta dimensión poscolonial como porque las investigaciones realizadas no han mostrado de manera convincente la articulación de sus respectivas burocracias con las clases dominantes de cada país (Stepan 1978). Y esta dificultad es tanto mayor por el hecho de que América Latina es un claro ejemplo de los infructuosos esfuerzos de construir naciones desde los Estados, entre otras razones porque su emergencia precedió a la de sus respectivas sociedades nacionales.

La corriente mayoritaria en los estudios sobre la articulación entre Estado y nación en la región sostiene que nación, nacionalismo, burguesía y mercado nacional son concomitantes, y que la peculiaridad de su proceso nacional se debe a la inexistencia o a la fragilidad de sus mercados internos y de su burguesía. Los estudios que comparten esta premisa presentan también algunas dificultades. La primera es su etnocentrismo, en la medida en que toman como parámetro universal la experiencia de la construcción nacional en los países de la Europa Occidental. La segunda radica en tomar el nacionalismo y la nación como realidades acabadas, y no como efectivamente lo son, es decir, como procesos en construcción. Además, dada la multiplicidad étnica de los países de la región andina, tanto el contenido del nacionalismo como el significado concreto de palabras como "nación" o "patria", requieren igualmente de una indagación muy precisa sobre el contenido que le otorgan los diferentes grupos de la sociedad, en lugar de ser asimilados al que les fue adscrito en otros contextos nacionales.

Las coyunturas específicas que serán investigadas corresponden a las guerras por la Independencia de esta región, entre 1810 y 1830, y a las guerras nacionales y sociales modernas y contemporáneas que convulsionaron estos países: la Guerra del Pacífico (1879-1884); la Guerra del Putumayo y los incidentes de Leticia (1920-1930); la Guerra del Chaco (1932-1936); y el conflicto entre Perú y Ecuador (1941-1995). Se trata de coyunturas de crisis nacional; por consiguiente, de las que mejor revelan la consistencia y el significado del hecho nacional, en las que se busca la articulación entre la *representación* y la *praxis*, es decir, entre lo que hicieron y dejaron de hacer grupos étnicos y clases sociales, y el significado de sus actos y de sus silencios. Es, además, una investigación de largo aliento, y que, por lo mismo, debe ser descompuesta en varias etapas y con la participación de diversos investigadores en torno a una agenda coherente de trabajo.

El estudio de las guerras por la Independencia, entre 1810 y 1830, pone especial énfasis en el significado de la participación del campesinado indígena en las revueltas que estallaron en los Andes centrales y en el sur de Colombia. Desde Popayán y Pasto, en Colombia, hasta Cochabamba, en Bolivia, las movilizaciones que contaron con presencia indígena serán analizadas utilizando coordenadas de espacio; liderazgo indígena; cohesión interna del grupo; naturaleza de la articulación política y social con las elites y la burocracia colonial; articulación con el ejército y los distintos estratos de las autoridades religiosas; y, finalmente, los cambios en la coyuntura de la guerra.

Al analizar la participación del campesinado indígena en las guerras por la Independencia, los estudios históricos recientes han establecido una cronología muy precisa sobre coyunturas significativas. El gran ciclo revolucionario abierto por Túpac Amaru y por los hermanos Katari, en los Andes centrales y meridionales, sería el más importante en función del compromiso y de la agenda perseguida por los rebeldes.

Las rebeliones de 1780, en efecto, comprometieron a vastos sectores de la población indígena, al mismo tiempo que su praxis, más allá de la retórica de sus líderes, produjo profundas brechas en la articulación de estas colonias con la metrópoli. Pero la derrota de estas rebeliones, y sobre todo su brutal represión física y simbólica, a la vez que cerraron este primer ciclo, abrieron uno nuevo, con características completamente distintas al anterior.

Este segundo ciclo corresponde al mismo entorno de las guerras por la Independencia, entre 1810 y 1824, en el cual el liderazgo de las rebeliones fue ejercido por los criollos, mientras que la población indígena habría sido reclutada por el engaño o por la fuerza, tanto por patriotas como por realistas, a fin de ser utilizada como carne de cañón. Al examinar estas movilizaciones del campesinado indígena bajo el único parámetro de su adhesión o de su disidencia frente al control político de España, se concluye que después de las grandes rebeliones de 1780 no existió una participación independiente de los indios en el proceso de la Independencia, situación que no sería sino el anuncio de su completa prescindencia en la construcción nacional de estos países a lo largo del siglo XIX (Lynch 1973).

Las claras limitaciones de esta historiografía fundamentan la necesidad de reexaminar el problema de la participación de las clases populares —y en particular del campesinado indígena— en las guerras de la Independencia con una perspectiva completamente nueva, en la cual se investigue la racionalidad propia de esas movilizaciones, en lugar de examinarlas, como en el pasado, solo en función de su significado para la separación política de estas regiones frente a España.

En esta investigación de carácter comparado, la experiencia de la participación del campesinado colombiano, tanto indio como no-indio, es de particular importancia, en la medida en que permite evaluar mejor el sentido de la participación indígena en las luchas por la Independencia. En efecto, en el caso de los Andes centrales, su campesinado fue fundamentalmente indígena, lo que introduce en el análisis la dimensión étnica, componente importante en la cohesión interna de las comunidades y en la memoria histórica como detonante de la movilización. Mientras que en el caso de la Nueva Granada, con excepción de las provincias del sur, los rasgos indígenas de su campesinado se atenuaron fuertemente como consecuencia del temprano desmantelamiento interno de sus resguardos (González 1970). Importaría saber en qué medida la ausencia de esta dimensión étnica modeló de manera distinta la participación de su campesinado en las guerras nacionales.

Pero en el contexto de este conflicto, Colombia también cuenta con una experiencia excepcional en cuanto a la intervención de su campesinado, esta vez indígena. Me refiero a la extensa, prolongada y hasta cierto punto exitosa oposición de los campesinos indios de Pasto y de su líder Agustín Agualongo al ejército patriota y a su cerrada defensa de Fernando VII (Ortiz 1974). Experiencias similares, como la de los campesinos de Iquicha, en el Perú, después de la batalla de Ayacucho en 1824 (Bonilla, ed., 1996), o la de los araucanos de Chile (Bengoa 1990), no pueden, sin embargo, equipararse en términos de tenacidad y logros a la de Pasto.

Dada la heterogeneidad espacial y económica en que se dieron estas movilizaciones, es poco razonable pretender encontrar un patrón único que explique su emergencia y su desenlace. No obstante, la literatura existente (Lynch 1994) permite sugerir, a título de hipótesis, que estas movilizaciones desde 1810 hasta 1830 ocurrieron mayormente en espacios marginales a los afectados por el gran ciclo revolucionario de 1780, en el contexto de pueblos indios con una débil cohesión étnica y con un liderazgo fundamentalmente mestizo, en los cuales la articulación con la élite criolla, el ejército y la Iglesia local sería más profunda. La intensidad de la participación indígena, por otra parte, sería en este contexto el resultado de la agenda propuesta por los líderes, así como de los avances y retrocesos de la coyuntura de la guerra.

En el contexto de la propuesta de esta investigación, la experiencia de la Gran Colombia entre 1820 y 1830 reviste de gran importancia, porque permite examinar la naturaleza de las fuerzas locales y regionales que contuvieron un importante intento de fragmentar esta zona septentrional luego de disuelto el pacto colonial. El significado final del nacionalismo en el Ecuador, como se sabe, y pese a la rebelión de los barrios de Quito, tiene mucho más que ver con Santafé de Bogotá que con Madrid, a la vez que su compromiso nacional no canceló por completo las disidencias internas entre Quito, Guayaquil y Cuenca. La tesis inédita de Davis (1983) es, a mi parecer, el único intento de describir estas peripecias, que requieren de una nueva lectura para comprender mejor el significado de esta ruptura en relación con el hecho nacional.

El análisis de las guerras nacionales en las que estuvieron involucrados los países de la región andina durante los siglos XIX y XX constituye la segunda etapa de este proyecto de investigación. Estos conflictos estallaron varias décadas después de su establecimiento formal como Estados y países independientes, cuando sus respectivas clases dirigentes asumían como supuesta y descontada la existencia de sociedades nacionales, en las que el compromiso activo de todas sus clases y estamentos étnicos en defensa de la nación era naturalmente esperado (Arze 1987). Con este propósito, las coyunturas bélicas elegidas para esta investigación son la Guerra del Pacífico, que envolvió militarmente a Bolivia, Chile y el Perú entre 1879 y 1884; los conflictos del Putumayo y de Leticia, que involucraron a Colombia y al Perú en las décadas de 1920 y 1930; la Guerra del Chaco, que opuso militarmente a Bolivia y Paraguay entre 1932 y 1936, y las varias guerras que enfrentaron al Ecuador y al Perú entre 1941 y 1995. Varios trabajos, incluso impecables, se han escrito ya con el fin de examinar el comportamiento de uno u otro grupo de la sociedad nacional en algunos de estos conflictos, y ellos constituyen el punto de partida de esta investigación, solo que esos trabajos, como se ha mencionado, o son muy específicos o no tienen en cuenta la articulación de los grupos que participan con los demás que también integraron sus sociedades nacionales.

Por importantes que sean esos trabajos, el análisis de los conflictos nacionales también requiere ser emprendido desde una perspectiva diferente. En el marco de la crisis política abierta por la guerra y por la crisis económica, el examen del papel desempeñado por sus diferentes clases y grupos étnicos permitirá conocer la naturaleza de su adhesión o desafiliación a la idea de nación y Estado propuesta por sus clases propietarias, al mismo tiempo que el contenido de las alternativas movilizadas por estos grupos. En la medida, igualmente, en que estos conflictos nacionales ocurrieron en sociedades en las cuales la dimensión étnica seguía siendo importante, la investigación propuesta permitirá revelar los mecanismos de exclusión del campesinado indígena de su respectivo entorno nacional, las consecuencias de este hecho en la no-integración nacional y las concepciones alternativas y cambiantes del concepto "nación" imaginado por estos grupos y procesado en el curso del conflicto. Además, los esfuerzos desplegados por los Estados nacionales para disciplinar y obtener la obediencia de estos diferentes grupos en el contexto de una guerra nacional o, de manera recíproca, la respuesta de estos ante tales esfuerzos configuran parámetros adicionales para examinar la solidez de la articulación política del Estado con sus sociedades, el carácter de ese Estado y los límites de este control.

Finalmente, el estudio del desenlace de estos conflictos es otro componente importante en el examen de la cuestión nacional. Se sabe, en efecto, que las derrotas militares de los países envueltos en estas guerras fueron el detonante que inspiró el cuestionamiento de las clases propietarias y la búsqueda de alternativas políticas distintas. La revolución nacional de Bolivia en 1952 no hubiera sido posible de no haber ocurrido la derrota del ejército y de las milicias mal armadas durante la Guerra del Chaco, del mismo modo que "La Gloriosa" (es decir, la insurrección de 1944 que devolvió al poder a José María Velasco Ibarra) se explica en gran parte por la derrota militar del Ecuador en 1941, mientras que el profundo cuestionamiento de Manuel González Prada a la viabilidad del Perú como nación tuvo justamente como fundamento el desastre del Perú en la guerra de 1879 contra Chile.

7

El peculiar nacionalismo de los países andinos[1]

Los meses de enero y parte de febrero de 1995 fueron escenario de una confrontación bélica entre los destacamentos de las Fuerzas Armadas del Ecuador y del Perú en la cordillera del Cóndor. Estos enfrentamientos fueron particularmente intensos entre la última semana de enero y la primera de febrero, culminando esa primera etapa la noche del 16 de febrero con la suscripción de un acuerdo de cese de fuego entre ambos países.

Estos incidentes no son nuevos, ciertamente. En el pasado reciente, el de mayor envergadura estalló en enero de 1981, en la zona de Paquisha. Desde ese año, las relaciones entre los destacamentos fluctuaron entre la confraternidad y la hostilidad, a tal punto que sus mandos cuentan con instrucciones que recomiendan el comportamiento a adoptar frente a patrullas perdidas o que inician acciones de fuego.

---

1. N. del E. Este artículo se publicó originalmente en 1995 —en la revista *Ecología Política*, n.° 9—, razón por la cual el autor no incluye en su análisis el Acta de Brasil, firmada el 26 de octubre de 1998 por los entonces presidentes del Perú y Ecuador, Alberto Fujimori y Jamil Mahuad, que puso fin al conflicto de fronteras y selló la paz definitiva entre ambos países.

Se trata, por consiguiente, de una guerra nacional intermitente, cuya intensidad varía en función de la coyuntura política de cada país. Pero la naturaleza de ese conflicto es muy peculiar, y su análisis y reflexión, por breves que sean, permiten comprender mejor el sentido y el alcance del *nacionalismo* en esta región del mundo.

Para los fines de este trabajo carece de relevancia hacer el recuento de la compleja historia de las relaciones entre el Ecuador y el Perú antes de 1941, del conflicto de ese año, y de las dificultades implicadas en el trazado de los límites según lo estipulado en el Protocolo. Basta señalar que la demarcación no se concluyó al constatarse que la realidad de la selva no correspondía a la belleza cartográfica del Protocolo, con lo que se dejó sin demarcar un tramo de 78 kilómetros, es decir, cerca del 5% de un total de 1700 kilómetros ya trazados. Es ese 5% el que constituyó el centro de la disputa entre el Perú y el Ecuador, y el que animó la historia de sus relaciones en la segunda mitad del siglo XX, se configuró en torno a esta controversia, una concepción muy *sui géneris* de nación.

Los componentes conocidos del *hecho nacional* son territorio, cultura, identidad y valores compartidos. En el caso de Hispanoamérica, la emergencia de las naciones fue el resultado directo de la ruptura del pacto colonial establecido con la metrópoli durante tres largas centurias. Pero se trataba, como no dejó de reconocerlo Simón Bolívar, de naciones bastante volátiles. En efecto, como consecuencia de la dominación colonial, los espacios convertidos inesperadamente en naciones contenían en su seno fisuras de diverso tipo, entre las cuales la más significativa era de carácter racial, particularmente relevante en esas sociedades pluriétnicas. Igualmente, en el proceso de construcción nacional, sus endebles Estados tuvieron que desempeñar un papel importante, dada la inexistencia de solidaridades nacionales efectivas en el ámbito de la sociedad. Pero esa construcción nacional desde el Estado, por la naturaleza política del mismo, no podía ser sino excluyente de las mayorías.

Finalmente, puesto que los virreinatos del Perú, Nueva Granada y Río de la Plata —por mencionar a las tres grandes unidades políticas de la América del Sur hispanohablante— configuraban mal que bien macroterritorios integrados, las diversas regiones coloniales que aspiraban a ser naciones no tenían otra alternativa que recurrir a la mutilación de estas zonas virreinales a fin de dotarse de espacios nacionales dignos de tal nombre.

Como se sabe, el principio utilizado para ese despedazamiento "nacional" es el *uti possidetis*, según el cual el territorio nacional debía coincidir con la demarcación de las *audiencias* establecidas en los virreinatos. De esa manera, se postulaba, el Ecuador contemporáneo debía asentarse sobre la antigua jurisdicción de la Audiencia de Quito. Si bien el derecho internacional consagra como un principio válido de división al *uti possidetis*, no es exagerado argumentar que se trata de una convención. Sin el ánimo de introducir sarcasmos en asuntos solemnes, uno podría legítimamente preguntarse si las demarcaciones del virreinato peruano, y *a fortiori* del Tahuantinsuyo, no constituyen igualmente parámetros susceptibles de ser tenidos en cuenta para la constitución nacional de los territorios. Pero por arbitrario que sea, el reconocimiento internacional de este principio exige su aceptación, si se quiere que esas naciones, por precarias que sean, aprendan a convivir civilizadamente.

No obstante, como era previsible, la configuración territorial de los nuevos Estados a partir de los dominios territoriales de las antiguas audiencias coloniales no dejó de plantear problemas formidables. Por razones más que obvias, los cartógrafos más finos del lejano siglo XVI carecían de los instrumentos para plasmar en sus cartas, con la precisión adecuada, los múltiples vericuetos de una de las geografías más complicadas del planeta. Pero incluso si esta dificultad hubiera podido sortearse, el tránsito de la audiencia a la república no fue inmediato ni estuvo exento de conflictos. Y el Ecuador constituye, justamente, un ejemplo extremo de esta dificultad.

Como sabe todo niño de escuela, el 24 de mayo de 1822, en las faldas del cerro de Pichincha tuvo lugar la batalla decisiva que sancionó la libertad de los quiteños frente a España. Pero aquí también se trató de una "libertad" muy peculiar, porque inmediatamente Quito fue integrado a la República de la Gran Colombia, compuesta por lo que más tarde serían los países de Ecuador, Colombia y Venezuela. Ahora bien, los ocho años que separan Pichincha de la disolución de la Gran Colombia en 1830, según documenta Roger Paul Davis en su tesis doctoral inédita, fueron años de desazón y de desgarramiento para los quiteños, que estuvieron inconformes con la subordinación impuesta por Santa Fe de Bogotá, pero tampoco quisieron deponer sus lealtades y rivalidades regionales. La conciencia y la determinación regional de Cuenca, Quito y Guayaquil, en efecto, no pudieron ser obliteradas en nombre de una inexistente unidad nacional. El mismo nombre, *Ecuador*, que el nuevo país adopta al sancionarse la secesión de la Nueva Granada, no hizo sino traducir en extremo el compromiso precario con una nación imaginaria. Al igual que la línea geodésica, el nombre, al carecer de la densidad histórica de Quito y de Guayaquil, hacía más viable un compromiso forzado por las circunstancias.

Fue ese el Ecuador que en 1830 reivindicó como suyos los territorios de la Audiencia de Quito, además de una pesada deuda externa no buscada y que fue el costo de su imprudente adhesión a la Gran Colombia. Pero aun así, las peripecias no hacían sino comenzar. En efecto, desde el controvertido protocolo Pedemonte-Mosquera de 1830 hasta el otro protocolo de 1942, la historia de los reclamos del Ecuador por mantener la intangibilidad de los territorios comprendidos por la jurisdicción de la antigua audiencia colonial de Quito fue, a la vez, permanente y frustrada, reclamos que por otra parte, parecían cancelados con la victoria militar del Perú en 1941 y la firma y aprobación del discutido Protocolo por parte del Ejecutivo y del Congreso de ambos países.

Hasta 1960, en efecto, nadie cuestionó seriamente la validez de este documento, habiéndose incluso trazado la frontera entre Perú y Ecuador en su gran totalidad. Pero ese año, José María Velasco Ibarra, un colorido caudillo ecuatoriano, cuya vida prácticamente se confunde con la historia política del Ecuador del siglo XX, en un rapto de euforia, en Riobamba, y ante la consternación de la Cancillería ecuatoriana, decidió declarar nulo el protocolo de Río de Janeiro.

Desde esa fecha, la nulidad del Protocolo y la convicción de que Ecuador había perdido la mitad de su territorio como consecuencia de los apetitos desmedidos de su vecino del sur se convirtieron en los fundamentos de un credo nacionalista inconmovible, piadosamente repetido en textos escolares y universitarios con la venia y aprobación del Estado ecuatoriano y de sus gobernantes. Incluso las conmovedoras páginas de la *Historia de Quito* del fraile Juan de Velasco fueron desenterradas para encontrar, en la secesión del Atahualpa quiteño frente al Huáscar cuzqueño, los orígenes lejanos de una nacionalidad inocultable que ya habría encontrado en las montañas de los Andes su predestinación y su derrotero.

El problema con esta curiosa retórica nacionalista radica en su frontal desencuentro con la realidad. En efecto, la oposición Quito-Guayaquil ilustra con fuerza las enormes brechas regionales del Ecuador, en una dimensión difícil de encontrar en cualquier otro país de América Latina. Las brechas étnicas, aunque no de la envergadura de países como Perú y Bolivia, siguen dificultando la cohesión nacional, sobre todo porque los principales líderes de las organizaciones indígenas han sido muy eficaces en argumentar y demostrar su derecho a la diferencia. En términos de su estructura de clases —y si bien el Ecuador no cuenta con un movimiento obrero y campesino de significación—, la clase propietaria tampoco pudo fundar su dominación en una hegemonía claramente indiscutible. "Salvo el Perú, todo es ilusión", podría ser la frase que mejor defina el componente esencial del nacionalismo del Ecuador.

Ese nacionalismo es peculiar, porque se fundamenta y se reduce a la defensa del territorio, en sus parcelas más mínimas, con exclusión de todo el resto. Por arcaico y extravagante que parezca, sería imprudente no tomarlo en serio. Generaciones enteras de sus ciudadanos fueron educadas, o alienadas, en la convicción de que nación y territorio son la misma cosa. Sus dirigentes comparten una quimera similar, incluso aquellos que no tienen el más mínimo pudor en subastar el país a través de la privatización de las empresas públicas, la liquidación de los recursos naturales (petróleo, madera, etc.) y la pérdida acelerada de biodiversidad. La "heredad territorial" tiene absoluta primacía sobre la heredad de diversidad cultural y del patrimonio natural. En el otro espectro de la sociedad ecuatoriana, también el doctor Luis Macas, el orgulloso dirigente de la Confederación Nacional de Indígenas del Ecuador (CONAIE) pareció, en el conflicto de febrero, haber enterrado su condición de indio bajo un estridente ropaje nacionalista. No hubo en ese mes ninguna muestra abierta de solidaridad de las organizaciones indígenas del Ecuador con el movimiento zapatista de Chiapas. No tuvieron tiempo de ocuparse de tales asuntos ajenos al primordial conflicto entre los Estados ecuatoriano y peruano. Predominó el nacionalismo ecuatoriano de corto plazo por encima de una tarea histórica de largo alcance de supervivencia de las nacionalidades indígenas de América (o Abya-Yala). Eso explica que, en 1991, el Ecuador gastara 232 millones de dólares en el rubro militar y que, en 1994, acumulara significativas reservas internacionales como resultado de feroces políticas de ajuste que empobrecieron a su pueblo, recursos que de no haberse invertido en armas hubieran sido utilizadas en el pago de la deuda externa. Todo aquello sin mencionar el sacrificio de sus soldados y de los grupos indígenas que habitaban en las áreas de conflicto, que son (o eran) bosques primarios amazónicos. Los grupos populares son, como siempre, las principales víctimas en este tipo de enfrentamientos armados.

Comprender esta alucinación significa emprender una investigación rigurosa sobre la construcción imaginaria de una realidad, así como de sus bases reales y simbólicas de sustento. Significa, también, trenzar el haz de intereses de actores políticos tan diferentes como la clase política y sus diferentes partidos; las fuerzas armadas; la burocracia civil encarnada en la Cancillería; las clases sociales y los estamentos étnicos; la prensa hablada y escrita; las fuerzas internacionales que operan en el país; y el papel de ese curioso nacionalismo latinoamericano que nació, no como resultado de una confrontación contra la metrópoli —como ha sido el caso de todo nacionalismo serio—, sino de las sospechas y rencores contra vecinos que comparten su miseria y su pobreza, su lengua, su religión, su color de piel y gran parte de su historia.

En el caso del Perú, la situación no es muy diferente, solo que aquí puede decirse "Salvo Chile, todo fue ilusión". El Ecuador, en efecto, fue el único país cuyo ejército logró ser derrotado por las fuerzas armadas del Perú y que nunca representó una amenaza seria a sus intereses que no fueran aquellos derivados de la infiltración recurrente de las patrullas ecuatorianas en territorios que el Perú considera como suyos. Por consiguiente, Chile desempeñó para el Perú el papel que este tiene en el Ecuador como vector de una cohesión nacional artificial. No es el Ecuador este vector, porque, en la opinión pública peruana, nunca fue considerado como un adversario que representara peligrosidad alguna. Por el contrario, era muy cómodo contar con él para atenuar las frustraciones nacionales.

Ello no significa, ciertamente, que el Ecuador careciera y carezca de toda importancia en cuanto a la política doméstica del Perú. Para la clase propietaria y sus fuerzas armadas, el Ecuador siempre representó una cómoda coartada para disipar las tensiones sociales y políticas. La intrusión, real o imaginaria, de destacamentos ecuatorianos en territorios reputados como peruanos, también fue utilizada para levantar el fervor por alicaídos presidentes, cuando no fue un cómodo elixir para galvanizar el nacionalismo de los desposeídos y para adormecerlo frente a sus necesidades materiales más acuciantes. En este contexto, examinar las bases materiales y simbólicas de la política exterior del Perú, así como la utilización política de las fronteras, permitiría mostrar los fundamentos de esta demencia e irracionalidad, y preparar el camino para evitar otros cien años de soledad y de exilio interior.

El nacionalismo del otro país andino, el Perú, no es por cierto menos peculiar, aun si en los primeros meses de 1995, es decir, cuando el nuevo conflicto armado con el Ecuador estalló, las fisuras en su cohesión nacional no eran tan profundas como habían sido, por ejemplo, en 1879, cuando ocurrió una dramática y larga guerra contra Chile. Calibrar esta situación supone recordar, aunque de manera sintética, las peripecias de la "cuestión" nacional en el Perú.

Uno de los componentes fundamentales del "problema" nacional en el Perú fue, y en parte sigue siendo, la brecha étnica existente entre blancos, indios, negros y mestizos. Por razones obvias, esta brecha fue el resultado directo de la conquista y de la colonización impuesta por España desde 1532. La sociedad colonial, para decirlo de otra manera, cobijó una división, oposición y subordinación fundamentales entre los conquistadores, todos blancos, y la población indígena. La oposición colonizador-colonizado fue no solo la dimensión principal de la sociedad colonial, sino que tuvo sus correlatos directos en historias distintas, religiones disímiles, lenguas diferentes, como diferentes eran también los colores de la piel de uno y otro grupo. Esta oposición no fue ciertamente la única, pero sí tuvo la capacidad de subordinar a todas las demás.

El ordenamiento del conjunto de la sociedad colonial en "repúblicas" de indios y de españoles muestra con claridad la aguda percepción que tuvieron las autoridades coloniales de esta oposición, al punto de convertirla en uno de sus principales fundamentos de dominio. La eclosión casi inmediata de la población mestiza, como resultado de uniones sexuales de diferente tipo, así como el arribo de un contingente importante de población negra en condición de esclava, no hizo sino confirmar y complicar la dimensión étnica como componente básico de la sociedad colonial.

La atomización completa de la sociedad colonial que pudo producirse como consecuencia de esta heterogeneidad racial fue contenida en un primer momento por la existencia de un sector minero que actuó como un polo decisivo de articulación. Al imponer una división regional del trabajo en los Andes centrales y meridionales, el eje Potosí-Huancavelica pudo, en efecto, ordenar en su entorno el funcionamiento de grandes y alejadas regiones. Esta articulación material, por otra parte, estuvo complementada por una no menos efectiva disciplina política establecida por el "Estado" colonial, sobre todo después de que la metrópoli lograra derrotar la disidencia tanto de los encomenderos españoles como de los rebeldes indios liderados por Manco II.

En el siglo XVIII, sin embargo, la situación fue diferente. Por una parte, el despliegue de las reformas borbónicas abrió clivajes espaciales dentro del territorio virreinal, en función de las ventajas comparativas de cada región. Por otra, la minería potosina había perdido su preeminencia económica, de modo tal que no pudo actuar más como un eje de articulación. Pese a que Cerro de Pasco fue el nuevo emporio minero, esa minería de la Sierra central no tuvo, ni de lejos, la preponderancia que Potosí había tenido en el siglo XVI. Finalmente, el Estado vio debilitada su autoridad como consecuencia de varios movimientos que la amenazaron.

La mejor traducción política de esta situación fue justamente lo ocurrido en el contexto de las guerras por la independencia de España. Se trató, en sentido estricto, de guerras coloniales, en las cuales cada grupo étnico por separado expresaba sus agravios y sus reivindicaciones. Aún más, luego de la sangrienta derrota de la rebelión liderada por Túpac Amaru en 1780, la población indígena mayoritaria estuvo enrolada por la fuerza en ambos bandos en conflicto, con los patriotas y con los realistas, y peleó en el marco de una agenda que no le concernía.

La República del Perú, establecida en 1821 gracias al concurso activo del ejército del sur, liderado por José de San Martín, y del ejército del norte, liderado por Simón Bolívar, fue por consiguiente la "república" *de* una minoría y *para* una minoría. Esa minoría era la blanca, con algunos mestizos como allegados, mientras que el grueso de la población indígena, por medio de la reimposición de cargas fiscales como el tributo, fue obligado a contribuir a su financiamiento. La profunda debilidad económica del país durante la primera mitad del siglo XIX, así como una permanente inestabilidad política, hicieron imposible que pudieran diseñarse, y mucho menos implementarse, políticas orientadas a la construcción nacional. Más aún, los clivajes coloniales, avivados por el terror que inspirara la rebelión de Túpac Amaru entre la población blanca, hicieron impensable que blancos, indios y negros pudieran pensarse como iguales, es decir, como "peruanos". Esta era una metáfora demasiado débil, carente de la fuerza suficiente como para eliminar o atenuar diferencias raciales mucho más significativas.

Otra vez, este completo desencuentro entre el Perú "formal" y el país real se expresa en el comportamiento de los diferentes grupos sociales y estamentos étnicos durante los cuatro largos años que duró la guerra contra Chile. Ese conflicto, motivado por el control de los yacimientos de salitre del litoral boliviano, terminó envolviendo al Perú desde 1879 como consecuencia de un tratado de alianza que ese país había suscrito con Bolivia en 1873. Desde 1879 hasta la firma del tratado de Ancón en 1883, que puso término a la guerra, el Perú procesó violentas confrontaciones de clase y étnicas entre su propia población, al extremo de que esas disidencias internas debilitaron y anularon toda posibilidad de presentar un frente unido y coherente contra Chile. Por ejemplo, la clase propietaria, agrupada en el Partido Civil, declaraba que prefería a Chile que a Piérola, ante el pedido de este gobernante de empréstitos internos para financiar la resistencia frente a los chilenos. Más tarde, Francisco García Calderón, uno de los gobernantes que se mantuvo como tal por el respaldo de las tropas invasoras, exigía dramáticamente la paz con Chile ante la resistencia organizada de la población indígena. Pero dicha resistencia era solo el preludio de un caos mucho más grande.

Ante el arribo de las tropas chilenas comandadas por Patricio Lynch la población china, que había ingresado al Perú en un número de 100.000 al compás de la bonanza guanera y que, en parte, trabajaba en las plantaciones de algodón y de azúcar de la costa norte, no encontró mejor recurso que plegarse a las filas del invasor para destruir las haciendas de sus amos y denunciar el escondite de maquinarias y propietarios. Algo similar hicieron los negros que trabajaban en los cañaverales del valle de Cañete en la costa sur. Mientras que en la sierra central, contingentes importantes de población indígena —encuadrada en las célebres montoneras dirigidas por Andrés Avelino Cáceres—, al mismo tiempo que presentaban una ejemplar resistencia a las tropas de Chile, se dedicaban a la persecución y al saqueo de propiedades de blancos y mestizos. Esa guerra racial, como la denominaron los observadores ingleses, era la contrapartida precisa de la fractura entre la clase propietaria.

Este tipo de experiencia era, por cierto, muy distinta a la de Chile. También allí, la oposición entre el Partido Liberal y el Partido Conservador era la traducción de los clivajes existentes entre la clase propietaria. Pero luego de la derrota inicial infringida a Prats, Chile pudo presentar un frente sólido hasta el final de la campaña militar. Como lo expresaran sus soldados, los chilenos estaban peleando por su patria, mientras que los peruanos peleaban por don Nicolás (Piérola) o don Miguel (Iglesias). Ejércitos con vocación nacional frente a auténticos ejércitos feudales, en suma. No fue una casualidad que al final del conflicto, dos distinguidos escritores peruanos, Ricardo Palma y Manuel González Prada, desde ambos extremos del horizonte político, culparan a los indios de la derrota del Perú, ya sea por su abstinencia en el conflicto o por el desdén y el desprecio de que fueran objeto por parte de la clase propietaria.

Es innegable que en 1995 —año del conflicto con Ecuador— la situación no fue del todo semejante a la de 1879. Una "nación", como comunidad imaginada en el sentido de Benedict Anderson, es ahora mucho más perceptible. Y en la construcción de esa comunidad imaginada desempeñaron un papel importante tanto factores materiales como simbólicos. La articulación espacial del país, inacabada pero significativa, el avance de la educación primaria, el papel de la conscripción militar, el enlace establecido por la radio y la televisión, la difusión de las telenovelas y el importante papel del fútbol y de la selección nacional, terminaron por crear una red de sentimientos de pertenencia e identificación, por precarios y *sui géneris* que estos fueran.

Con todo, y es esto lo que importa, estos lazos nuevos de comunidad imaginada no han logrado de manera completa e irreversible revocar las oposiciones étnicas, y también regionales, que aún siguen fracturando al país. Los indios no están más encerrados en las montañas de los Andes, al margen de todo aquello que ocurra en Lima o en los principales centros urbanos; ahora están en Lima, y con los mestizos forman parte de la gran mayoría de esta urbe —tal y como lo predijera, con cierto optimismo, el malogrado escritor José María Arguedas—, pero están ahí como protagonistas y partícipes de una cultura muy peculiar, que no es enteramente marginal ni nacional. Luis Pásara, un conocido ensayista peruano, la llamó una cultura "achorada": con idioma, creencias y normas distintos u opuestos a los de la comunidad dominante. Frente a estos "achorados", la clase propietaria siente el mismo desdén y la misma aprehensión que sus antepasados frente a los indios, solo que aquellos no aspiran a constituir una comunidad nacional, sino más bien a subvertirla.

En el conflicto de 1995, esta comunidad "nacional" fue indiferente a la guerra. Fue un asunto estrictamente militar, tanto porque el conflicto se desarrolló en las lejanas e inhóspitas selvas del norte, como porque el Ecuador nunca fue pensado como un peligro que amenazara realmente la existencia del Perú. Es probable que esa actitud sea distinta cuando la amenaza sea más seria. Pero incluso así, esa reacción potencial no haría sino confirmar la peculiaridad de estos nacionalismos de coyuntura y básicamente defensivos frente a la amenaza externa.

8

El rol histórico de Potosí en los sistemas de intercambio

> También es grosísimo el trato que hay en esta villa de ropa de Castilla y es tan grande, que monta cada año más de un millón y doscientos mil pesos lo que se consume y entra por mar por el puerto de Arica como lo que viene del Cuzco, sin más de cincuenta mil pesos de paños, bayetas y cordellates de Quito, de Guánuco y La Paz, y cien mil pesos de ropa de la tierra, y veinte y cinco mil de ropa de Tucumán, que es mucho lienzo de algodón, alfombras y reposteros, miel, y cera y ropa de indios. El hierro que se gasta en los pertrechos de los ingenios es cantidad de más de tres mil quintales; el vino de Ica, Camaná, Arequipa, que son vinos de la costa y de otros valles de ella, y lo de Caracato, que es del distrito de La Paz, es grande la cantidad que entra, que debe llegar a más de quince mil botijas, que se venden de ocho pesos y medio a nueve ensayados. De Castilla entran más de ocho mil botijas que valen de quince a diez y seis pesos ensayados; las conservas y azúcar es mucho lo que se gasta. Y finalmente, su contratación parece una gran ciudad y con la riqueza de la plata es muy de ver este asiento [...]. (Capoche 1959 [1585])

En 1970, en el marco del XLII Congreso Internacional de Americanistas celebrado en París, Carlos Sempat Assadourian impartió una conferencia titulada "La producción de la mercancía dinero en la formación del mercado interno colonial: el caso del espacio peruano, siglo XVI", publicada nueve años más tarde en un libro editado por Enrique Florescano (1979). Este texto constituyó una inflexión importante en la tradición de los estudios sobre los metales preciosos y sobre la historia colonial de Hispanoamérica. Hasta ese momento, en efecto, las investigaciones privilegiaban la vinculación externa de la región con el continente europeo, y en lo que concierne a los metales preciosos, se centraban especialmente en el papel que estos desempeñaron desde el siglo XVI temprano en los cambios de la economía europea. El interés de Assadourian, por el contrario, fue examinar las modificaciones producidas por la circulación de la plata en el espacio colonial americano antes de su exportación a Europa. No es este el lugar donde resumir todas las conclusiones y hallazgos de ese trabajo pionero; basta señalar el papel central que el autor asignara a esa circulación en la emergencia de un mercado interno y en el establecimiento de redes mercantiles en este espacio colonial: emergencia en la medida en que existe un gran consenso en aceptar la formulación de John Murra (1975) sobre la inexistencia en los Andes centrales de mercados y de cualquier tipo de intercambio antes de la conquista española; y redes mercantiles, porque la ciudad de Potosí fue a la vez un complejo de producción minera y uno de los principales mercados coloniales, de tal modo que la doble demanda de bienes de capital, para producir la plata, y de bienes de consumo, para mantener la mano de obra, fue satisfecha mediante la generación de excedentes de todo tipo desde las diversas regiones de Hispanoamérica, cuyos flujos e intercambios con la plata potosina terminaron diseñando una precisa división regional del trabajo en el espacio americano. Este trabajo seminal inspiró investigaciones que fueron profundizando y precisando las primeras formulaciones del autor —además de que ampliaron el marco cronológico de análisis a los siglos XVII y XVIII—, entre las cuales destaca el libro de Enrique Tandeter (1992). Son investigaciones de esta envergadura las que hacen posible presentar una apretada síntesis sobre los roles cambiantes de Potosí en los intercambios mercantiles de la región, señalar sus mecanismos y calibrar sus límites. Esas tres dimensiones ordenan el contenido de este capítulo.

Potosí como ciudad, centro de producción y mercado

La ciudad de Potosí está situada al suroeste de la República de Bolivia, a pocos kilómetros de la ciudad de La Plata (Chuquisaca), que fuera capital de la antigua Audiencia de Charcas. Está ubicada a 4600 metros de altitud, al pie del famoso Cerro Rico, y cuenta en la actualidad con unos 100.000 habitantes; pero en el siglo XVI alcanzó a tener unos 120.000, y era la cuarta ciudad más poblada del mundo luego de Londres, París y Madrid. De esa población potosina, 66.000 habitantes eran indios, 35.000 eran criollos, 3000 españoles, y los demás eran negros y extranjeros (Escobari 2001: 222). Potosí cobró fama mundial con el descubrimiento de las primeras vetas de plata a mediados del siglo XVI, aunque los orígenes, tanto de sus actividades económicas como de su poblamiento, se pierden en la leyenda. El hecho es que durante el largo siglo XVI, hasta aproximadamente 1620, abasteció al mundo con volúmenes de plata suficientes como para sentar las bases del mundo moderno, alterar los niveles de los precios europeos y fortalecer la articulación de una ascendente economía-mundo. Ya en 1959, Lewis Hanke reveló que la Corona recibió, entre enero de 1556 y diciembre de 1738, 151.722.647 pesos de plata, y los mineros, 820.513.893 pesos.

Para ejercer ese rol, Potosí, a su vez, debió atravesar profundas modificaciones en su espacio y en su estructura como centro poblado. El descubrimiento y la conquista del Nuevo Mundo, en efecto, implicaron el brutal despoblamiento de la población nativa, en proporciones que aún hoy son motivo de controversia por no existir para los Andes cálculos de la precisión de los de Nueva España. De siete o diez millones de aborígenes que poblaron los Andes antes de la Conquista, tres o cuatro décadas después de iniciada esta, ese volumen cayó a solo un millón de habitantes. Por consiguiente, era necesario encuadrar a esta población nativa sobreviviente con el fin de utilizar la energía campesina de manera eficiente en el funcionamiento de las principales empresas económicas establecidas por los españoles, como minas, haciendas agrícolas u obrajes textiles. En el caso de Potosí, convertido en el eje de la economía colonial, este requerimiento era por cierto aún más urgente. Pero de otro lado, y como ya se mencionó, Potosí y sus alrededores albergaron empresas mineras y mercados importantes cuya demanda no podía ser satisfecha por el entorno inmediato. Potosí está ubicada en plena puna andina, con una producción local extremadamente restringida como consecuencia de las limitaciones productivas del ecosistema.

En lo que concierne a la extracción de los minerales de plata, el gran determinante del poblamiento potosino y de la articulación de las redes mercantiles a que ese poblamiento dio lugar, el gráfico 8.1, tomado del libro de Bakewell (1983: 28-29), muestra las fluctuaciones de la producción de plata desde el descubrimiento de las primeras vetas hasta 1720, es decir, el año del cierre del primer gran ciclo secular.

Gráfico 8.1
PRODUCCIÓN ANUAL DE PLATA DE POTOSÍ, 1570-1720 (MARCOS X 10.000)

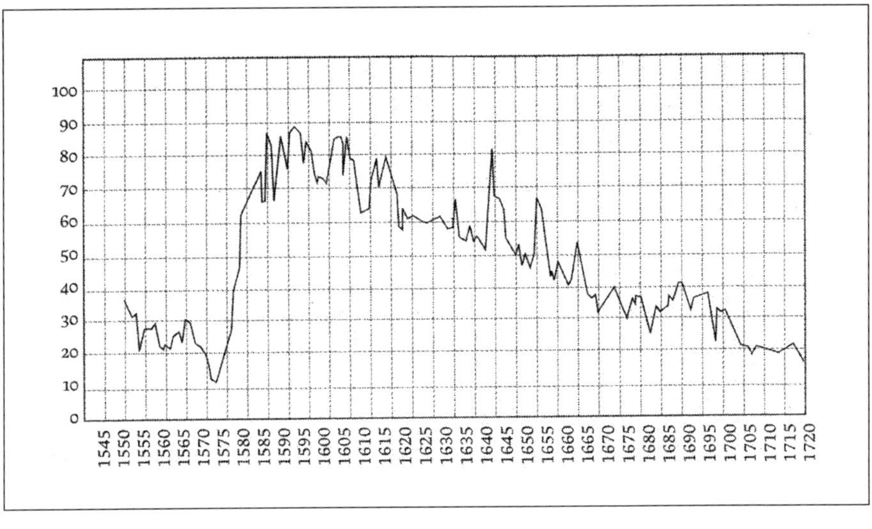

Fuente: Bakewell 1983: 28-29.

El gráfico 8.1 muestra claramente tres grandes fases: la primera, desde el descubrimiento (1550) hasta mediados de 1570, caracterizada por un declive; la segunda, desde esa fecha hasta 1615, fase de un gran crecimiento; y la tercera, desde 1615 hasta 1720, fase de un declive secular, aunque con breves recuperaciones. Este no es el lugar para referirse a las controversias, aún en curso, sobre los determinantes de estos ciclos, ni sobre la confiabilidad de las cifras a partir de las cuales el profesor Bakewell construyó este muy conocido gráfico. Me limitaré a discutir las implicancias de ese gran ciclo de expansión de la producción argentífera que se inicia a mediados de la década de 1560 y concluye en 1615.

Los años entre 1573 y 1582 corresponden bien al calificativo otorgado por Bakewell (1983: 26) de *decas mirabilis* para Potosí, porque en ese lapso convergen una serie de procesos cuya consecuencia será la expansión de la producción de plata y la inflexión de su lánguida tendencia inmediata anterior. En esos años, en efecto, se introdujo el sistema de *amalgamación* en el refinamiento de la plata, haciendo uso del mercurio recientemente descubierto en las minas de Santa Bárbara, en el actual departamento de Huancavelica, y en reemplazo del sistema tradicional de las 5000 *huayras* o fundiciones. Esos años corresponden también al gobierno del virrey Francisco de Toledo (1572-1581), el gran arquitecto del orden colonial del Perú, quien fuera el responsable directo del establecimiento de la política de *reducciones* (es decir, la primera y masiva urbanización andina por la cual se fundaron cientos de pueblos indios bajo el modelo andaluz) que congregaba en *cabeceras* a la población sobreviviente del entorno con el fin de servir en adelante como la base del reclutamiento de la población indígena con destino a las principales empresas económicas. Fue también Toledo quien dio forma definitiva a la política del *repartimiento*, adaptando al nuevo contexto el tradicional mecanismo andino compulsivo de asignación de la mano de obra que era la *mita*, solo que ahora ella dejaba de ser una institución con fines públicos para pasar a ser utilizada con fines estrictamente privados. Y es la *mita*, por las implicancias que tuvo, la que amerita un examen más detenido.

Desde el descubrimiento de las vetas de Potosí hasta la introducción de la técnica de la amalgama con el mercurio, la mano de obra fundamental utilizada en la explotación de los minerales era por cierto indígena, pero sobre todo *yanacona*, para utilizar la expresión de los cronistas españoles. No existe un consenso absoluto sobre las características que definen al *yanacona*, pero sí un cierto acuerdo en identificarlo como un indio dotado de las destrezas necesarias para el trabajo minero, propietario de sus medios de producción, y esencialmente libre en el sentido de no depender de haciendas ni formar parte de pueblos de indios. El volumen de esta mano de obra, calculado en unos 3000 trabajadores (González Casasnovas 2000: 12), fue probablemente suficiente dada la escala técnica de la producción de plata hasta 1570; pero la introducción del método de la amalgama y la construcción de los grandes *ingenios* para el tratamiento del metal hicieron necesario ampliar de manera significativa el volumen de trabajadores, en la medida en que el nuevo método permitía también la explotación de metales de baja ley. Ahí radica la importancia de la *mita*, como mecanismo de reclutamiento, implantada por Toledo, pese a que su política no fue completamente nueva, puesto que las *Ordenanzas de minas* (31 de mayo de 1543), promulgadas por Vaca de Castro, autorizaban a los encomenderos a enviar hasta una cuarta parte de sus tributarios a las minas que no estuvieran más lejos de sesenta leguas de sus residencias (González Casasnovas 2000: 9), volumen que el conde de Nieva en sus *Ordenanzas* de 1561 establece en 1800 indios semanales (González Casasnovas 2000: 23).

La *mita* toledana fue implantada en tres momentos: 1573, 1575 y 1578, que en la práctica tradujeron los ajustes en el mecanismo de asignación y retención de la mano de obra. La *mita* de 1578 establecía en 14.181 el número de indios entre 18 y 50 años que debían ser enviados anualmente a Potosí, que procedían en un 17% de Charcas, en un 16% de La Paz y en un 15% del Collao. Las dos terceras partes de esta masa laboral eran indios "de huelga", mientras que el tercio restante era empleado en las minas (1118), en los ingenios (3055) y en el reprocesamiento de los relaves (288) (Bakewell 1983: 73). Estos mitayos recibían un jornal de 3,5 reales diarios, o 2,25 pesos corrientes, por semana de cinco días (1983: 79). A este volumen de *mitayos*, o trabajadores compelidos, deben agregarse unos 4500 a 5000 *mingados*, o trabajadores libres. Hacia 1639, en la medida en que el reclutamiento por medio de la *mita* declinaba, los *mingados* representaban aproximadamente el 55% del total de la fuerza laboral (1983: 128). El salario de estos *mingados* era más alto que el de los *mitayos*: 40 reales o 5 pesos por semana (1983: 124).

A partir de esta política, por consiguiente, la ciudad de Potosí estuvo dividida entre un centro habitado por españoles y criollos, y barrios indios que lo rodeaban. La población blanca, entre españoles y criollos, ha sido estimada en 45.000, mientras que la indígena era de 50.000, cifras que incluyen no solo a los vecinos españoles y a los tributarios indios, sino a sus respectivas familias, a los *mingados* y a los aproximadamente 6000 negros (Gisbert, Mesa y Abecia 1990: 10). El poblado indio, a su vez, estuvo subdividido en 14 parroquias: diez al pie del cerro, dos en el camino de Chuquisaca (San Martín y San Juan), y dos en zona española (San Lorenzo y San Bernardo), con sus barrios respectivos y bajo el control de sus alcaldes. En el marco de esa morfología espacial, el año de 1570 establece otra vez una frontera en función del crecimiento de su población. En efecto, hacia 1577, el cronista Juan de Matienzo constata que los españoles de la villa eran 2000, es decir, diez veces más que en la década anterior (González Casasnovas 2000: 55), al igual que el despliegue de la *mita* diseñada por Toledo amplió la presencia indígena en los volúmenes anteriormente señalados.

La estructura del mercado en el siglo XVI

Un documento de 1603 que describe la entrada de mercancías a Potosí ha sido la base para la bien conocida reconstrucción de Carlos Sempat Assadourian (1979: 233) sobre la estructura de ese importante mercado. La tabla 8.1 presenta un resumen de ello en pesos.

Tabla 8.1
Estructura del mercado de Potosí, 1603

	Producción interna	Importaciones	Total	% sobre total de medios de vida
		Medios de vida		
Consumo español	1.465.090 74,3%	506.480 25,7%	1.971.570 100%	42,9
Consumo indígena	2.626.000 89%	- - - 11%	2.626.000 100%	57,1
Total	4.091.090	506.480	4.597.570	100,0
		Medios de producción		
Total	1.312.120 95,3%	64.000 4,3%	1.376.120 100%	
Totales generales*	5.403.210 90,5%	570.480 9,5%	5.973.690 100%	

* Porcentaje respecto de los totales generales: consumo indígena 44%; consumo español 33%; medios de producción 23%.

Fuente: basada en Assadourian 1979: 233.

La tabla 8.1 traduce una de las principales propuestas del texto pionero de Assadourian: la esencial autosuficiencia del espacio minero animado por Potosí. En efecto, la demanda de bienes de consumo por parte del sector indígena fue satisfecha en un 89% por la producción americana, mientras que las tres cuartas partes del consumo español también fueron producidas internamente. Pero aún más significativo es constatar que en el ámbito de los "bienes de capital", la dependencia del sector minero frente a las importaciones se redujo a una proporción tan minúscula como el 4,3%.

Por consiguiente, ¿cuáles fueron esos productos cuyo canje con la plata extraída de Potosí fueron eslabonando un extenso sistema de intercambio? El gran trabajo que Assadourian dedicó a este problema en 1972 (1979: 135-221) fue resumido por González Casasnovas (2000: 55) en los siguientes términos: de Cuzco y La Paz se comercializaron azúcar; el vino procedió de Ica, Nazca y Arequipa; la manteca de cerdo de Jauja, Cuzco, Paria y Tarija; el ají de Arequipa; la coca de los valles de Arequipa y en menor medida de La Paz, Vilcabamba, Huamanga y Huánuco; la yerba mate del Paraguay; la ganadería del Collao (llamas y ovejas), de Chile central (ovejas), de Buenos Aires (vacuna) y de Tucumán (mulas); y el pescado de Arica. Pero, a su vez, la realización de estos bienes como mercancías en el mercado suponía que el metal extraído de Potosí circulase como mercancía dinero, para lo cual era necesario monetizar la renta de la encomienda, es decir, obligar a los indios a pagar el tributo más y más en moneda, en reemplazo de la inicial renta en especie. En la visita que Toledo realiza a Arequipa se empieza a implantar ese cambio, porque el 70,7% del total del tributo pagado por 23.769 adultos era ya en moneda, y el saldo en textiles, ganado de la tierra, maíz y trigo (Assadourian 1979: 262-263).

Las rutas que permitieron la articulación mercantil de Potosí eran múltiples. La llamada *ruta de la plata* que conectaba Potosí con Arica, y de Arica por mar al Callao, a su vez era utilizada de manera inversa para la introducción de mercancías tanto europeas como nativas. La *ruta del azogue*, para el traslado del mercurio y de otros bienes, recorría por tierra el tramo Huancavelica-Chincha, luego por vía marítima hasta Arica, para finalmente continuar por la cordillera hasta Potosí. También existía la ruta de Potosí a Lima a través de lugares como Oruro, La Paz,

Ayacucho, Huancavelica y Jauja (Escobari 2001: 221). Como se sabe, la apertura del puerto de Buenos Aires en 1776 invirtió este circuito, ya que, en adelante, la plata será exportada por este puerto a través de la ruta Potosí-Jujuy-Salta-Tucumán-Córdoba-Buenos Aires (Garzón 1968).

Para volver al problema del mercado y de las redes mercantiles, y a modo de resumen, se puede concluir, a partir de las investigaciones reseñadas, que el mercado interno de Potosí, entre fines del siglo XVI e inicios del XVII, había alcanzado una gran significación, porque el valor de los bienes transados internamente era casi equivalente al del comercio internacional. Los cinco millones y medio de pesos que equivalen al conjunto de las transacciones, entre medios de vida y medios de producción, entre el consumo indígena y el español, realizadas en 1603, corresponden, en efecto, al 80% de los cerca de 850.000 marcos de plata registrada producida en ese año (Bakewell 1983: 26-28), asumiendo un precio de 67 reales por marco de plata. Casi un cuarto de siglo antes, en 1567, Juan de Matienzo había calculado en 1.300.000 pesos el solo consumo de los indios en Potosí, de los cuales correspondía a la coca la mitad de ese valor, mientras que los *quintos* de ese año ascendían a 300.000, todo lo cual significa que el valor de los bienes transados por los indígenas representaba el 87% del registro de la producción de plata (Assadourian 1979: 231).

La estructura del mercado en el siglo XVIII

En 1987 y 1992, Enrique Tandeter publicó los resultados de sus investigaciones sobre Potosí en el siglo XVIII, y estas permiten contar con los análisis necesarios para examinar las transformaciones de este centro en su papel de mercado y de articulador del eje mercantil desde el siglo XVI. El análisis de esta situación supone señalar los principales cambios que se dieron en el entorno. El principal, sin duda, fue el declive de la producción minera de Potosí, que se inicia en la segunda década del siglo XVII y se prolonga durante toda la centuria siguiente. Si bien esta depresión secular culmina en la década de 1730, la recuperación de la producción de plata (véanse gráficos 8.1 y 8.2) no llega ni a la mitad del valor producido en su época de esplendor, y está por cierto muy lejos del dinamismo mostrado por la minería de Nueva España (Tandeter 1992: 21).

Gráfico 8.2

PRODUCCIÓN DE PLATA DE POTOSÍ, 1581-1810 (pesos)

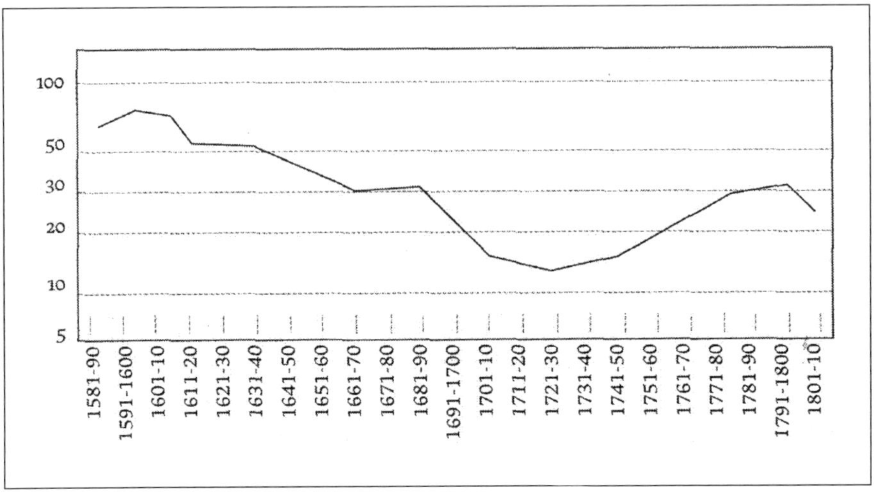

Fuente: J. J. TePaske, "Bullion Production in Mexico and Peru, 1581-1810" (mimeo).

Son muchas las causas y las consecuencias de esta doble inflexión, cuyo balance completo no puede hacerse aquí. Basta señalar que la caída de la producción también estuvo acompañada de una reducción drástica en el volumen de los trabajadores y de la población total de Potosí, que hacia 1770 tenía entre 22.000 y 30.000 habitantes solamente. Hacia 1790, señala Tandeter (1992: 30), la composición de la fuerza laboral era la que se muestra en la tabla 8.2.

Tabla 8.2

FUERZA LABORAL DE POTOSÍ EN 1790

	Mitayos	(%)	Mingados	(%)	Total
Cerro	1509		1544		
Ingenios	867		1039		
Totales	2376	48	2583	52	4959

Fuente: Tandeter 1992: 30.

El análisis de los libros de alcabalas de la Real Audiencia de Potosí permitió al equipo de investigación dirigido por Tandeter (1987: 384) evaluar en 4.345.204 pesos el valor de las mercancías introducidas a Potosí en 1793, divididas en las proporciones que se consignan en la tabla 8.3, de acuerdo con su procedencia.

Tabla 8.3
Mercancías introducidas a Potosí en 1793, según su procedencia

Efectos de la tierra	(%)	Efectos de Castilla	(%)	Totales
3.292.558	76	1.052.646	24	4.345.204

Fuente: Tandeter et ál. 1987.

Con relación a 1603, estas cifras permiten constatar que el espacio económico de Potosí seguía siendo autosuficiente, puesto que la importación de bienes de consumo y de producción procedentes de Europa era una cuarta parte del total. El ascenso del 9,5% al 24% como peso relativo de estos bienes en el total de las importaciones de Potosí no es muy significativo, como señala Tandeter, si se tiene en cuenta la distancia temporal (casi dos siglos), las políticas de apertura del comercio internacional implementadas por los Borbones, el hecho de que el aumento de la participación de los "efectos de Castilla" obedece en un 50% a las importaciones del mercurio. La investigación de Tandeter también confirma el desplazamiento de los ejes mercantiles, porque, a finales del siglo XVIII, las mercancías importadas en un 80% de su valor se introdujeron a Potosí por la ruta Buenos Aires-Salta-Jujuy (Tandeter et ál. 1987: 386). El valor de las transacciones de 1793, por otra parte, coincide con el valor de las emisiones de la Casa de la Moneda, lo que sugiere la reducción del circulante en su capacidad de mercantilizar la economía (Tandeter et ál. 1987: 387), a la vez que ese valor de las transacciones corresponde en un 60% a la compraventa de bebidas alcohólicas y coca (Tandeter 1999: 395), seguida de lejos por la de "ropa de la tierra". Alcohol, coca y telas, cuyas ventas representaban las tres cuartas partes del total (Tandeter et ál. 1987: 398), explican ahora la importancia del eje Arequipa (30%), La Paz (25%) y Cuzco (15%) como área de abastecimiento a Potosí. Por consiguiente, los ejes de circulación de Potosí hacia el exterior, por una parte, y los convergentes hacia Potosí, por otra, se habían transformado con respecto al patrón establecido en el siglo XVI. Pero la autosuficiencia del sistema animado por Potosí no oculta el hecho decisivo de su declive como mercado, como consecuencia del efecto combinado del descenso de los jornales de los *mitayos* y de la disminución de la población de Potosí, que cae de 120.000 a 22.000 habitantes en 1770 (véase gráfico 8.3).

Gráfico 8.3
POBLACIÓN DE POTOSÍ, 1640-1830

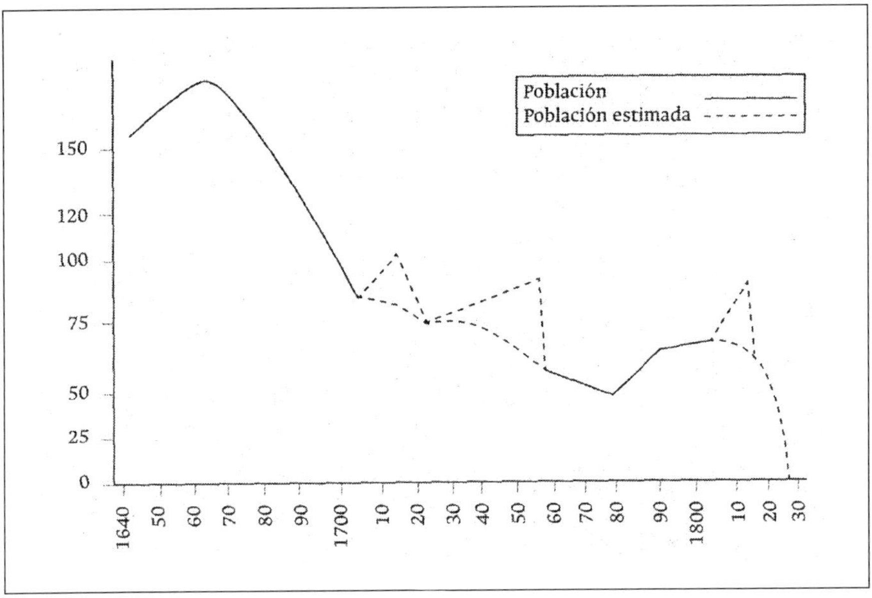

Fuente: Tandeter 1999: 373.

El análisis planteado en las páginas anteriores permite concluir lo siguiente:

- El crecimiento urbano de Potosí fue la consecuencia inmediata del hallazgo de sus prodigiosas vetas de plata y de la necesidad de ese metal como combustible para el incremento de las economías de la Europa continental.

- A su vez, la doble demanda generada por Potosí, la de bienes de consumo para su fuerza laboral y la de bienes de capital para las empresas mineras, generó la mercantilización de varias regiones del espacio americano, forzándolas a cancelar su autosuficiencia por medio de la generación de los excedentes indispensables para satisfacer esa doble demanda.
- Este patrón, con los cambios señalados, se mantuvo como un rasgo de larga duración durante el conjunto del periodo colonial. Fue precisamente esa "entrada y adhesión al mundo de las mercancías" por parte de la población indígena —para utilizar la bella expresión de Assadourian— la que una historiografía obsesivamente centrada en el impacto de la circulación de los metales preciosos en la economía europea había pasado por alto, ignorando, por lo mismo, el papel decisivo que tuvo la circulación de la mercancía dinero en la constitución de un amplio y dinámico mercado interno colonial.
- En el aprendizaje de esa mercantilización, finalmente, la población nativa combinó los nuevos instrumentos de una economía de mercado con los tradicionales mecanismos de los Andes.

Ilustración 8.1
LA CIUDAD DE POTOSÍ

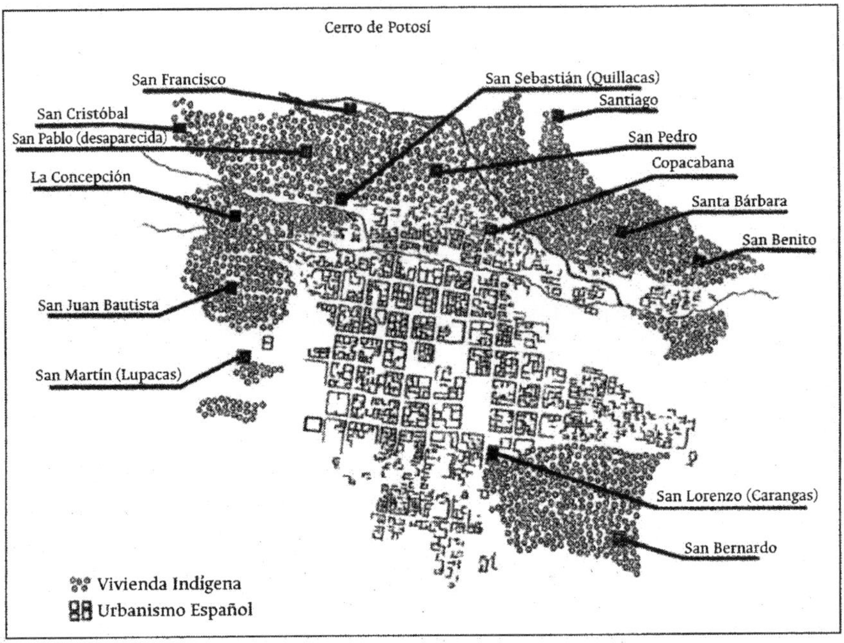

Fuente: Escobari 2001: 64.

Ilustración 8.2
Centro minero de Potosí

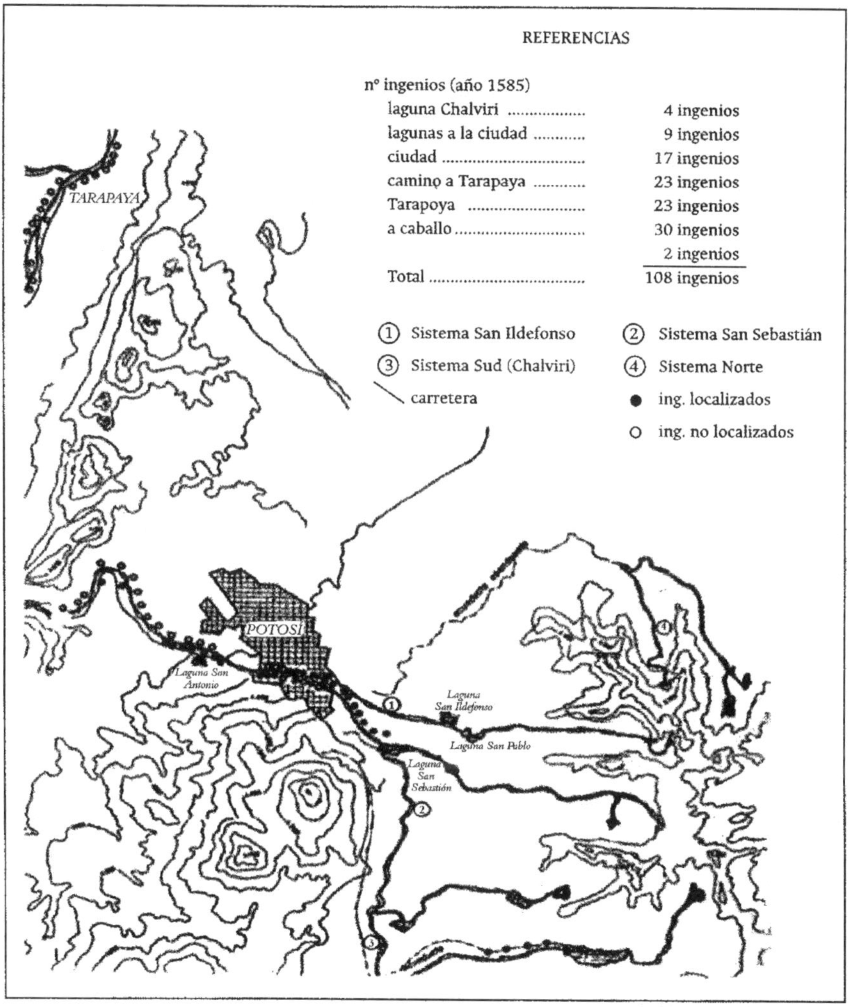

Fuente: Escobari 2001: 64.

9

Las economías de exportación: los Andes, 1880-1930

Las cinco décadas que se analizan en este capítulo corresponden a la consolidación de la entrada de estas economías al mercado internacional, luego de la debacle de la primera mitad del siglo XIX, y se cierran con el brutal impacto de la crisis económica de 1929. Al igual que en el largo periodo colonial, su articulación con el mercado internacional se hizo a través de la exportación de materias primas, con el claro predominio de uno o dos productos, y su éxito dependió de una demanda externa permanentemente elástica de bienes como el salitre, el caucho, el petróleo, el cacao, el banano, la plata, el estaño y el oro. La naturaleza de estas exportaciones también explica en gran parte su vulnerabilidad: poco valor agregado, términos de intercambio desfavorables, recursos agotables o sustituibles, es decir, un conjunto de características que oportunamente cuestionaron Raúl Prebisch y la Comisión Económica para la América Latina (Cepal) en su búsqueda de un patrón de crecimiento alternativo para el conjunto de las economías de la región. Que este cuestionamiento no estuviera desencaminado lo mostró con brutal contundencia el impacto de la crisis económica de 1929.

La "balcanización" del conjunto de la América Latina en una veintena de países, que fue una de las consecuencias de la ruptura de la dominación política impuesta por la metrópoli española, tuvo como resultado que gran parte de las investigaciones privilegiara el espacio "nacional", con lo que esa "parroquialización" impidió una visión de conjunto. Uno de los méritos del importante libro de Victor Bulmer-Thomas (1994) fue proponer las coordenadas que permiten trascender esa dominante perspectiva local. Bulmer-Thomas señaló, en efecto, que el factor que unifica estas experiencias y que explica su desempeño fue el comportamiento de la demanda internacional, sin el cual este crecimiento no hubiera sido posible. Pero, al mismo tiempo, la diversidad "nacional" obedece a la manera como los agentes respondieron a la incitación de esta demanda, que se expresa en la "lotería" de bienes ofertados, en procesos distintos de formación del mercado de capitales o de fuerza de trabajo, y en las políticas diseñadas por cada Estado para la utilización de estas rentas.

En *Dependencia y desarrollo en América Latina* —un importante libro considerado la expresión de uno de los paradigmas importantes del pensamiento social latinoamericano de la década de 1960—, Fernando Henrique Cardoso y Enzo Faletto (1969) aludieron al carácter de estas economías calificándolas como "enclaves", en el sentido de que las áreas responsables de la producción de estos *staples*, extremadamente modernas en comparación con otras regiones, estaban verticalmente articuladas con las empresas ubicadas en el centro del sistema mundial y, por consiguiente, no guardaban ninguna relación con su entorno, y si la tenían, era muy precaria. Esta caracterización, así como el énfasis en atribuir las dificultades de esta región a su "dependencia" externa —tesis asumida con entusiasmo por sus seguidores—, fueron legítimamente cuestionados por los avances de la investigación social posterior. En su lugar, se reconoce más bien que esas áreas modernas que se vincularon asimétricamente con las economías dominantes no dejaron de generar significativos enlaces internos, como en su momento lo demostraron Albert Hirschman (1958) para la América Latina o Harold Innis (1930) para el Canadá.

En ese contexto, este capítulo presenta la estructura y la dinámica de los sectores externos de los países de los Andes centrales, privilegiando el componente minero en aquellos casos en que sea pertinente, o el cacao y el banano en el caso específico del Ecuador. Se empieza con el caso del Perú, porque es la experiencia mejor estudiada y porque presenta las coordenadas básicas para contrastarlas con los casos ofrecidos por los otros países.

En 1879, el Perú se vio envuelto en un conflicto bélico, la así llamada Guerra del Pacífico, que lo enfrentó militarmente a Chile por el control de los recursos del guano y del salitre existentes en la costa sur del Pacífico. La guerra empezó por una disputa limítrofe entre Chile y Bolivia, pero terminó involucrando al Perú como resultado de un tratado de alianza defensiva que este había suscrito con Bolivia (Bonilla 1978), cuyo despliegue involucró igualmente los intereses de Inglaterra, Francia y Estados Unidos. Como consecuencia del conflicto, el territorio peruano fue ocupado por el ejército de Chile durante casi cuatro años, hasta que el tratado de Ancón puso fin a las hostilidades y a la ocupación. El Perú emergió de la guerra con una economía doméstica en ruinas, con una pesada deuda externa frente a Inglaterra, de cerca de 37 millones de libras esterlinas, que fue saldada por el Contrato Grace, firmado en octubre de 1889, por el cual parte del patrimonio del Perú fue cedido a los tenedores de bonos de la deuda externa a cambio de su extinción.

La reconstrucción de la economía de exportación peruana de la posguerra se operó por la masiva inyección de capital extranjero y por un reordenamiento de las bases de la producción, traducido en la concentración y monopolización de la tierra y de yacimientos mineros como el cobre y el petróleo. La expansión del capital extranjero —británico y norteamericano— era una de las dimensiones más visibles de la expansión del capital en su fase imperialista y, por consiguiente, su función básica fue incrementar en esta región el nivel de la acumulación de capital para proceder a su realización tanto en Europa como en los Estados Unidos. Este mecanismo colonial de la expansión imperialista dio nacimiento en el área andina a complejas unidades de producción que los sociólogos, a falta de una terminología mejor, han denominado "enclaves", y cuya traducción espacial fue el incremento de la segmentación interior de los países. La inexistencia de un sólido mercado interno, asociada con que las materias primas eran producidas y exportadas para satisfacer la demanda del mercado internacional, terminó por provocar el surgimiento de "bolsones" económicos extremadamente dinámicos, pero que generaron eslabonamientos domésticos.

Para el caso del Perú, dada la estrechez del mercado interno, este nuevo ordenamiento del espacio económico puede percibirse observando, en la tabla 9.1, la composición de su comercio exterior.

Tabla 9.1

COMPOSICIÓN EN PORCENTAJES DEL VALOR DE LAS EXPORTACIONES PERUANAS

Años	Azúcar	Algodón	Lanas	Plata	Cobre	Caucho	Petróleo
1890	28	9	15	33	1	13	- - -
1895	35	7	15	26	1	14	- - -
1900	32	7	7	22	18	13	- - -
1905	32	7	8	6	10	16	- - -
1910	20	14	7	10	18	18	2
1915	26	11	5	5	17	5	10
1920	42	30	2	5	7	1	5
1925	11	32	4	10	8	1	24
1930	11	18	3	4	10	- - -	30

Fuente: Thorp y Bertram 1978: 40.

La tabla 9.1 muestra el peso específico de los principales productos que impulsaron el restablecimiento y la dinámica de la economía peruana desde finales de la guerra con Chile hasta la crisis mundial de 1929. Pero importa reiterar la específica localización de las unidades productivas que generaron estas materias primas: el valle de Chicama, en la costa norte, para el caso del azúcar; la Sierra central, para la plata y el cobre; la Sierra sur, para las lanas; el oriente, para el caucho; y el extremo de la Costa norte para el caso del petróleo. En suma, estamos en presencia de una peculiar organización económica del espacio, definida por la segmentación regional y por la profunda articulación de cada una de estas regiones con el mercado internacional, características similares a las que presentaron las economías de Bolivia y el Ecuador.

El término "enclave", como se dijo más arriba, designa la fractura espacial producida por este tipo de funcionamiento de la economía de exportación y, de manera más precisa, apunta al frágil enlazamiento regional y sectorial asociado con los débiles valores de retorno generados por estas unidades productivas orientadas hacia el mercado externo. Pero esto no quiere decir, ciertamente, que en cada región hayan dejado de producirse cambios profundos como consecuencia de la operación de un yacimiento minero o de una plantación azucarera. Por el contrario, la rentabilidad de estas unidades dependía del éxito que tuvieran en subordinar, en su beneficio, al conjunto de las unidades precapitalistas que operaban en el entorno regional. En otras palabras, las ganancias de las empresas nativas y extranjeras que creaban un enclave capitalista eran una función, al mismo tiempo, de la explotación capitalista de la fuerza de trabajo en cada empresa y de la apropiación de los excedentes generados por los latifundios tradicionales o las pequeñas propiedades campesinas. Esta articulación tuvo como una de sus principales consecuencias una sustantiva reducción de los costos de producción, por el bajo valor de la fuerza de trabajo, y eso permitía una sobreganancia en la venta de las materias primas colocadas en el mercado internacional, puesto que sus precios finales de venta eran fijados en función de las condiciones técnicas de producción más óptimas.

Ahora bien, es igualmente importante señalar que los requerimientos productivos de cada enclave obligaron a que las unidades productivas tradicionales elevaran sustantivamente el nivel de su producción. Muchas veces, también, la sustitución de cultivos de alimentos para el mercado local por cultivos más rentables para la exportación obligó a que haciendas hasta entonces fundamentalmente autosuficientes empezaran a producir para el mercado, con el fin de satisfacer la demanda interna. Dada la debilidad tecnológica de estas unidades y su escasa capitalización, este incremento de la producción se obtuvo recurriendo a típicos mecanismos precapitalistas, es decir, mediante la agregación de unidades adicionales de tierra y fuerza de trabajo. En el contexto andino, este mecanismo se tradujo en una masiva expansión de los latifundios sobre las tierras de los campesinos y también en la captura de mano de obra indígena en sus fronteras, puesto que desde el célebre decreto de Bolívar no existía ninguna defensa jurídica contra este asalto. La respuesta campesina fue fácil de prever: la primera y segunda década del siglo XX fueron, en los Andes, el escenario de masivos levantamientos campesinos en protesta por este despojo, mientras que las primeras capas obreras, cuyo nacimiento fue la contrapartida de la operación de los primeros enclaves capitalistas, iniciaban su organización y movilización bajo el acicate del ascenso de los precios y el deterioro de sus condiciones de vida. Este fue el nuevo escenario para el replanteamiento de la cuestión indígena, la cuestión regional y el problema nacional. Examinemos brevemente los términos del debate.

El reacondicionamiento espacial provocado por el funcionamiento de esta economía de exportación también estuvo acompañado por cambios significativos en la estructura política de la región. En el caso del Perú, entre 1895 y 1930, la clase dominante que mantuvo el control político del Estado no estuvo más compuesta por los rústicos caudillos militares de las décadas anteriores, sino que tradujo una exitosa articulación de los intereses de los terratenientes y la burguesía exportadora, en el frente interno, con los intereses del capital imperialista, en el frente externo. Que fue una alianza eficiente lo dice la notable estabilidad política alcanzada durante todo este periodo, cualidad que no excluye la existencia de continuos reacomodos internos derivados de la necesidad de alcanzar una mejor integración con el capital y el mercado internacionales, a través del desplazamiento de los sectores más renuentes a este tipo de vinculación. Son síntomas de este curioso "modernismo" las reformas intentadas en el brevísimo interludio populista de Billinghurst (1912-1914) y aquellas implementadas en la primera etapa del célebre "oncenio" de Leguía, es decir, los años entre 1919 y 1922 en su prolongado gobierno que duró hasta 1930.

La dominación política establecida por la burguesía de este periodo revistió una forma oligárquica, es decir, supuso la concentración del poder político en manos de un grupo de familias aristocráticas, al mismo tiempo que recortaba el espacio político de las clases populares. Pero la presencia del campesinado andino y de los obreros, por medio de sus intensas movilizaciones en el escenario político, obligó a la clase dominante a discutir la condición indígena y a sugerir alternativas para su solución, al mismo tiempo que los ideólogos más lúcidos de la oligarquía integraban la discusión de este tipo de problemas en una reflexión más vasta sobre el Perú como problema y como posibilidad.

"¡Queremos patria!" es la frase patética de Víctor Andrés Belaunde que mejor traduce el desasosiego y la esperanza de este fino aristócrata.

Él, al igual que otros connotados integrantes de la generación del 900, como Manuel Vicente Villarán, Francisco García Calderón y José de la Riva Agüero, colaboró de fundar las premisas ideológicas que legitimaron la dominación oligárquica y encararon el problema del indio prescribiendo medidas educativas, extensión del catolicismo, legislación tutelar y proscripción del uso del alcohol y de la coca. Durante la primera etapa del gobierno de Leguía —y bajo la influencia del pensamiento de hombres como José Antonio Encinas, Germán Leguía y Félix Cossío—, se crearon incluso organismos como la Sección de Asuntos Indígenas, el Comité Pro-Derechos Indígenas Tahuantinsuyo y el Patronato de la Raza Indígena con el propósito de "proteger" a la población indígena y "denunciar" su expoliación. En la práctica, sin embargo, si bien estas instituciones sirvieron para acentuar la toma de conciencia de la existencia de un problema, sus medidas carecieron de eficacia.

La mediana y la pequeña burguesía fueron igualmente golpeadas por el nuevo funcionamiento de la economía, y sensibilizadas por la intensa movilización indígena y popular urbana. En el caso de la Costa norte, la reactivación de la agricultura de exportación se logró mediante la subsunción de docenas de haciendas en tres grandes complejos agroindustriales, arrinconando a sus antiguos propietarios y a comerciantes locales en posiciones subalternas. Estos hechos y la creciente penetración del capital imperialista en otros sectores crearon las condiciones para la emergencia de un movimiento que, desde sus inicios, reivindicó los intereses lesionados por el capital extranjero y rechazó los efectos nocivos de la expansión imperialista. Tal fue el contenido del mensaje aprista y del célebre libro *El antiimperialismo y el Apra,* escrito por el jefe y fundador del partido, Víctor Raúl Haya de la Torre. En el programa del aprismo, los problemas del indígena y de la tierra estaban asociados y eran parte de las transformaciones que el Estado antiimperialista, como expresión de la alianza entre clase media, obreros y campesinos, debía emprender. Pero sus tesis nunca se implementaron porque el Apra no tuvo la ocasión de llegar al poder, y cuando cogobernó más tarde con las fuerzas políticas más conservadoras, no fue sino para silenciar sus tesis primigenias.

La pequeña burguesía, sobre todo la de provincias del interior como el Cuzco, testigo directo de la movilización de los campesinos en contra del despojo de sus tierras y de la explotación impuesta sobre ellos por los gamonales regionales, manifestó su sensibilidad frente a este problema mediante el respaldo y la prédica de un mensaje indigenista. Este "indigenismo" inspiró la eclosión, en el campo de la literatura y de las artes en el Perú de la década de 1920, de una serie de obras que plasmaron en la plástica el sufrimiento y la esperanza de los indios, forjando así una de las columnas de la cultura peruana contemporánea. Pero su mensaje también expresaba de manera abigarrada una política de tipo paternalista, cuya exigencia más extrema era propiciar el retorno a la felicidad perdida del pasado.

Es en este contexto que adquieren particular relevancia la reflexión y los escritos de José Carlos Mariátegui entre 1927 y 1930. La obra de Mariátegui, especialmente sus *7 ensayos de interpretación de la realidad peruana*, constituye el primer análisis marxista de la realidad y de los problemas del Perú, donde la problemática indígena, al igual que en el pensamiento de González Prada, está asociada con el problema de la tierra, pero cuya solución, y en esto se separan, depende de la transformación global de la sociedad peruana. Dada la debilidad del proletariado peruano en ese momento, Mariátegui pensaba que el cambio sería el resultado de una alianza entre los diferentes sectores populares, cuya dirección correspondía a los obreros. A diferencia de Haya de la Torre, y por las características coloniales de la sociedad peruana, no tenía mucha esperanza en la potencialidad revolucionaria de la clase media y no pensaba que el capital extranjero tuviera aspectos buenos y aspectos malos. Su muerte prematura y la inmediata subordinación completa del Partido Comunista Peruano a los dictados de la III Internacional congelaron el desarrollo del marxismo en el Perú y determinaron que la educación y la movilización del creciente proletariado peruano fueran, en adelante, conducidas por el Apra o abandonadas a la demagogia populista de dictadores y oligarcas.

La crisis de 1929 en toda América Latina generó trastornos económicos y políticos. En el caso del Perú, deshizo en pedazos la "Patria Nueva" que Leguía soñaba construir. Pero el ascenso y la combatividad de los sectores populares, alimentados por la misma crisis, solo pudieron ser contenidos y derrotados mediante una feroz represión. Tal fue la misión fundamental del golpe y de la breve presidencia de Sánchez Cerro. Durante su gobierno, el de Benavides y el de Prado, es decir, entre 1931 y 1945, la fracción más tradicional de la burguesía logra imponer una política que acentúa la dependencia internacional de la economía peruana, cancelando los tímidos esfuerzos destinados a renovar la estructura económica y política. Con todo, no pudo evitar que en algunas regiones, como en el sur, un grupo de industriales modestos pugnara por una política de aliento a la industrialización y de protección del mercado interno por parte del Estado. Fue esta burguesía provincial la que apelará a los símbolos y a las imágenes del indigenismo para intentar soldar una alianza con las clases populares bajo el manto del regionalismo. Pero en el ámbito de la política oficial, estos fueron años de una cruda regresión a la prédica hispanista más añeja. Al lado de un Manuel Vicente Villarán, quien propugnaba todavía la superación del indio mediante la educación, el filósofo Alejandro O. Deustua (1937) comentaba sobre el problema indígena en los siguientes términos:

> El Perú debe su desgracia a esa raza indígena que ha llegado, en su disolución psíquica, a obtener la rigidez biológica de los seres que han cerrado definitivamente su ciclo de evolución y que no han podido trasmitir al mestizaje las virtudes propias de razas en el periodo de su progreso. Es doloroso reconocer este hecho, pero es necesario reconocerlo para plantear el problema de la educación indígena dentro de los términos que la experiencia ofrece. Está bien que se utilice las habilidades mecánicas del indio; mucho mejor que se ampare y defienda contra sus explotadores de todas especies y que se introduzca en sus costumbres los hábitos de higiene que carece. Pero no debe irse más allá, sacrificando recursos que serán estériles en esa obra superior y que serían más provechosos en la satisfacción urgente de otras necesidades sociales. El indio no es y no puede ser sino una máquina. (Deustua 1937)

La crisis de 1929 obligó a muchos gobiernos de América Latina a adoptar una política económica destinada a atenuar sus efectos, particularmente aquellos referidos al comportamiento de la balanza comercial de sus economías. Empezó así la etapa de la industrialización sustitutiva de importaciones, cuyas consecuencias fueron el fortalecimiento industrial de algunos países, así como el ensanchamiento del mercado interno. Pero en el caso del Perú, el panorama fue distinto. Por una parte, el rol abrumador asignado al sector público durante el "oncenio" de Leguía generó una reacción opuesta, que convirtió a los gobiernos posteriores —con la notable excepción del de Bustamante (1945-1948)— en firmes adeptos de una política económica extremadamente liberal. Por otra, el control absoluto ejercido por el capital extranjero sobre el sector minero desde comienzos del siglo XX hizo que las empresas extranjeras fuesen las más afectadas por la crisis, de manera que la burguesía nativa pudo continuar sin mucha reticencia su respaldo al patrón de crecimiento basado en las ventajas comparativas del país. Esto explica también por qué la recuperación de la economía de exportación peruana fue sorprendentemente rápida en comparación con la de los otros países de América Latina.

Al igual que los demás países andinos, el Ecuador tiene tres regiones geográficas: la costa, cuyo escenario central es la región de Guayas, con Guayaquil como capital; la sierra, la extensa región del callejón andino de Quito; y la región amazónica. La costa y la sierra constituyen el escenario fundamental de la cuestión agraria en el Ecuador, ya que la región amazónica fue tardíamente incorporada a la economía ecuatoriana gracias a la extracción y explotación, primero, del caucho, y luego, del petróleo.

En tiempos prehispánicos, el Imperio del Tahuantinsuyo no logró controlar todo el Ecuador; llegó solo hasta la región de Loja, y esto hizo que los grupos étnicos de ese entonces tuviesen diferencias muy importantes con los de las regiones central y meridional. Como es sabido, en el Tahuantinsuyo la economía era fundamentalmente agrícola, y no existe evidencia alguna de que dicho Imperio —que tenía aproximadamente entre siete y diez millones de habitantes— conociera instituciones centrales como la moneda, el mercado y las formas más simples de intercambio, entre ellas, el trueque.

Sin embargo, pese a la carencia de estas tres instituciones, pudieron desarrollar una economía autosuficiente. Esto fue posible porque los Andes —al igual que el Tíbet— son territorios verticales. En el caso de los Andes centrales, a diferencia de Colombia, la altitud para cultivar se extiende desde el nivel del mar hasta los 4000 metros de altura, de tal manera que en este enorme rango es posible encontrar ecosistemas y pisos térmicos muy diferentes, que a su vez permiten —en el marco de un ciclo agrícola— producir bienes distintos. La estrategia andina consistió efectivamente en desplazar colonos —dicho en términos ciertamente anacrónicos— de una región a otra para que con su trabajo, para que, sin perder la filiación étnica a los grupos a los cuales pertenecían, pudieran procurarse en estos otros lugares los recursos de que carecían en sus pueblos de origen. Todo esto en un marco de reciprocidad. Evidentemente, los enlaces podían ser muy diferentes en lo que respecta a distancia dependiendo del volumen demográfico de cada grupo étnico.

La diferencia con los grupos étnicos que habitaban en lo que es ahora el Ecuador contemporáneo es que, entre ellos, esa verticalidad no operó. El profesor Frank Salomon (1986) constató, primero, la existencia de mercaderes en esta zona, que no eran tan poderosos como los *pochteca* en el caso de los aztecas, pero que representaban un contraste muy claro con la ausencia de este tipo de actores económicos en los Andes. Pero no solamente halló mercaderes, sino también mercados y algunos artefactos que no funcionaban exactamente como moneda sino como "cuasi-moneda".

La Conquista abre tres largos siglos de un sistema colonial que es muy distinto al de la Nueva Granada y la Nueva Castilla. De las dos regiones señaladas para el Ecuador, la cuenca del Guayas prácticamente no tuvo ninguna significación económica, de tal manera que a lo largo de los tres siglos de la época colonial el espacio económico importante fue el extenso callejón andino que va desde Pasto hasta las fronteras con el Perú. Allí estuvieron ubicadas dos instituciones económicas significativas: por un lado, las grandes haciendas con trabajo servil; y, por otro, los *obrajes*, es decir, aquellos talleres dedicados a la producción masiva de telas cuyo destino era en parte el lejano mercado de Potosí.

El *obraje* pudo mantenerse por cuanto contó con barreras naturales de protección. Así, las telas que ingresaban a los puertos en el contexto de la apertura comercial desde finales del siglo XVIII debían pagar fletes antes de llegar a los principales mercados y, en consecuencia, sus precios finales operaron a favor de la producción local. Pero hacia 1840, en la medida en que la apertura del libre comercio se hizo cada vez más intensa, estos centros de producción textil desaparecieron y, en la sierra quiteña, quedaron solamente las grandes haciendas. Esta destrucción de los obrajes fue, en parte, similar a la de los centros de producción textil de los Santanderes, porque las telas importadas costaban cinco veces menos que las locales, de tal modo que la resistencia y la competencia en ese contexto no eran posibles. Como consecuencia de la destrucción de estos obrajes, la mano de obra se desplazó hacia la costa, y esto fue la base para un proceso de cambio muy lento y muy errático al comienzo, pero que en las dos últimas décadas del siglo XIX y la primera del siglo XX se constituye en un sector económico muy pujante: el de la producción y exportación de cacao.

Al igual que muchos otros productos que América Latina exportaba desde la segunda mitad del siglo XIX, la demanda internacional de este tipo de productos —como consecuencia del incremento de la capacidad adquisitiva y del bienestar de la población europea— se hizo cada vez mayor, y eso permitió que el café, que era en un principio un producto de la élite, fuera consumido también por las clases medias e incluso por las populares, y que la carne y los cueros dejaran de ser de uso de los esclavos de Brasil para pasar a Europa. Asimismo, como consecuencia de estos cambios importantes en el gusto y en la estructura del consumo, están los helados y los chocolates, cuyo insumo fundamental es el cacao. Es en esta transformación donde se ubica un elemento determinante para esta expansión.

Las cifras dicen que en 1880 se exportaba de la cuenca de Guayaquil aproximadamente 300.000 quintales de 46 kilógramos de cacao, pero unos cinco años más tarde, entre 1885 y 1917, esta cantidad se convirtió en medio millón de toneladas anuales, y, finalmente, en el momento cumbre de la exportación, en 1920, de esta cuenca se exportaba un promedio de 1.100.000 quintales de cacao de 46 kilógramos (Chiriboga 1988).

En 1920 —al igual que muchas otras experiencias en América Latina—, este ciclo se cerró abruptamente, sobre todo como consecuencia de las plagas y epidemias que literalmente diezmaron a la producción cacaotera. Esto provocó la crisis e incluso suicidios de muchos propietarios cacaoteros que, por cierto, no vivían ni en Guayaquil ni en Quito, sino que lo hacían cómodamente en algunas de las grandes ciudades europeas, como París, y cuyo costo de vida era financiado por esta expansión.

Lo importante en el caso de la experiencia ecuatoriana con el cacao son dos cuestiones: al inicio, antes de 1880, el cacao era una planta silvestre, crecía naturalmente, y de hecho fue bajo esta forma como, incluso en la época colonial, se lo destinaba al mercado de Centroamérica. Pero en la medida en que la demanda de este producto crecía, la planta dejó de ser silvestre para ser incorporada en las grandes plantaciones cacaoteras de Guayaquil, de tal manera que un proceso de cercamiento de tierras, de privatización y de mejoras técnicas en el cultivo fue añadiéndose a esta experiencia.

Entre la siembra y la cosecha del cacao transcurre aproximadamente un promedio de ocho años, de tal modo que quienes lo cultivaban no eran necesariamente los grandes propietarios ni tampoco obreros especializados, sino los *montuvios*. Estos campesinos arrendaban parcelas de tierra en las nuevas plantaciones por las cuales pagaban una renta en trabajo. Es decir, eran los encargados de la siembra y sobre todo del cuidado de la planta durante los ocho largos años. El cacao al crecer produce sombra, y eso permite combinar su cultivo con el de otros productos destinados al consumo familiar y hacía posible la subsistencia de los campesinos que se ocupaban de él.

Pero al igual que en el caso del café en Colombia, la circulación de la renta cacaotera produjo encadenamientos muy importantes. De hecho, terminó convirtiendo a Guayaquil en una de las ciudades más importantes del Ecuador del siglo XIX e inicios del XX. Para poder exportar el cacao a los mercados europeos, el fruto tenía que ser tratado y pasar por un proceso de limpieza y selección; así mismo, fue necesario instalar todo un dispositivo industrial dedicado a la producción de cajas para el embalaje. Puede constatarse así la existencia de este gigante con pies de barro (Guerrero 1981), porque las relaciones de producción eran totalmente arcaicas en la base, pero sostuvieron un sistema que tuvo la capacidad de enlazar y desarrollar industrias, y de promover el crecimiento de las ciudades y de una red de intermediación financiera —la banca— cuyos activos fueron necesarios tanto para el financiamiento de la producción como, sobre todo, para la comercialización. El valor de retorno fue muy alto porque el capital productivo fue enteramente nacional.

Tales cambios no se limitaron a la economía sino que también alcanzaron la política. En 1895, estalló en Guayaquil la revolución liberal encabezada por Eloy Alfaro. Ocurrió en Guayaquil lo que sucedió más tarde en Panamá: frente al encierro tradicional de los grandes terratenientes del callejón andino de Quito, Guayaquil era un puerto, una ciudad abierta al mundo; por consiguiente, sus gentes y sus empresarios tenían una visión económica y políticamente opuesta a la visión tradicional de los primeros. De hecho, la historia política del Ecuador del siglo XX muestra que son guayaquileños o serranos quienes, en función de la alternancia de sus bases económicas y políticas, acceden al control político del país.

La tabla 9.2, tomada del importante libro editado por Manuel Chiriboga (1988), muestra tanto el comportamiento de la producción cacaotera como las rentas y ganancias que esta generó para los propietarios.

Bolivia, por otra parte, emerge como república independiente en 1825, como resultado de un peculiar nacionalismo cuyo sustento fue la rivalidad y la sospecha frente a las naciones vecinas, más que un directo enfrentamiento con la metrópoli española. Después de varias décadas de estancamiento del sector externo de su economía, el regreso de la economía boliviana al mercado internacional empieza a gestarse en la década de 1860, por medio de la exportación de guano y de salitre, para alcanzar su mayor esplendor en las tres últimas décadas del siglo XIX, cuando Bolivia se convierte de nuevo en el cuarto productor mundial de plata. El éxito de Bolivia con la plata fue el resultado de una temprana colocación de capitales chileno-británicos bajo la forma de inversiones directas, así como de una eficiente articulación de estos sectores mineros con el entorno campesino.

La nula relevancia de la economía de exportación boliviana durante la primera mitad del siglo XIX, así como las dificultades diplomáticas entre Bolivia e Inglaterra, que provocaron incluso la inexistencia de relaciones formales entre ambos países durante medio siglo, explican por qué Bolivia, como el Ecuador, aunque por razones distintas, no tuvo una significativa deuda externa durante el conjunto del siglo XIX. En efecto, solo en 1872, por medio de George E. Church, Bolivia logró colocar un préstamo en Londres por 1.700.000 libras esterlinas, operación que incluso fue rescindida poco después. Por consiguiente, hasta la abolición del tributo indígena en 1885, el gasto público estuvo financiado por la extorsión de la población indígena, las rentas de aduanas y los diminutos préstamos levantados en Perú (1865) y en Chile (1868).

La organización y el funcionamiento de la minería andina han atraído desde hace mucho tiempo el interés de numerosos investigadores, no solo porque se trataba, y se trata, del sector más dinámico de la

Tabla 9.2

Gastos de producción, utilidades, rentas y ganancias de los plantadores cacaoteros

Precio x de cacao en Guayaquil (1 qq.) Año	Sucres	Cacao exportado (qq.)	Valor del cacao exportado (S/)	Costos monetarios de producción (S/)	Utilidad neta de cacaoteros	% de utilidad	Dividendos bancarios	Renta neta apropiada	Ganancia neta apropiada	% de ganacia
1895	16,30	350.176	5.672.851	2.556.285	3.116.556	55	12	680.742	2.535.814	42
1896	15,90	388.622	6.179.090	2.836.941	3.342.149	54	12	741.490	2.600.658	42
1897	21,20	343.068	7.273.041	2.504.396	4.768.645	65	12	872.764	3.895.880	53
1899	23,70	554.006	13.129.942	4.044.244	8.903.692	73	12	1.466.383	7.437.308	61
1900	24,80	411.349	10.201.455	3.002.848	7.198.607	70	12	1.224.174	5.974.432	58
1901	20,80	513.117	10.672.833	3.745.754	6.927.079	65	12	1.280.740	5.646.339	53
1902	20.50	536.213	10.992.366	3.914.354	7.078.012	64	13	1.429.007	5.649.004	51
1903	20,70	499.213	10.333.709	3.644.255	6.689.454	65	14	1.446.719	5.242.735	51
1904	21,60	613.392	13.242.267	4.477.762	8.771.505	66	15	1.987.390	6.784.115	51
1905	22,50	472.313	10.672.013	3.447.885	7.224.128	67	15	1.600.801	5.623.326	52
1906	23,40	496.049	11.607.546	3.621.158	7.986.388	69	16	1.857.207	6.129.181	53
1907	33,80	429.187	14.506.848	3.133.065	11.373.783	78	15	2.176.027	9.197.756	63
1908	22,90	692.089	15.848.838	5.052.249	10.796.589	68	15	2.377.325	8.419.264	53

Precio x de cacao en Guayaquil (1 qq.) Año	Sucres	Cacao exportado (qq.)	Valor del cacao exportado (S/)	Costos monetarios de producción (S/)	Utilidad neta de cacaoteros	% de utilidad	Dividendos bancarios	Renta neta apropiada	Ganancia neta apropiada	% de ganancia
1909	18,70	689.282	12.833.473	5.009.858	7.823.615	61	14	1.796.686	6.026.929	47
1910	18,80	789.243	14.837.768	5.761.473	9.076.295	61	14	2.077.287	6.999.008	47
1911	18,20	843.542	15.352.464	6.157.856	9.194.608	60	14	2.149.345	7.045.263	46
1912	19,00	830.971	15.788.449	6.066.088	9.722.361	61	13	2.052.498	7.669.863	48
1913	20,40	910.200	18.568.080	6.644.460	11.923.620	64	12	2.228.169	9.695.451	52
1914	18,00	1.026.305	18.473.490	7.492.026	10.981.404	59	12	2.216.819	8.764.646	47
1915	25,50	804.753	20.521.201	5.874.697	14.646.504	71	12	2.462.544	12.183.960	59
1916	24,74	927.533	22.947.166	6.770.990	16.176.176	70	12	2.753.660	13.422.517	58
1917	18,10	982.465	17.782.616	7.171.994	10.610.622	59	12	2.133.914	8.476.709	47
1918	17,30	835.122	14.447.610	6.096.390	8.351.220	58	13	1.878.189	6.473.030	45
1919	35,47	971.435	34.456.799	7.091.475	27.365.324	79	15	5.168.520	22.196.804	64
1920	30,64	1.016.955	31.159.501	7.423.771	23.735.730	76	14	4.362.330	19.373.400	62
1921	12,60	931.713	11.739.583	6.801.505	4.938.078	42	16	1.878.333	3.059.745	26
1922	16,30	961.932	15.697.491	7.022.103	8.657.388	55	14	2.195.129	6.462.259	41

Fuente: Chiriboga 1988.

economía regional, sino también por el papel que cumplió en la mutación profunda de la economía atlántica en el siglo XVI. Pese a todos estos esfuerzos, lo conocido es aún muy imperfecto en términos cronológicos y temáticos. Por razones obvias, la producción de metales preciosos durante el periodo colonial, sobre todo por el impacto que su flujo tuvo sobre la economía europea en el siglo XVI, resulta el aspecto más analizado. Mucho menos estudiadas han sido, en cambio, las modificaciones inducidas por la producción minera en el propio espacio colonial. Del mismo modo, la minería andina del siglo XX, sobre todo en sus aspectos sociales y políticos, ha sido objeto de creciente atención durante los últimos años. En este contexto, es todavía sorprendente el enorme vacío que existe en el conocimiento de la minería boliviana y peruana del siglo XIX. Aunque sus volúmenes de producción no son en nada comparables con los del siglo XVI o los del siglo XX, es errado sostener que en el siglo XIX la actividad minera carecía de toda relevancia. Después de todo, el relativo equilibrio de la balanza comercial de ambos países dependió de la exportación masiva del circulante monetario y del mineral de plata.

La debilidad de nuestro conocimiento sobre el sector minero en el siglo XIX es tanto más lamentable porque impide una percepción más adecuada de la dinámica y el papel de este sector en el crecimiento del conjunto de la economía de estos países, así como de las condiciones del tránsito de la minería colonial a la minería contemporánea. Este considerable vacío es el que empieza a ser parcialmente cubierto con el libro que Antonio Mitre (1981) dedicara a la plata boliviana en el siglo XIX.

El autor se propone "mostrar la génesis, evolución y crisis de la oligarquía minera de la plata en el siglo XIX, explicando las bases económicas de su poder". Sin embargo, su valor no consiste solo en analizar las condiciones materiales de la reproducción y de la crisis de la oligarquía minera boliviana, sino que también constituye una excelente demostración del mecanismo por el cual el sector minero es desgajado de su entorno regional para ser colocado en una situación de subordinación, en un espacio sometido a la determinación del capital internacional y amputado de su capacidad de inducir cambios sustantivos en las diferentes regiones de Bolivia.

Ha sido Carlos Sempat Assadourian (1979) quien ha insistido en los últimos años en la capacidad que tuvo la minería colonial andina de constituir un circuito prácticamente autosuficiente, es decir, de fundar su operación en captar sus diferentes insumos en el propio espacio americano. El aporte de Antonio Mitre consiste, precisamente, en mostrar cómo se erosiona este mecanismo para dar paso a una profunda articulación entre yacimiento minero/puerto de exportación, es decir, a una situación en la que no solo las oscilaciones de la producción minera dependen de las fluctuaciones de la demanda internacional, sino que su propio funcionamiento se supedita al suministro de capitales, tecnología y bienes de consumo desde el exterior.

La experiencia de Bolivia con la plata en el siglo XIX constituye un caso distinto en lo que concierne a los eslabonamientos internos generados por las economías de exportación. Como se sabe, durante el conjunto del periodo colonial, las minas de Potosí fueron el sustento de su economía, proceso que se interrumpe bruscamente en el contexto de las guerras por la Independencia. La recuperación ocurre lentamente desde mediados del siglo XIX, y el periodo de gran crecimiento corresponde a los años entre 1872 y 1895. Desde la Independencia hasta 1872, el promedio anual de producción de plata, en marcos de plata de 230 gramos, era de 150.000, volumen que anualmente sube a 344.435 entre 1860 y 1869; a 955.629 entre 1870 y 1879; a 1.111.568 entre 1880 y 1889, y alcanza un tope de 1.655.762 entre 1890 y 1899. El colapso que ocurrió inmediatamente después fue el resultado de la caída de los precios de la plata en el mercado internacional, derivada de una sobreoferta desde California y Alemania, proceso que terminó con su sustitución por el oro como patrón de respaldo monetario.

Al igual que en los casos del Ecuador y el Perú, el éxito y el ocaso de la economía de exportación boliviana están estrechamente vinculados a las vicisitudes del mercado internacional. Pero las consecuencias internas fueron distintas. En efecto, el éxito en la exportación de la plata boliviana dependía directamente de la capacidad que se tuviera de resolver uno de sus estrangulamientos fundamentales, es decir, los altos costos del transporte derivados de la dislocación física del territorio. Este fue el papel fundamental del ferrocarril boliviano, que llega a conectar en 1889 estos yacimientos con la costa. Pero el resultado positivo que produce el ferrocarril para los mineros bolivianos fue, a la vez, fuente de profundos desequilibrios. Esto se debió, como anota Mitre, a que el ferrocarril no

Gráfico 9.1

Curva aproximada de la producción de plata en Bolivia, 1825-1905

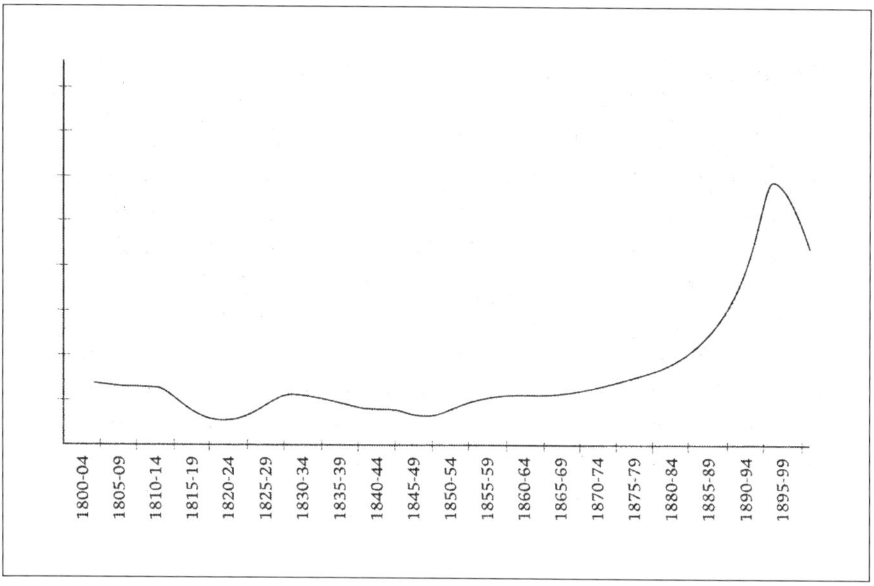

Fuente: Mitre 1993: 289-290.

solo transportó plata, sino que también introdujo bienes agrícolas desde los valles de Chile, quebrando de esta manera la eficiente articulación descrita por Assadourian, con su *hinterland* rural para el contexto colonial. A este proceso debe añadirse una suerte de "desindustrialización" que ocurre por el desmantelamiento de las plantas encargadas del refinamiento, puesto que el abaratamiento de los costos de transporte permitió exportar todo el metal con prescindencia de su ley.

Los efectos de la minería de plata sobre las comunidades campesinas constituyen todavía una dimensión ignorada. Las sugerencias propuestas hasta la fecha en el sentido de una complementariedad entre ciclo agrario y ciclo minero, o la expansión demográfica, como mecanismos puestos en marcha para resolver el problema de la mano de obra, carecen de evidencias contundentes. Estudios futuros sobre el proceso de desintegración de las comunidades campesinas, y sobre los presupuestos domésticos de las familias migrantes, permitirán conocer la repercusión que tuvo la minería sobre este sector.

Pero este juego de la "lotería de bienes", para utilizar la expresión de Bulmer-Thomas, se inclinó otra vez a favor del sector exportador de Bolivia cuando irrumpió casi inmediatamente el estaño. Desde 1892, en efecto, la Compañía Minera de Oruro prepara la instalación de tres máquinas para la concentración y aprovechamiento del estaño proveniente de los relaves. Las exportaciones de Bolivia, cuyo promedio anual era de 4572 toneladas durante el periodo 1895-1899, pasó en los tres quinquenios siguientes a 11.488.176 y 23.089 toneladas, sucesivamente. En menos de quince años, su producción se había quintuplicado (Mitre 1993: 31), llegando a ser, después de Malaya, el segundo productor mundial de ese metal. La razón de este fantástico crecimiento fue otra vez la demanda internacional, consecuencia del dinamismo industrial expresado en la expansión de la industria de alimentos y de automóviles, apoyada, como señala Mitre (1993), por una eficiente red ferroviaria instalada en tiempos de la plata. Pero en contraste con aquella, la expansión del estaño generó cambios significativos en la estructura de la propiedad con la aparición de *holdings*, la desnacionalización sucesiva del control de los recursos, la expansión de un poderoso movimiento obrero anclado en las minas de Pulacayo y el surgimiento, en polos opuestos del espectro político, de Simón Patiño y de Guillermo Lora.

Uno de los fundamentos de la economía colonial de la Nueva Granada fue la extracción de metales preciosos, particularmente de los placeres auríferos, y ello, juntamente con la utilización de mano de obra esclava, hicieron que la experiencia de la Colombia colonial fuera completamente distinta a la de los otros espacios controlados por la metrópoli española. Pero, además, se trata de una experiencia totalmente marginal, pues no fue en nada comparable con el volumen y el valor de la producción de plata de la Nueva Castilla y de la Nueva España, como tampoco de la producción aurífera del Brasil colonial.

La producción de oro, medida en función del *quinto*, más allá de las conocidas dificultades que genera la utilización de este indicador, fue de medio millón de pesos entre 1715 y 1719. A mediados de ese siglo aumentó a un promedio de 650.000 pesos por año, para cerrar el siglo con un promedio anual de dos millones de pesos (McFarlane 1993: 81-82). Este incremento muestra a la vez el desplazamiento de los espacios mineros del Chocó y de Popayán, que produjeron hasta mediados de siglo

Tabla 9.3
Exportación de estaño de Bolivia, 1822-1970

Años	Peso bruto (toneladas)	Peso estaño fino (toneladas)	Porcentaje en relación con la producción mundial
1822-1849		3460	0,7
1850-1860		3010	1,5
1861-1870		3860	1,5
1871-1880		6300	1,6
1881-1884		2593	0,9
1885		420	0,7
1886		570	0,9
1887		1360	2,1
1888		1600	2,5
1889		1520	2,3
1890		1920	2,0
1891		2150	3,1
1892		2900	4,0
1893		3380	4,3
1894		3800	4,3
1895		4230	4,5
1896		3990	4,8
1897		4910	6,2
1898		4720	6,0
1899		5290	7,0
1900	16.230	9739	11,2
1901	21.910	13.146	14,5
1902	17.610	10.566	12,4
1903	20.930	12.558	13,6
1904	21.550	12.930	13,8
1905	27.690	16.614	17,3
1906	29.370	17.622	17,9
1907	27.680	16.608	16,7
1908	29.940	17.964	16,7
1909	35.570	21.342	18,9
1910	38.550	23.130	20,7
1911	37.070	22.242	19,8
1912	38.610	23.166	19,5
1913	44.590	26.754	20,6

Años	Peso bruto (toneladas)	Peso estaño fino (toneladas)	Porcentaje en relación con la producción mundial
1914	37.260	22.356	18,8
1915	36.490	21.894	17,9
1916	35.540	21.324	17,5
1917	46.430	27.858	23,1
1918	48.800	29.280	24,9
1919	48.500	29.100	23,8
1920	47.050	28.230	25,9
1921	31.810	19.086	26,0
1922	43.480	32.088	24,3
1923	50.430	30.258	26,0
1924	53.440	32.064	23,4
1925	54.330	32.598	23,4
1926	53.640	32.184	22,0
1927	66.620	36.382	23,4
1928	76.470	42.074	24,2
1929	85.180	47.191	24,5
1930	69.030	38.723	22,0
1931	55.714	31.637	22,2
1932	38.796	20.919	22,4
1933	26.641	14.957	18,4
1934	41.019	23.201	18,4
1935	49.531	25.403	19,7

Fuente: Mitre 1993: 289-290.

el 76% del total de oro, por el de Antioquia, que pasó de producir de un 12% a un 30% entre los inicios y el final de la centuria.

Con el importante libro de la profesora María Mercedes Botero (2007) tenemos ahora la posibilidad de seguir la trayectoria del oro en la región de Antioquia, pese a las enormes dificultades que representa el registro de su producción. Poco se sabe, por ejemplo, sobre el impacto de las guerras por la Independencia en la minería aurífera o sobre la situación durante gran parte de la primera mitad del siglo XIX. Al parecer, la ley del 12 de mayo de 1846, al permitir la libre exportación del oro, anulando de esa manera las restricciones coloniales, fue una de las razones que permitió su reactivación en la segunda mitad de ese siglo. El estudio del comportamiento de la producción aurífera se basa, por una parte, en las estimaciones publicadas en el *Parliamentary Papers* de Londres y, por otra, en las de Adolf Soetbeer sobre la producción de oro en Colombia y su peso en la producción mundial. Se encuentra que entre 1852 y 1881 el valor promedio por quinquenio fue de 496.000 libras esterlinas, valor que representa un 4% de la producción mundial, muy lejos de los Estados Unidos, Australia y Rusia, cuya producción mundial por país fue de un tercio del total. También sus evaluaciones se apoyan en las conocidas cifras ofrecidas por V. A. Restrepo sobre las exportaciones de barras de oro, que muestran que, de un valor exportado de un millón y medio de pesos anuales entre 1858 y 1859, el valor de las mismas, con altibajos, casi se duplicó entre 1869 y 1890, con una tasa de 2,34% de crecimiento anual para esas exportaciones (Botero 2007: 46-47, 203-204). Dada la crucial importancia del oro en la economía regional de Antioquia, sería necesario continuar los esfuerzos para reconstruir con mayor precisión las coyunturas de producción y exportación de este metal, tarea seguramente titánica, considerando la precariedad de las fuentes.

Pero en la segunda mitad del siglo XIX, no solo hubo una expansión de la producción de oro, sino también la emergencia de sociedades mineras (como El Zancudo, El Guadual o Purina), que compartieron estas actividades con los *mazamorreros* tradicionales, el surgimiento de la minería de veta al lado de la de los aluviones y la presencia cada vez más significativa de empresas extranjeras en la explotación, como la Frontino & Bolivia Gold Mining Company y la Compañía Minera Francesa de Segovia. Estos cambios fortalecieron la importancia de los distritos del departamento del norte antioqueño, cuyo espacio concentraba más del 50% de las minas de veta y el 72,59% de las minas de aluvión (Botero 2007: 106-107). Gracias a las investigaciones de la profesora Botero, conocemos igualmente los cambios tecnológicos introducidos en la producción de oro, su proceso de comercialización, la emergencia de la banca privada (siete bancos y tres casas bancarias en la capital del Estado, y bancos regionales en Ríonegro y Sopetrán) en respuesta al dinamismo económico de la región y a la utilización de sus billetes en la compra de oro, y las rutas seguidas por este metal hasta su destino final en las bóvedas del Banco de Inglaterra.

Los hallazgos y las contribuciones que ofrece el importante libro de la profesora Botero requieren investigaciones complementarias con el fin de contribuir al conocimiento de aquellas situaciones que son también significativas en todo examen de la historia de los metales preciosos. Se requiere, por ejemplo, análisis puntuales sobre los costos de producción, tal vez no tanto de los *mazamorreros* por la precariedad de su condición, sino de aquellas empresas dedicadas al trabajo del oro en las vetas. Se nos informa que el precio del oro, como en toda economía precio aceptante, fue establecido por el Banco de Inglaterra a razón de 3 libras 17 chelines y 9 peniques por onza estándar de 22 quilates de ley (Botero 2007: 129). ¿Cuánto costó producir esta barra y cuáles fueron los componentes de su costo? Por cierto, no se trata solamente de estimar los beneficios de los mineros, sino conocer, a través de su reconstrucción, los múltiples encadenamientos que produjo la minería del oro, dentro y fuera de la región de Antioquia. Sabemos, igualmente, que a mediados de la década de 1870 la minería empleaba un promedio de 15.000 trabajadores, de los cuales un 20% eran estables y el resto temporales; los primeros ganaban un jornal de un peso diario (2007: 74-75). En el caso de que ese jornal fuera efectivamente un jornal monetario, dadas las características de la zona, debió establecerse un mercado de consumo relativamente importante cuya demanda debió estimular el crecimiento agrario y ganadero del entorno. Y, además, ¿cómo se satisfizo la demanda de "bienes de capital" que utilizaron las empresas?

Un problema no menos importante es el papel del oro en la expansión del mercado monetario. A diferencia de los Andes coloniales, cuya producción de plata —según las investigaciones pioneras de Carlos Sempat Assadourian— estimuló la expansión de una importante economía monetaria por la circulación de la plata como mercancía, en Antioquia este no parece haber sido el caso. Al igual que las otras economías mineras de la América Latina en el siglo XIX, el mineral extraído fue destinado al mercado internacional, sin que incluso su conversión en moneda circulara en los mercados internos, puesto que también se exportaba o era de nuevo fundida en barras. En 1862, hasta su clausura en 1889, el establecimiento de la Casa de Moneda en Medellín, permitió la introducción de 4.031.990 gramos de oro por un valor de 2.360.973 pesos, y de 103.132.363 gramos de plata por un valor de 5.074.381

pesos (Botero 2007: 156). Importa saber no solo la procedencia de esos volúmenes entregados, sino también cuánto de esa moneda fue retenido en el espacio antioqueño y cuánto fue exportado, juntamente con las barras, o en barras. Las quejas de las autoridades financieras sobre la escasez de moneda no dejan al parecer ninguna duda sobre su destino y su poca relevancia en el dinamismo mercantil. Como contraste se puede señalar el rol del papel moneda, cuyas emisiones estuvieron a cargo de los bancos privados. En la década de 1880, bancos y casas bancarias pusieron en circulación 2.781.929 pesos en billetes (2007: 164), que no tenían curso forzoso, sino que eran una promesa de pago a la vista y al portador. En caso de que efectivamente hubiesen circulado, sería indispensable analizar el impacto que tuvieron en la economía regional en el corto tiempo en que lo hicieron, ya que el gobierno de Rafael Núñez prohibió continuar su emisión.

El oro siguió siendo hasta finales del siglo XIX el principal producto de las exportaciones colombianas y el motor efectivo del extraordinario dinamismo de la economía regional de Antioquia, pero al despuntar el nuevo siglo será sustituido por el café. No obstante, el análisis de su trayectoria escapa a los objetivos de este trabajo.

Tabla 9.4
Exportaciones de Colombia

Periodo	Café	Banano	Petróleo	Metales preciosos	Cuero	Otros
1874-1879	7	–	–	28	4	61
1905-1909	39	4	–	21	8	28
1910-1914	46	9	–	19	9	17
1915-1919	54	6	–	16	12	12
1920-1924	74	6	–	12	4	4
1925-1929	69	6	17	5	3	–
1930-1934	59	6	19	13	2	1
1935-1939	54	5	20	17	2	2
1940-1944	64	1	16	13	1	5
1945-1949	73	2	15	5	1	4
1950-1954	79	2	14	2	–	3
1955-1959	78	4	14	1	–	3

Fuente: McGrevey 1971: 207.

El recuento realizado hasta aquí buscó señalar los claros contrastes entre las diversas economías de exportación de los Andes en su respectivo entorno nacional. Sobre este andamiaje, un próximo estudio sobre las clases domésticas de cada país y su distinta articulación permitirá explicar las razones por las cuales el siglo XIX opera como una época de diferenciación nacional sobre una matriz andina donde por mucho tiempo primó la homogeneidad.

Las experiencias de Venezuela y Chile en el medio siglo transcurrido entre 1880 y 1930 no forman parte propiamente de las de los Andes centrales, o al menos no del todo. Venezuela, como se sabe, inicia su carrera como nación independiente luego de la disolución de la Gran Colombia en 1830, cuando las tensiones internas entre Caracas, Bogotá y Quito enterraron, esta vez desde el norte, el sueño bolivariano de una articulación parcial, por mínima que fuera, con el fin de contrarrestar la fragmentación del continente luego de la independencia de España. Ese fue el anticipo de lo que ocurriría seis años más tarde con la Confederación Peruana Boliviana bajo la égida de Andrés de Santa Cruz.

El inicio de Venezuela como país independiente coincide con el de su endeudamiento externo, una situación absolutamente inédita en la región, porque durante el conjunto del periodo colonial, Hispanoamérica fue sobre todo una exportadora neta de capitales hacia Europa y el resto del mundo para invertir esa situación después de la Independencia, con los correlatos bien conocidos de endeudamiento, cesación de pagos, crisis y bancarrota. Hasta 1830, en efecto, la Gran Colombia había acumulado, como producto de sus apremios en el financiamiento de la Independencia y de un creciente gasto público, una deuda de 7.260.000 de libras esterlinas, resultado de la suma de la deuda principal más los intereses acumulados. Al desmembrarse la Gran Colombia en 1830, esa deuda (en libras) fue asumida por las tres repúblicas en las siguientes proporciones: Nueva Granada el 50% del total (3.312.975); Venezuela el 28,5% (1.188.396); y Ecuador el 21,5% (1.424.579). Pero eso no fue todo.

En el periodo colonial, el principal producto de exportación había sido el cacao, cuyos productores, bajo el amparo de la metrópoli, tuvieron un acceso privilegiado a los mercados de España y de México. Pero las guerras por la Independencia alteraron de manera dramática esta situación, porque fue sobre todo en Venezuela donde estos conflictos destruyeron casi por completo los activos que sostuvieron esta economía. De esta manera, a partir de 1830, el soporte de su economía externa dependerá del café y, más tarde, del petróleo, cambiando de modo radical las bases de su economía. Pero no se trató solamente del reemplazo del cacao por el café, sino que ese cambio trajo aparejadas otras consecuencias no menos dramáticas. En primer lugar, como señala John V. Lombardi (1982), con el café Venezuela ingresó de lleno, al igual que los otros países de América Latina, al mercado internacional, situación nueva, por cierto, pero que también implicó enfrentar problemas inéditos: su vulnerabilidad ante las violentas fluctuaciones de los precios del café en el mercado internacional, y su subordinación a estos mercados y al mercado de capitales. No es que en el periodo colonial sus productores no estuvieran también expuestos a estos problemas, pero la contundencia de los mismos era ahora mucho más dramática, porque con el cacao los precios estaban relativamente protegidos por acuerdos entre la metrópoli y los productores, mientras que los créditos eran otorgados por la Iglesia con un interés promedio del 6% por año. Con el café, producto cuya maduración era menor que la del cacao, los créditos eran ahora otorgados por casas mercantiles europeas, con tasas de interés que eran del doble y con plazos de amortización mucho más breves. La situación era potencialmente óptima en coyunturas favorables, sobre todo para los productores ávidos de créditos fáciles y de mercados elásticos, pero en periodos de depresión de los precios, las altas tasas de interés, la reducción de las ventas y la obligación de pagar las obligaciones contraídas llevaron a la liquidación de estas empresas.

En todo caso, fue una breve coyuntura de precios favorables, hasta mediados de la década de 1930, la que explica el éxito económico y político de José Antonio Páez, uno de sus caudillos emblemáticos, en su primer gobierno entre 1830 y 1834. Sin embargo, con la crisis que se inicia a finales de esa década y que se prolonga en la siguiente, esta prosperidad dio paso a una inestabilidad expresada en los enfrentamientos regionales, cuya mayor manifestación fueron las guerras federales entre 1858 y 1863, una nueva inestabilidad política por lo menos hasta el ascenso del general Antonio Guzmán Blanco, quien gobernó Venezuela entre 1870 y 1888. No obstante, estas oscilaciones desfavorables no impidieron que el café fuera el producto dominante de la economía venezolana, como lo demuestra el gráfico 9.2.

Gráfico 9.2
EXPORTACIONES DE CAFÉ DE VENEZUELA, 1830-1920

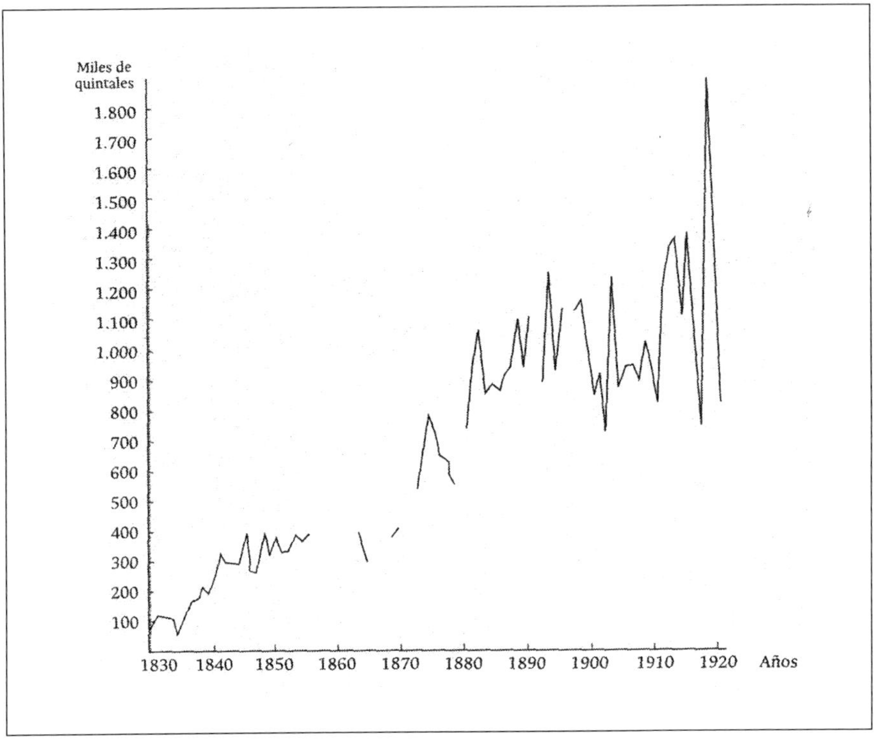

Fuente: Roseberry 1983: 73.

Hacia 1886, la población venezolana era de 2.198.320 habitantes, de los cuales 70.000 se encontraban en Caracas, 36.000 en Valencia, y 32.000 en Maracaibo (Morón 1994: 242).

Esta economía fundamentalmente agraria, sustentada en el café, permitió que la política de libre cambio se mantuviera hasta 1908, pero siempre expuesta a los vaivenes de los cambios de precio: el precio del kilo de café bajó de 1,65 bolívares en 1889 a 0,86 en 1908 (Morón 1994: 242). Fue esta apuesta por el café lo que hizo que las rentas de las aduanas se convirtieran en la principal fuente de los ingresos públicos.

Los inicios del siglo XX implicaron una brutal transformación de esta economía, dependiente hasta entonces —como se ha mencionado— del café y de la agricultura, y su sustitución por el petróleo, bajo la conducción de Juan Vicente Gómez (1908-1935). Entre 1926 y 1930 sus exportaciones representaban el 72% del total, alcanzando el 90% en 1940 (Roseberry 1983: 120).

La actividad petrolera empezó en 1878 con la Compañía Minera Petrolia del Táchira en el distrito Rubio, con quince barriles diarios refinados hacia fines del siglo, y sesenta barriles en 1912. Esta compañía venezolana fracasó, pese a las muy generosas concesiones que obtuvo del gobierno: un bolívar por hectárea, regalía de dos bolívares por tonelada métrica de producción bruta y 50% de derechos de importación de productos refinados (Morón 1994: 245). Pero la producción empezó en serio cuando en 1914 la Caribbean Petroleum Corporation (Shell) descubrió petróleo en Mene Grande, en el flanco oriental del lago Maracaibo. Mucho tiempo después, en 1992, la Standard Oil encontró en La Rosa, Zulia, el tercer yacimiento de petróleo más importante del mundo.

Como señala Roseberry, la primera etapa de la experiencia petrolera, que se extiende hasta 1945, fue un periodo de simple crecimiento, bajo un modelo típico de "enclave", con reducidos beneficios para el Estado, impuestos bajos y concesiones generosas a agentes nacionales que luego los trasladaban a las compañías extranjeras. Pese a ello, el impacto sobre el conjunto de la economía venezolana fue brutal, con el desarrollo de industrias y servicios complementarios, y provocó, además, que las casas comerciales perdieran sus funciones de intermediarias financieras. No obstante la depresión, los depósitos bancarios aumentaron de 17 a 127 millones de bolívares entre 1918 y 1936, y, a pesar de los impuestos bajos, los ingresos fiscales pasaron de 81.560.000 bolívares en 1920 a 210.258.000 en 1930 y a 713.704.000 en 1945 (Roseberry 1983: 120).

La experiencia de Chile en estas décadas de 1880 a 1930 muestra de manera mucho más clara las turbulencias asociadas con una economía que hizo del sector externo su sector líder. Durante el conjunto del periodo colonial, la capitanía de Chile había sido estrechamente dependiente del espacio peruano, al cual proveía con granos del valle central como consecuencia de los desastres que asolaron la agricultura de la costa peruana. Se trataba, además, de un espacio pequeño y bastante bien integrado, con un grado de estabilidad política muy diferente al de los otros países de la región, en gran parte derivado del régimen político impuesto por la Constitución de Diego Portales. Su clase propietaria, dividida entre el

Gráfico 9.3

EXPORTACIONES DE CAFÉ Y PETRÓLEO DE VENEZUELA, EN TÉRMINOS DE VALOR

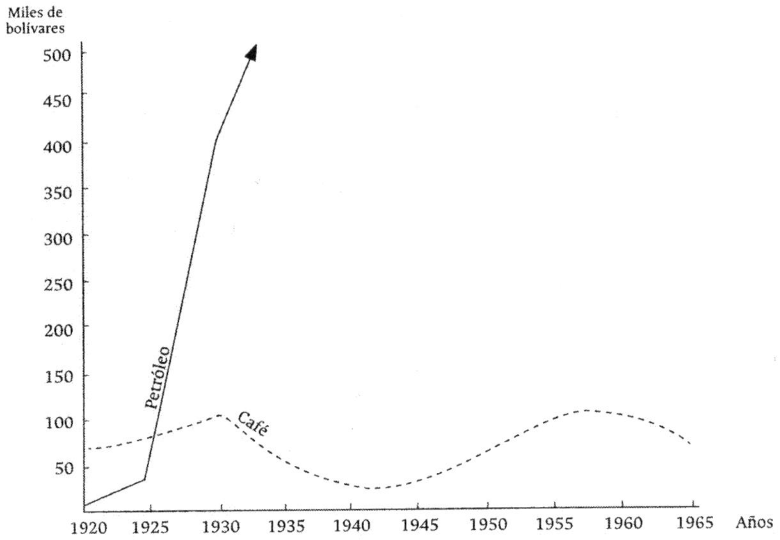

Fuente: Roseberry 1983: 122.

Partido Liberal (los "pipiolos") y el Partido Conservador (los "pelucones"), pudo no obstante dirimir sus diferencias porque estaba protegida de las amenazas de los sectores populares, ya sea por su distancia geográfica o por el hecho de que, como los "inquilinos", estuvo inmersa en el marco de relaciones de dependencia personal en las grandes haciendas.

Esta situación se alteró bruscamente con la Guerra del Pacífico, el conflicto que opuso militarmente a Chile contra el Perú y Bolivia, en respuesta a un impuesto retrospectivo de diez centavos por quintal gravado por el gobierno de Bolivia a las exportaciones de salitre realizadas desde el Atacama boliviano por empresas chilenas. El desenlace fue la pérdida de Atacama y de Tarapacá, un territorio de cerca de 180.000 kilómetros cuadrados que agrandó el espacio chileno con un tercio adicional. Estos nuevos espacios encerraban recursos mineros importantes, como el guano, la plata, el cobre y, por cierto, el salitre, que en adelante serán sucesivamente las bases de su economía de exportación, con yacimientos emblemáticos como El Teniente y Chuquicamata.

Hasta el inicio del conflicto, el guano había sido (sobre todo para el Perú) el principal recurso de exportación, como consecuencia de la necesidad de la agricultura europea, particularmente la inglesa, de elevar la productividad de su suelo ante las exigencias de una industrialización en pleno despliegue. Pero como resultado de una política errática de parte del Estado peruano, el guano enfrentó cada vez más la competencia de los fertilizantes sintéticos, obligando a Manuel Pardo, el presidente entre 1872 y 1876, a buscar alternativas para hacer frente a las dificultades del fisco. Las encontró en el salitre, para lo cual fue indispensable expropiar a sus propietarios las "oficinas" salitreras, de propiedad privada, mediante la compra a través de "vales" pagaderos en dos años. Esta fue la esencia de las leyes de 1873 y, sobre todo, de la ley de expropiación de 1875.

Ese fue el inicio de un cambio dramático en la economía chilena, que cerró la crisis que padecía desde 1874 y que alcanzó su mayor pico cuatro años después. Las rentas fiscales procedentes de la exportación del yodo y del salitre que representaban el 5,2% de los ingresos en 1880, ascendieron al 33,7% en 1885, y al 52% en 1890, para mantenerse en un promedio del 42% hasta 1920 (Ramírez Necochea 1972: 14). En términos físicos, la producción y las exportaciones crecieron de 451 a más de un millón de toneladas métricas entre 1886 y 1890, respectivamente (Loveman 1988: 179).

Pero el impacto del salitre no se limitó solamente al fortalecimiento del sector externo y a las finanzas, sino que afectó al conjunto de la economía chilena. En efecto, la emergencia de una pujante economía en el "norte grande" implicó, al igual que en Venezuela con el petróleo, la consolidación del capitalismo, pero cuyos efectos de arrastre tuvieron un radio más amplio que el desplegado por la cuenca de Maracaibo. La movilización de los trabajadores desde el sur (la población se duplicó entre 1885 y 1907) creó un mercado laboral cuya demanda de bienes de consumo articuló la producción de estos bienes para la satisfacción de esa demanda. De esta manera se produjo una articulación simbiótica y contradictoria con el resto del país, que fue motivo de una importante investigación adelantada por O'Brien (1982), que incluye los correlatos técnicos y financieros asociados con la extracción, tratamiento y exportación del "caliche", además de las redes de transporte y comunicación internas y externas.

Pero el reverso de esta boyante situación no fue menos impresionante. En efecto, como toda economía dependiente de la exportación de una materia prima, estuvo expuesta a las cambiantes oscilaciones del mercado, que en sus fases depresivas obligó a restringir la producción a través de "combinaciones" que, al no ser completamente efectivas, provocaron el despido de los trabajadores y el incremento del desempleo. Aún más: el financiamiento de la guerra por medio de una emisión inorgánica aumentó el nivel de los precios de consumo, una inflación que fue el detonante de la aparición en Chile de lo que Loveman apropiadamente llama la "cuestión social". Pero eso no fue todo. Al final, como se verá enseguida, la inclusión del salitre en la economía chilena resultó en una victoria pírrica, en un caso de desarrollo frustrado como lo califica Aníbal Pinto (1959), porque terminó alineando a Chile con el destino y las peripecias de las demás economías latinoamericanas.

En efecto, al término del conflicto de 1879, los antiguos propietarios del salitre solo tenían en su poder "vales" cuyo precio se devaluaba permanentemente, representando una pérdida de entre 80% y 90% de su valor nominal. Esto fue un acicate para el desarrollo de una fiebre especulativa en la que participaron agentes ingleses por medio de la compra de títulos depreciados que aseguraban la propiedad del salitre. La carrera del más célebre de ellos, John Thomas North, "el rey del nitrato", ha sido ejemplarmente analizada por Harold Blakemore (1974). Fue North, paradójicamente con el apoyo de la banca y del capital nacionales, quien pudo financiar la compra de estos recursos y colocarlos bajo el dominio completo del capital británico. La oposición infructuosa a este proceso desplegada por el presidente José Manuel Balmaceda (1886-1891) terminó trágicamente con su muerte al final de su mandato, signo premonitorio de nuevos tiempos con idénticos desenlaces.

Pero Chile no fue solo salitre. La Primera Guerra Mundial y la emergencia de una nueva etapa en la industrialización de las economías centrales implicaron varios cambios en la economía chilena: el desplazamiento de Inglaterra por los Estados Unidos como el principal mercado para sus productos y como fuente para los capitales que requería, y el desplazamiento del salitre por el cobre como rubro principal de sus exportaciones, consolidándose el control casi absoluto del capital extranjero, esta vez norteamericano, sobre su economía. Loveman (1988: 213) reporta que el capital norteamericano controlaba el 87% del valor total de la producción, que pasó de 31,4 a 132,8 millones de pesos durante la Guerra, con la volatilidad de siempre, cuyo grado más extremo se dio en el marco de la gran crisis de 1929 con la caída de las exportaciones de petróleo y de salitre de más de 200 millones de pesos a 18,1 millón en 1932, y con el despido de miles de trabajadores (Loveman 1988: 224).

Consideraciones finales

La experiencia de esta media docena de países, de sur a norte, es decir, de Venezuela, Colombia, Ecuador, Perú, Bolivia y Chile en la media centuria que va de 1880 a 1930, con un sector anclado en la extracción o en la producción de bienes como el cacao, el café, el petróleo, el banano, el cobre, la plata o el salitre, fue la consolidación de su añeja costumbre de basar su prosperidad en la explotación de una renta natural. Fue un ejemplo pertinente de la "lotería de bienes" de la que hablaba Victor Bulmer-Thomas como mecanismo de su dinamismo. Los resultados, por lo menos en el corto plazo, fueron espectaculares en cuanto al aumento de sus divisas, dinamismo de sus economías externas y opulencia de sus finanzas, como también en su capacidad de arrastrar tras de sí el dinamismo de las economías tradicionales de cada país. La debilidad radicó en que esta prosperidad dependió de un factor que escapaba completamente al control de sus gobiernos o de las clases propietarias vinculadas a ese crecimiento: la demanda internacional de este tipo de bienes, que por definición era totalmente volátil. La crítica a este modelo inspiró a lo mejor del pensamiento económico de la región: Raúl Prebisch y la Comisión Económica para la América Latina (Cepal) radicada en Santiago de Chile.

El desenlace hubiera sido distinto si los diferentes gobiernos hubieran podido elaborar políticas conducentes a establecer mecanismos que pudieran trasmitir con eficacia estos retornos al conjunto del país, o de haberse creado paralelamente políticas que atenuaran las consecuencias negativas de esa demanda cambiante, por medio de una diversificación productiva y una expansión de los mercados internos. No se hizo, y la hecatombe fue el estallido de la crisis de 1929 que pulverizó lo avanzado. No se entendió así; y más bien, la alternativa de una política basada en la industrialización por sustitución de importaciones agravó la fragilidad interna. De las cenizas de esa política emergió como panacea la política en curso de un nuevo liberalismo, es decir, la reiteración de los fracasos anteriores en el marco de un nuevo contexto. Lecciones no aprendidas colocan a las experiencias de esta región frente a nuevas incertidumbres, más allá del espejismo de los espectaculares crecimientos de sus sectores externos, que derivan de las exigencias por bienes de las nuevas potencias internacionales. El desenlace final sigue siendo una interrogante, aunque las experiencias acumuladas permiten imaginarlo con solvencia.

10

La migración internacional de los capitales: la inflexión de la Independencia y la experiencia de los países andinos

Varios países de la región andina se aprestan a celebrar el bicentenario de su Independencia de la dominación impuesta por la metrópoli española a lo largo de tres largas centurias. Por bicentenario debe entenderse la constitución de las primeras juntas de gobierno, las que a imagen y semejanza de lo ocurrido en la Península, trataron de llenar el vacío político provocado por la destitución y prisión de Fernando VII, el monarca español, por parte de Napoleón Bonaparte y de su ejército. De acuerdo con la doctrina neotomista, que era el fundamento del orden político de entonces, de ocurrir el descoyuntamiento del príncipe, la soberanía era asumida por el pueblo, en nombre del rey y hasta que este ocupase de nuevo el poder. Así se inició en España un intenso proceso cuyas aristas más significativas fueron el establecimiento de la Junta Central de Sevilla, la Regencia, la convocatoria de las Cortes, la promulgación de la Constitución de 1812, el retorno de Fernando VII al poder en 1814, la revocatoria de la Carta constitucional y la rebelión del coronel Riego en 1820, y la nueva promulgación de la Carta abrogada en 1814.

En las colonias hispanoamericanas ocurrió un proceso similar con la instalación de las juntas en Quito, Charcas, La Paz, Buenos Aires y Caracas. De manera significativa, estas no se establecieron en el Perú, en parte por el terror que produjo en los criollos el levantamiento de Túpac Amaru en 1780, y en parte por la presencia del virrey Fernando de Abascal, el marqués de la Concordia, un eficaz garante del orden colonial, capaz de suprimir la sedición que se produjo en el entorno. Esas juntas fueron efímeras hasta la victoria final de Ayacucho en 1824, lo que no impide que en la memoria colectiva de estos pueblos se las celebre como el primer gesto en la búsqueda de un destino político diferente. Que buscaran la independencia o la autonomía es un asunto abierto a la discusión académica en curso.

Pero más allá de esta polémica necesaria, es evidente que las juntas y la independencia definitiva de España que las siguió constituyen un punto de inflexión importante por lo menos en dos dimensiones: la primera fue el flujo de los capitales internacionales, y la segunda, la política económica seguida por las nuevas repúblicas en relación con el comercio internacional. Este capítulo se limita a examinar el impacto de la Independencia en los flujos de capital, tanto en el corto como en el mediano plazo, colocando la experiencia del Perú en un contexto más amplio, el de la región andina, por razones de claridad y de contexto.

El impacto de la Independencia

Hasta fines del siglo XVIII, Hispanoamérica fue una exportadora neta de capitales con destino a Europa, a través de España. Sin embargo, después de la Independencia, la región se convirtió en una importadora de los mismos, con las consecuencias conocidas de endeudamiento, cesación de pagos y bancarrotas. Ese es un proceso —como bien sabe todo lector atento— que continúa hasta las turbulencias financieras del presente. Esto no significa que durante la Colonia las cajas reales no experimentaran déficits, en el sentido de que sus recaudos no siempre fueron suficientes para cubrir sus gastos, en especial cuando tenían que financiar la supresión de disidencias. Sin embargo, esos desequilibrios se arreglaban por medio de transferencias internas, de las cajas más fuertes a las más débiles, o a través de *situados*, como lo ilustra el sostenimiento de las murallas de Cartagena, la verdadera bisagra entre el nuevo y el viejo mundo.

Como lo señala Carlos Marichal en su importante libro *La bancarrota del virreinato: Nueva España y las finanzas del Imperio español, 1780-1810* (1999), estas desmedidas exigencias de la metrópoli fueron las que terminaron produciendo el quiebre de la caja real más importante que España tenía en América, de manera que preparan su fragilidad incluso antes de que irrumpiera la rebelión de 1810. Si eso ocurrió con la caja y el virreinato más opulento, puede deducirse lo que experimentaban las cajas y los virreinatos menos favorecidos. En el caso de la Nueva Granada, los informes sucesivos de los virreyes en sus *relaciones de mando* traducen su incapacidad de enviar excedentes a España por sus necesidades domésticas. Solo el virrey Ezpeleta, en 1796, declara poder remitir "algún sobrante" a España.

Estas dificultades se agravaron con las guerras de la Independencia por razones totalmente obvias: los enfrentamientos destruyeron los activos de minas y haciendas, los soldados enfrentados en uno y otro bando eran trabajadores de haciendas (colonos o esclavos), los animales de carga fueron destinados a otros servicios, el financiamiento de las tropas se hizo por medio de confiscaciones y embargos que erosionaron de manera significativa el desarrollo económico de las naciones. Por ello, los viajeros europeos que visitaron el continente luego de la Independencia recurrieron a una metáfora muy precisa para describir su situación: al igual que a la Venus de Milo, decían, faltaban aquí dos brazos: mano de obra y capitales.

Por consiguiente, luego de la Independencia, estas jóvenes repúblicas nacieron con déficits impresionantes, como consecuencia de escasos o nulos recaudos, dada la contracción de sus economías hasta la segunda mitad del siglo XIX, y de los gastos excesivos derivados de la guerra, no solo contra España sino también contra los demás países que surgieron de la disolución del pacto colonial. En este contexto, el único recurso fue Inglaterra, con la capacidad financiera para atender, bajo la forma de préstamos, los requerimientos urgentes de la América Latina; tan boyante era su situación, que los ahorristas ingleses estuvieron incluso dispuestos a financiar países inexistentes, como lo demuestra la experiencia del préstamo de 200.000 libras esterlinas otorgado a Poyais y a su "príncipe" McGregor.

Así, en 1822 se realizaron cuatro emisiones por un valor nominal de 3.650.000 libras esterlinas, seguidas de otras diez entre 1824 y 1825 por 17.470.000 libras esterlinas. De este total, que representaba 21.129.000 libras esterlinas, el préstamo otorgado a México por 7 millones fue el más grande, viniendo luego los préstamos a la Gran Colombia (6.750.000), Brasil (3.200.000), Perú (1.816.000), la provincia de Buenos Aires (1.000.000) y las provincias unidas de Centroamérica (163.000). Por cierto, estos préstamos no fueron la única modalidad asumida por la migración del capital inglés, porque también se produjeron inversiones directas, sobre todo para reactivar los centros mineros de Hispanoamérica, las que entre 1824 y 1825 alcanzaron un total de 24.190.000 libras esterlinas. Pero estas inversiones fueron un fiasco y produjeron, más bien, la primera gran crisis financiera de 1825 y la renuencia a continuar con este tipo de colocaciones por lo menos hasta los inicios del último tercio del siglo XIX. Los tiempos eran otros: más que la inexistencia de vetas importantes, lo importante es que ya no se contaba con el mecanismo casi gratuito de asignación y retención de la mano de obra que era la vieja *mita* minera.

Todas estas operaciones de préstamos fueron un desastre, tanto para los *bondholders* ingleses como para los países que los solicitaron. Quienes ganaron fueron los especuladores de la bolsa y los agentes de gobierno. Los primeros a través de la manipulación de las tasas de interés, la brecha entre el precio nominal y real de los títulos, la intervención en los fondos de amortización, y las arbitrarias comisiones recibidas en cada operación de préstamo. Los segundos, por el uso indebido y sin control de las sumas obtenidas, o por la asignación de esos recursos con fines distintos a los fijados inicialmente. Como no existían en ese momento ni el FMI ni el Banco Mundial para imponer una mínima disciplina en estas operaciones, y como los ahorristas no tenían todavía la capacidad política para obtener un respaldo decisivo del gobierno inglés en sus reclamos, estos préstamos tuvieron que esperar tiempos mejores para su redención, con el agravante, para las finanzas de las nuevas repúblicas, de que, cuando la "conversión y consolidación de la deuda externa" finalmente se realizaba, los intereses devengados eran por lo menos el triple del valor de la deuda principal. Las emisiones posteriores eran, así, operaciones para el pago y retiro de los títulos en circulación, única garantía de éxito para la nueva operación financiera. Pero la deuda anterior implicaba necesariamente que una parte sustancial de los recursos del Estado se destinara a honrar estas obligaciones, desatendiendo, por tanto, las necesidades domésticas más imperiosas. La trayectoria del Perú, desde 1822 hasta 1876, ejemplifica en su grado más extremo las peripecias y las dramáticas consecuencias de este proceso, que paradójicamente aparece con el amanecer de la libertad.

La deuda externa en la región andina

La experiencia de Ecuador, Perú y Bolivia con la deuda externa antes de la Primera Guerra Mundial es relativamente marginal en el conjunto de América Latina, razón por la cual las "lecciones" que se puedan obtener no son generalizables. En efecto, en la década de 1870, cuando el flujo de capitales británicos hacia la región alcanzó su mayor intensidad, los países de la región andina absorbieron solamente un 21% del total colocado en América Latina, e incluso en ese porcentaje fue el Perú el que tuvo una mayor participación, puesto que ni Bolivia ni el Ecuador, por razones que se discutirán más adelante, atrajeron de manera significativa el interés de los inversionistas extranjeros. Pese a esa relativa marginalidad, la experiencia de esos países puede ilustrar importantes cuestiones relacionadas con el impacto del endeudamiento externo sobre las economías domésticas, así como las soluciones alcanzadas en los esfuerzos por disminuir el peso de estas obligaciones. Por ello, este capítulo busca examinar la relación entre deuda externa y desempeño de las economías, por una parte, y discutir, por otra, las políticas económicas destinadas a resolver la cuestión de la deuda externa, así como sus consecuencias.

Aunque los especialistas ya lo saben, no es inútil precisar que, para el conjunto del siglo XIX, la fuente principal de los capitales que migraron a América Latina fue Inglaterra, y que esa colocación revistió fundamentalmente la forma de préstamos tanto a los gobiernos centrales como a organismos locales de poder dotados de representatividad y solvencia. Tales préstamos se gestaron a través de la venta pública de bonos y títulos, proceso en el cual los ahorristas extranjeros, los enviados por los gobiernos latinoamericanos y los brókers encargados de la venta y cotización de los títulos se convirtieron en los actores principales.

Por consiguiente —y en claro contraste con la experiencia contemporánea—, la banca privada extranjera no tuvo, por lo menos en los países cuya experiencia se discute, el papel relevante de hoy.[1]

La experiencia peruana

La experiencia del Perú con la deuda externa es prácticamente paralela a su emergencia como república independiente. En efecto, hasta el eclipse del sistema colonial, el Perú había sido exportador neto de capitales, para convertirse en receptor neto de los mismos un año después de dejar de ser colonia de España. Por consiguiente, nace como república virtualmente endeudado y culmina el siglo XIX firmando, en 1890, el llamado Contrato Grace, por el cual la cuantiosa deuda acumulada a lo largo del siglo se extinguía mediante la cesión a los tenedores de bonos de la deuda peruana —convertidos ahora en accionistas de la empresa británica The Peruvian Corporation— de una parte importante del patrimonio peruano. ¿Qué permitió esa extraordinaria carrera de endeudamiento? ¿Cuál fue el nexo entre endeudamiento y desempeño de la economía? ¿Qué resultados tuvo la modalidad peruana de resolver el endeudamiento? Estas son las tres cuestiones que se discuten a continuación.

Para comenzar, la tabla 10.1 presenta la relación de los préstamos obtenidos por el Perú durante el siglo XIX.

En la relación anterior conviene separar, por razones de análisis, los préstamos iniciales de 1822 y 1824 de todo el resto. El contrato para el empréstito de 1822 fue suscrito por Thomas Kinder, un comerciante británico; su monto fue destinado al financiamiento del gasto corriente, y los bonos fueron garantizados con "todos los ingresos del Estado", especialmente aquellos provenientes de la acuñación y las aduanas. Los fondos para la amortización del primer año fueron asegurados y se fijó un límite en los futuros empréstitos hasta que el primero fuera pagado (Palacios 1983: 13-14). El empréstito de 1824 no tuvo el éxito del primero. Si bien sirvió para pagar dos años de intereses del primer

1. Para una discusión sobre las estrategias cambiantes en la colocación de los capitales extranjeros, véase Stallings 1986.

Tabla 10.1
Empréstitos peruanos, siglo XIX

Año	Valor nominal (£)	Tasa de interés (%)	Precio de emisión
1822	1.200.000	6,0	82/88
1824	616.000	6,0	78,0
1849	3.736.000	3,0	54/105
1853	2.600.000	4,5	85,0
1862	5.500.000	4,5	95,0
1865	10.000.000	5,0	83,5
1866	5.000.000	7,0	83,5
1869	291.000	5,0	71,0
1870	11.920.000	6,0	82,5
1872	36.800.000	5,0	77,5

Fuente: Bonilla 1984: 146-149.

empréstito y un año del segundo, el Perú recibió solo un 25% del monto nominal emitido y tuvo que entrar en un cese virtual de pagos ante la imposibilidad de reunir los recursos necesarios, dado el estancamiento de su economía.

El Perú, al igual que muchos otros países de América Latina, tuvo que acudir al crédito externo para financiar sus gastos corrientes y poder mantener la precaria independencia ganada. Pero esos primeros intentos se frustraron rápidamente, tanto por la insolvencia de los países de la región como por el rechazo de Londres a seguir atendiendo nuevos pedidos de préstamos. Hasta la década de 1840, por consiguiente, las rentas de las aduanas y, sobre todo, el prontamente repuesto tributo indígena colonial serán prácticamente los únicos soportes del gasto público.

A comienzos de la década de 1840, el Perú inicia el restablecimiento del sector externo de su economía mediante la exportación del guano de las islas, producto fundamentalmente utilizado para mejorar la productividad agrícola de Inglaterra. Hasta finales de la década de 1870, cerca de diez millones de toneladas de guano fueron exportadas. Su venta generaba una importante renta monetaria controlada directamente por el Estado peruano, dado que él era el propietario de las islas guaneras. Las implicancias del desarrollo de esta peculiar economía de exportación para el conjunto de la economía peruana han sido en los últimos años motivo de un importante debate académico y no es este el lugar para reproducirlo.[2] Pero sobre el problema del endeudamiento externo del Perú, importa señalar que la renta guanera generó una bonanza financiera que hacía prescindibles aportes como los tributos de la población indígena, al mismo tiempo que permitía que el Estado tuviera en su poder un recurso importante que no tardó en ofrecer como hipoteca de cada uno de los empréstitos obtenidos entre 1849 y 1872.

Las consecuencias de esta estrategia fueron importantes para el conjunto de la economía peruana. El Estado, como se acaba de señalar, pudo emprender una vertiginosa política de endeudamiento porque contaba con el guano como respaldo. Pero, a su vez, las rentas generadas por la venta del guano, que habían pasado a tener un papel importante en el financiamiento del gasto público, al ser utilizadas en un 50% en el pago directo del servicio de la deuda externa, terminaron generando déficits fiscales cada vez mayores, que fueron, finalmente, la justificación para empréstitos adicionales. Esos empréstitos eran en realidad operaciones de conversión y consolidación de la deuda externa, para utilizar el lenguaje de la época, es decir, préstamos nuevos para refinanciar la deuda existente.

Cuando ya era evidente la importancia de la nueva renta guanera en las finanzas del país, se renovaron las presiones internas y externas para que se reanudara el pago del principal de los empréstitos de 1822 y 1824, además de los intereses devengados durante todos los años de cese de esos pagos. Para ese fin, el gobierno tuvo que emitir en 1849 nuevos bonos por un valor de 3.736.000 libras esterlinas y convertir los existentes en nuevas obligaciones. Esta operación, asociada con el éxito de la venta del guano, permitió el restablecimiento y la popularidad de los títulos de la deuda externa del Perú y, por consiguiente, su capacidad de conseguir nuevos préstamos, al extremo de que entre 1850 y 1875 obtuvo el 36,7% de los 140.887.000 de libras esterlinas a que ascendía el monto global del valor nominal de los empréstitos extranjeros a los gobiernos latinoamericanos durante esos años (Marichal 1988: 113).

---

2. Para un balance de las diferentes perspectivas, véase Bonilla 1984.

Sin embargo esos créditos sucesivos, en lugar de preparar las bases para el crecimiento de la economía peruana, terminaron paradójicamente por hacerla más vulnerable. En efecto, los bonos emitidos entre 1853 y 1865 totalizaron un valor nominal de cerca de 18 millones de libras esterlinas, que fueron utilizadas fundamentalmente para repagos, y el saldo para financiar el déficit fiscal (Stallings 1985: 64). Pero la verdadera vorágine empezó en 1868, cuando José Balta, el presidente electo, decidió lanzar bonos de la deuda externa por un total de 49 millones de libras esterlinas, destinados en su mayor parte a financiar un ambicioso programa de construcción ferroviaria para articular las principales regiones productoras de materias primas con los más importantes puertos de exportación, pero también, como en la década anterior, a seguir refinanciando préstamos pasados. De un monto de 36.800.000 libras esterlinas a que ascendía el préstamo de 1872, nada menos que 21.800.000 se utilizaron para retirar los bonos de los empréstitos de 1865, 1866 y 1870 (Bonilla 1984: 149).

La expansión de la deuda externa no solo evaporó las rentas generadas por el guano, sino que en la década de 1870, al absorber su pago el 42,3% de los ingresos fiscales, terminó por colocar las finanzas públicas del país en un grado de dependencia extremo frente a los créditos externos. Y esto cuando el clima financiero de ese momento no era más el de euforia de las décadas pasadas. En efecto, en 1872, cuando el presidente José Pardo se vio obligado a lanzar la totalidad del empréstito de ese año, solo 230.000 libras esterlinas en bonos fueron compradas a su precio de lanzamiento, iniciándose un derrumbe irreversible que llevará los precios de esos títulos por debajo de 30 hacia 1876, como un preludio de la segunda y definitiva cesación de pagos del Perú durante el siglo XIX (Bonilla, ed., 1986: 167-184). Sin embargo, esta vez la crisis peruana estallaba en un contexto internacional de profunda depresión, situación que fijaba límites muy estrictos a toda posibilidad de recuperación.

En el Perú de 1876, todos los elementos estaban así reunidos para constituir el escenario de una inmensa debacle, un final seguramente no previsto cuando las primeras exitosas exportaciones del fertilizante alimentaron la sensación de una bonanza perdurable. Además de la nueva bancarrota financiera del país, en efecto, el nivel anual de venta del guano había caído drásticamente por su creciente impureza y por la competencia de los fertilizantes sintéticos. Esta situación provocó que Auguste Dreyfus, comerciante y banquero del Perú, renunciara a seguir vendiendo guano y a continuar pagando la deuda externa, y todo esto cuando la creciente impopularidad de los títulos extranjeros de la deuda externa, asociada con la desconfianza de los inversores europeos en la solvencia de muchos países latinoamericanos, virtualmente cancelaba para el Perú toda posibilidad de salir de esta nueva crisis recurriendo a los métodos tradicionales. En este preciso contexto, la derrota militar de 1879 y la prolongada ocupación del territorio por el ejército chileno no son sino el lógico desenlace de una política caracterizada por el derroche y la imprevisión (Bonilla 1978: 92-118).

Pero imputar a la deuda externa la responsabilidad de la crisis y la catástrofe financiera del Perú en 1876 no es, por cierto, completamente correcto. Sin duda, el gobierno peruano y muchos *bondholders* fueron víctimas de inescrupulosos correntistas, quienes encontraron en el negocio de la especulación con estos títulos una fuente segura de beneficios. Sin embargo, esto es solo una parte de la historia. La otra tiene que ver con las dificultades inherentes a una economía sustentada en la exportación de un recurso tan sui géneris como fue el guano de las islas, con las decisiones de política tomadas con relación al uso de la renta guanera y con la ilusión de creer que los ferrocarriles por sí solos eran los portadores del progreso material y moral del país. Los fáciles recursos obtenidos por medio de una eficiente estrategia de endeudamiento no hicieron sino agravar una situación cuya dificultad central era la ausencia de una política económica alternativa.

Sin embargo, la crisis que atraviesa el Perú durante gran parte de la década de 1870, pese a toda su gravedad, fue fundamentalmente financiera y afectó al Estado sobre todo por el lado de sus ingresos, porque, en claro contraste con su bancarrota financiera, los productos tradicionales de exportación experimentaron un crecimiento muy dinámico. En el caso de la plata, por ejemplo, su producción pasa de 1.395.936 onzas en 1874, a 1.427.592 onzas en 1877; mientras que la producción del azúcar se expande de 4500 toneladas en 1871 a 63.370 tonelada en 1877; y la del algodón, de 876.500 libras en 1856 a 9.949.200 libras en 1873 (Bonilla, ed., 1986: 176). Todo hace pensar, por consiguiente, que de no haber estallado la guerra contra Chile en 1879, el crecimiento continuado del sector de exportación de la economía peruana hubiera tal vez posibilitado la recuperación de los ingresos fiscales y la disminución del déficit fiscal. Pero esa anomalía de un sistema financiero en pleno caos en un contexto de expansión creciente del producto, ciertamente pudo darse solo como resultado de la desintegración espacial y económica del país, y, en ese sentido preciso, constituye una experiencia irrepetible.

Desde la nueva cesación de pagos declarada por el gobierno peruano en 1876 hasta el estallido de la Primera Guerra Mundial, los acontecimientos más importantes con relación a la deuda externa fueron los siguientes: la constitución del Council of Peruvian Bondholders en 1876, como un grupo de presión para proteger los intereses de los tenedores de bonos; el estallido de una prolongada guerra entre el Perú y Chile, entre 1879 y 1884; la firma del Contrato Grace en octubre de 1889 para liquidar la deuda externa del Perú a cambio de la cesión de una parte importante del patrimonio peruano; y, finalmente, la creación de la Peruvian Corporation, a través de la conversión de bonos de deuda externa en acciones, como la empresa que administraría la gestión de los recursos transferidos a los *bondholders* a través del Contrato Grace.

Este es un resumen muy apretado de un proceso mucho más complejo detallado en otra publicación (Bonilla 1977: 1-35), pero que fundamentalmente presenta el desenlace de la experiencia del Perú con la deuda externa, desde su Independencia hasta los inicios de la Primera Guerra Mundial. Evaporadas las rentas del guano, destruida parte de su economía y amputado su territorio durante el conflicto con Chile, las renovadas y esta vez efectivas presiones de los acreedores externos para encontrar una solución definitiva a la deuda pendiente, solo podían resolverse, dada la precariedad de la economía peruana, mediante la entrega de una porción de sus recursos, de los cuales la cesión de los ferrocarriles a la Peruvian Corporation constituía la concesión más importante. El arreglo de esa deuda externa, por otra parte, era igualmente importante en los esfuerzos de seguir atrayendo capitales extranjeros para financiar el restablecimiento de la economía de exportación, aunque esta vez estos procederían masivamente de Estados Unidos y, por lo menos hasta la segunda mitad de 1920, ya no más como préstamos, sino bajo la forma de inversiones directas en la extracción de materias primas de alta rentabilidad.

De ese modo, la larga y complicada vinculación de los tenedores de la deuda externa con el gobierno peruano llegaba a un final satisfactorio para aquellos. Porque si bien la gestión de esos recursos no estuvo exenta de otros problemas, por lo menos el control de los ferrocarriles, que desempeñaron un papel estratégico en la expansión de la economía de exportación en los tres primeros decenios del siglo XX, fue una importante fuente de renta para los nuevos propietarios. La deuda externa, por otra parte, no reaparece de manera significativa sino en el segundo tramo del gobierno de Leguía, a partir de 1924, para financiar un importante programa de obras públicas y el déficit fiscal. Antes de que ese azaroso nuevo ciclo de endeudamiento se reanudase en la década de 1920, con un desenlace en 1930 no demasiado diferente al de 1876, las únicas deudas contraídas por el Perú fueron las suscritas en 1906 con banqueros alemanes por 600.000 libras esterlinas y en 1909 con banqueros franceses por 1.200.000 libras esterlinas.

La experiencia ecuatoriana

Ecuador surge como república independiente en 1830 como consecuencia de la ruptura de la Gran Colombia. Durante el periodo colonial, fue una periferia del virreinato peruano cuya economía estuvo fundamentalmente basada en la producción de textiles en los obrajes ubicados a lo largo del callejón andino de Quito, para satisfacer la demanda de los diversos mercados peruanos. Pero este tipo de empresas no pudo resistir la apertura de la economía ecuatoriana al implantarse políticas de libre cambio desde las postrimerías del periodo colonial, y eso generó como consecuencia la quiebra de los obrajes y el desplazamiento de la mano de obra indígena hacia la costa de Guayaquil. De esa manera, empezaron a prepararse las bases del espectacular crecimiento de su economía de exportación, sustentado en la producción para exportar cacao, con el fin de satisfacer una demanda internacional nacida de los cambiantes patrones de consumo.

El cacao, por lo mismo, fue para el Ecuador lo que el guano había sido para el Perú, producto que el último tercio del siglo XIX y las dos primeras décadas del siglo XX tuvo las etapas de su mayor crecimiento. Aquí también, por consiguiente, se diseña fundamentalmente una economía monoexportadora, puesto que las exportaciones cacaoteras llegaron a representar las dos terceras partes del total de las exportaciones ecuatorianas, y su dinamismo hizo, como en el Perú, que los indígenas fueran dispensados en 1857 de seguir pagando el tributo.

Sin embargo, en contraste con el guano, los eslabonamientos generados por el cacao en el Ecuador fueron mucho más significativos y profundos. Si bien las unidades de producción eran vastas plantaciones de propiedad privada, sujetas a claras relaciones de producción precapitalistas, la circulación de la renta cacaotera terminó estableciendo una extensa red comercial, financiera e incluso industrial en la ciudad de Guayaquil, en la que, además, la presencia del capital nacional fue decisiva.[3]

Por consiguiente, estamos ante una economía dinámica con nula presencia del capital extranjero en la estructura productiva. Pero, igualmente, la deuda externa ecuatoriana o, dicho de otro modo, los préstamos extranjeros al Estado ecuatoriano, fue insignificante, como consecuencia de los reiterados fracasos en las gestiones para que pagara la cuota de la deuda de la Gran Colombia que le correspondía al separarse y convertirse en 1830 en un Estado independiente.

Esta peculiar historia empieza en 1838, cuando el Ecuador asume el 21,5% (1.425.579 libras esterlinas) de la deuda de la Gran Colombia (Terán 1981: 63-269). Pero hasta 1850 no se había pagado nada. En ese año, el Ecuador empieza a renegociar su deuda y accede a emitir, en septiembre de 1855, bonos por un valor de 1.824.000 libras esterlinas con el fin de redimir el principal de la deuda original y bonos por un valor de 399.421 libras esterlinas en pago de los intereses devengados. Esos bonos ecuatorianos de la deuda extranjera consolidada ganarían un interés anual del 1%, siempre que las rentas de las aduanas de Guayaquil fueran de menos de 400.000 pesos por año (80.000 libras esterlinas). En caso contrario, se incrementarían proporcionalmente hasta un máximo de 6%, mientras que su servicio sería asegurado con un cuarto de las rentas de las aduanas de Guayaquil. Sin embargo, los nuevos bonos no pagaron

3. Sobre la experiencia ecuatoriana con el cacao puede consultarse Chiriboga 1980, Guerrero 1981 y Weinman 1970.

la totalidad de los intereses devengados. Una parte fue pagada con la entrega de títulos de la deuda peruana por los *bondholders*, y el saldo debía ser amortizado mediante la entrega de tierras a los acreedores en Esmeraldas y el Oriente, para lo cual se hizo una emisión especial.[4] A los tenedores se les dio un plazo de veintiún años para ejercer su opción por la tierra, vencido el cual los bonos serían cancelados. Linda Rodríguez (1981) señala que el Ecuador realizó pocos pagos entre 1855 y 1891 en función de este acuerdo, cuyo contenido, más bien, fue la fuente de renovados ataques al gobierno y, por lo mismo, de nuevas excusas para no pagar (1981: 111-112).

Un destino similar tuvieron los nuevos arreglos de 1890 y 1895, hasta que en marzo de 1896 el gobierno de Eloy Alfaro ordena la suspensión de todo pago (Rodríguez 1981: 113-114). Pero la necesidad de articular la sierra con la costa a través de una vía ferroviaria que vinculara a Quito con Guayaquil terminó obligando al gobierno liberal de Alfaro a negociar una vez más la deuda externa. El acuerdo de 1897 establecía que los antiguos bonos consolidados de un valor de 100 libras esterlinas serían canjeados por bonos de 36 libras esterlinas, en la nueva emisión del *First Mortgage Bonds of the Guayaquil and Quito Railway*, reduciéndose de esta manera en un 70% el valor de la deuda externa (242.606 libras esterlinas). Para este fin, entre 1899 y mayo de 1906 se emitieron series especiales del *First Mortgage Bonds* por un valor de 12.282.000 dólares, con 6% de interés y una tasa de redención del 1% por año. Tales bonos, además, contaron con la garantía del mencionado ferrocarril y del gobierno ecuatoriano.

El pago de estos nuevos bonos, sin embargo, no siempre fue puntual, y se interrumpió en 1906 y 1907. Ello condujo a un nuevo acuerdo en 1908, por el cual los *railway bondholders* aceptaron la emisión de nuevos bonos por un valor de 2.309.016 sucres como pago de los intereses atrasados. Los *bondholders* también renunciaron al pago de los intereses de julio de 1907 a cambio de nuevos certificados. Ambas emisiones fueron garantizadas con el monopolio de la sal. Por otra parte, los tenedores del

4. Para un tratamiento moderno de las finanzas ecuatorianas en el siglo pasado, véase Rodríguez 1981 (hay una traducción al castellano).

First Mortgage Bonds aceptaron la reducción de los intereses de sus títulos de 6% a 5% y la emisión de *Prior Lien Bonds* por 2.486.000 dólares, con una tasa de 6% de interés y 2,5% de redención. Pero este nuevo acuerdo, según el estudio de Linda Rodríguez, tampoco se cumplió. Hasta el final del periodo liberal, en 1925, se habían pagado los intereses del *First Mortgage Bonds* solo durante seis semestres (1981: 154-168).

Además de la deuda representada por el *First Mortgage Bonds*, la cual constituía el 95% del total, el último préstamo externo obtenido por el gobierno ecuatoriano antes de la Primera Guerra Mundial fue el contraído con Speyer and Company por un millón y medio de dólares, para comprar armamentos y hacer frente a una situación de emergencia con el Perú (1981: 171).

La experiencia boliviana

Como se señaló antes, Bolivia emerge como república independiente en 1825, como resultado de un peculiar nacionalismo cuyo sustento fue la rivalidad y la sospecha frente a las naciones vecinas, más que un directo enfrentamiento con la metrópoli española. Después de varias décadas de estancamiento del sector externo de su economía, el retorno de la economía boliviana al mercado internacional empieza a gestarse en la década de 1860, a través de la exportación de guano y salitre, para alcanzar su mayor esplendor en las tres últimas décadas del siglo XIX, cuando Bolivia se convierte de nuevo en uno de los mayores productores de plata del mundo (Mitre 1981). Su éxito con este metal precioso fue el resultado de una temprana colocación de capitales chileno-británicos bajo la forma de inversiones directas, así como de una eficiente articulación de estos sectores mineros con el entorno campesino.[5]

La nula relevancia de la economía de exportación boliviana durante la primera mitad del siglo XIX, así como las dificultades durante el siguiente medio siglo,[6] explican por qué Bolivia —como el Ecuador, aunque por razones distintas— no tuvo una significativa deuda externa

5. La articulación campesino-minera ha sido examinada por Platt 1986.

6. Los incidentes están relatados por Querejazu 1973.

durante el conjunto del siglo XIX. En efecto, solo en 1872, por medio de George E. Church, Bolivia tuvo éxito en colocar un préstamo en Londres por 1.700.000 libras esterlinas, operación que incluso fue rescindida poco después. Por consiguiente, hasta la abolición del tributo indígena en 1885, el gasto público estuvo financiado por aquel y por las rentas de las aduanas y los diminutos préstamos levantados en Perú (1865) y Chile (1868) (Bonilla 1985: 539-582). El masivo endeudamiento externo de Bolivia, entonces, es un fenómeno que empieza en las primeras décadas del siglo XX. En la tabla 10.2 se ofrecen detalles de los préstamos obtenidos por Bolivia hasta la Primera Guerra Mundial.

Tabla 10.2
EMPRÉSTITOS BOLIVIANOS

Préstamos	Banqueros	Interés (%)	Amortización (%)	Monto de emisión (£)	Precio (£)
Préstamo Morgan de 1909	J. P. Morgan	6	2,0	500.000	90
Préstamo francés de 1910	Crédit Mobilier	5	2,1	1.500.000	87
Préstamo suplementario francés	Crédit Mobilier	5	2,1	160.000	87
De 1913	Crédit Mobilier	5	1,0	1.000.000	90

Fuente: Shurz 1921: 252.

De las 3.160.000 libras esterlinas a que ascendía el monto de la deuda externa de Bolivia antes de 1914, el préstamo obtenido a través de la banca norteamericana J. P. Morgan & Co., por 500.000 libras esterlinas, fue destinado a procurar la estabilización de la tasa de cambio boliviana, que había sido perturbada por la crisis financiera de 1907 de los Estados Unidos, y a contribuir al establecimiento del patrón oro. El préstamo de 1910, obtenido del Crédit Mobilier Français por 1.500.000 libras esterlinas, se utilizó para fundar el Banco de la Nación, mientras que el de 1913, obtenido de la misma banca francesa por un millón de libras esterlinas, se destinó a construir el ferrocarril Atocha-La Quiaca (Marsh

¿1930?: 131).[7] Pero estos préstamos, si bien importantes en contraste con los de la centuria anterior, son en realidad insignificantes cuando se los compara con la emisión por 33.000.000 de dólares negociada en 1922 con la Stifel-Nicolaus Investment Company de Saint Louis, y la Equitable Trust Co. and Spencer Trask and Co. de Nueva York.[8]

Conclusiones

Cuando estalla el primer conflicto mundial, proceso al que no fue ajena la exportación de capitales europeos, los países centrales de la región andina, juntamente con Colombia, eran en América Latina los que contaban con la menor *ratio* de endeudamiento per cápita. El Perú había extinguido su deuda, aunque el costo de esa redención fue ciertamente alto; Ecuador tenía una deuda aproximada de 2.500.000 de libras esterlinas; y Bolivia, de un poco más de 3.000.000 de libras esterlinas.

La dimensión de estas obligaciones, si bien no es comparable con la de países como Argentina y Brasil, no deja de ser significativa, dado el tamaño de las economías de los países andinos. En el caso específico del Perú, además, la extinción de su deuda externa en 1890 es una metáfora que esconde muy mal el complejo proceso a partir del cual la política de endeudamiento contribuyó a destruir el potencial productivo del país, pese a que en el corto plazo, por la dislocación entre el Estado y las economías regionales, ni el peso de la deuda ni el cese de pagos de 1872 impidieron que el sector externo de la economía peruana continuara expandiéndose.

El caso del Ecuador sugiere la experiencia de un país que escapa a la tentación de financiar su déficit interno mediante préstamos, motivo fundamental de casi todas estas operaciones, porque muy rápidamente el Estado pudo subordinar de manera completa a la banca privada nacional para que respaldara sus diferentes políticas, en circunstancias, además, en que el control del capital privado nacional sobre el proceso de la

7. La edición inglesa original es de 1928.

8. Fue sobre todo esta operación de 1922 la que sustenta el pionero análisis de Margaret Marsh (¿1930?) y justifica su serena condena.

producción cacaotera reducía grandemente las posibilidades de chantaje del capital internacional.

En Bolivia, en cambio, el guano, el salitre y la plata fueron mucho más importantes que un Estado enclavado en las montañas andinas. Por eso se establece la paradoja de una brecha entre el temprano interés del capital extranjero por realizar inversiones directas en la explotación de esos recursos, por una parte y, su desdén por los préstamos a un Estado que solo muy formalmente era un Estado nacional, por la otra. Es esta situación la que explica por qué en 1928, mientras la deuda sumaba 40 millones de dólares, el monto de las inversiones directas totalizaba 160 millones de dólares, de los cuales 65 millones estaban invertidos en el estaño, 55 millones en ferrocarriles y 22 millones en diferentes tipos de empresas mineras y en petróleo.[9]

En síntesis, la experiencia andina con el endeudamiento sugiere que el peso de las obligaciones externas del Estado sobre el conjunto de la economía es una función de su grado de integración y, también, del grado de control ejercido por ese Estado sobre los recursos nacionales. En ese sentido, por paradójico que parezca, *ceteris paribus*, la mayor integración que se logra luego de la crisis de 1929 aumentó la vulnerabilidad de esas economías frente al peso de la deuda externa. Aquí el *ceteris paribus* supone, obviamente, que los gobiernos no hacen otra cosa que seguir utilizando el crédito externo en el financiamiento del déficit o en el pago de los préstamos anteriores.

9. Las cifras fueron calculadas por Lawrence Whitehead y están citadas por Arze Cuadros 1979: 259.

ANEXOS

1. Cuadro de las deudas flotantes en Londres, 1822-1829

Años de la emisión	Tasa de interés (%)	Nombre del Estado	Monto total de empréstito contratado en libras esterlinas	Monto total de la emisión del empréstito en Londres en libras esterlinas	Precio de la emisión	Agentes de la emisión
1822	6	Chile	1.000.000	934.000	70	Hullett Bros. & CO
	6	Colombia	2.000.000	2.000.000	84	Herring. Graham, & Powles
	5	Dinamarca	3.000.000	2.000.000	77½	A. F. Haldimand & Co
	6	Perú	1.200.000	450.000	88	Thomas Kinder & Co
	5	Rusia	6.451.875	3.546.000	82	Rothschild & Sons
1823	5	Austria	3.500.000	3.500.000	82	Rothschild & Sons
	5	Portugal	1.500.000	1.500.000	87	Thomas & W. King
1824	5	Brasil	1.686.200*	1.686.200*	75	Baylett, Farquhar & Co, Alexander & Co. Wilson Shaw & Co.
	6	Buenos Aires	1.000.000	1.000.000	85	Baring Bros & Co.
	6	Colombia	4.750.000	4.750.000	88½	B. A. Golschmidt & Co, Alexander & Co. Wilson Shaw & Co.
	5	Grecia	800.000	800.000	59	A. Laughman y Co.
	5	México	3.200.000	3.200.000	58	B. A. Goldschmidt & Co.
	5	Nápoles	2.500.000	2.500.000	92½	Rothschild & Co.

Años de la emisión	Tasa de interés %	Nombre del Estado	Monto total de empréstito contratado en libras esterlinas	Monto total de la emisión del empréstito en Londres en libras esterlinas	Precio de la emisión	Agentes de la emisión
	6	Perú	Balance de empréstitos de 1822	750.00	82	Thomas Kinder & Co.
1825	5	Brasil	2.000.000	2.000.000	85	Rothschild & Sons
	3	Dinamarca	5.500.000	3.500.000	75	Thos Wilson & Co.
	5	Grecia	2.000.000	2.000.000	56½	Ricardo & Co.
	6	Guatemala	1.428.571	163.300	63	Barelay, Herring Richardson, & Co.
	6	México	3.200.000	3.200.000	86¾	Barelay, Herring Richardson, & Co.
	6	Perú	616.000	616.000	78	Thomas Kinder & Co.
1828	5	España	600.000**	600.000		Spanish Finl. Comn.
1829	5	Brasil	800.000	800.000	54	Rothschild & Sons and Thos. Wilson & Co.

* Algunas fuentes dan el monto como £ 1.000.000.

** Estos fueron emitidos en compensación de los reclamos resultantes por los daños a la propiedad inglesa durante la Guerra Civil.

Fuente: Dawson 1990: apéndice I.

Gráfico 1

Fluctuaciones de los precios de los bonos latinoamericanos emitidos en Londres, 1822-1828

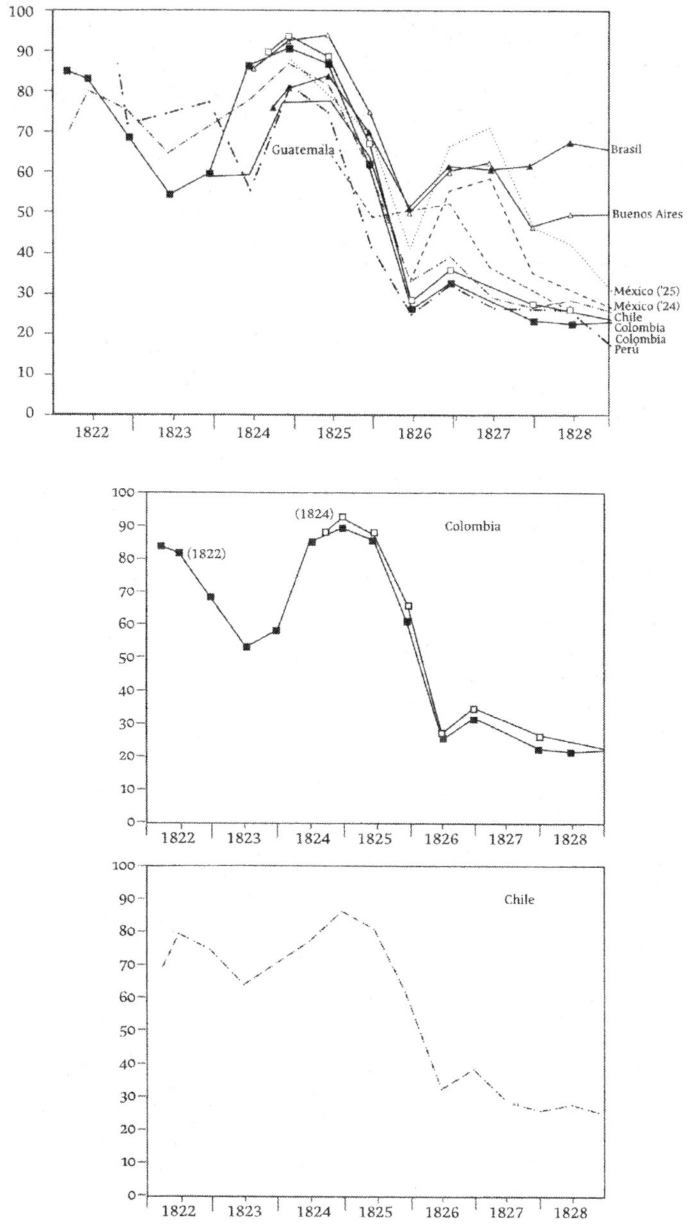

Fuente: Dawson 1990: apéndice I.

Gráfico 2

FLUCTUACIONES DESAGREGADAS DE LOS PRECIOS DE LOS BONOS LATINOAMERICANOS EMITIDOS EN LONDRES

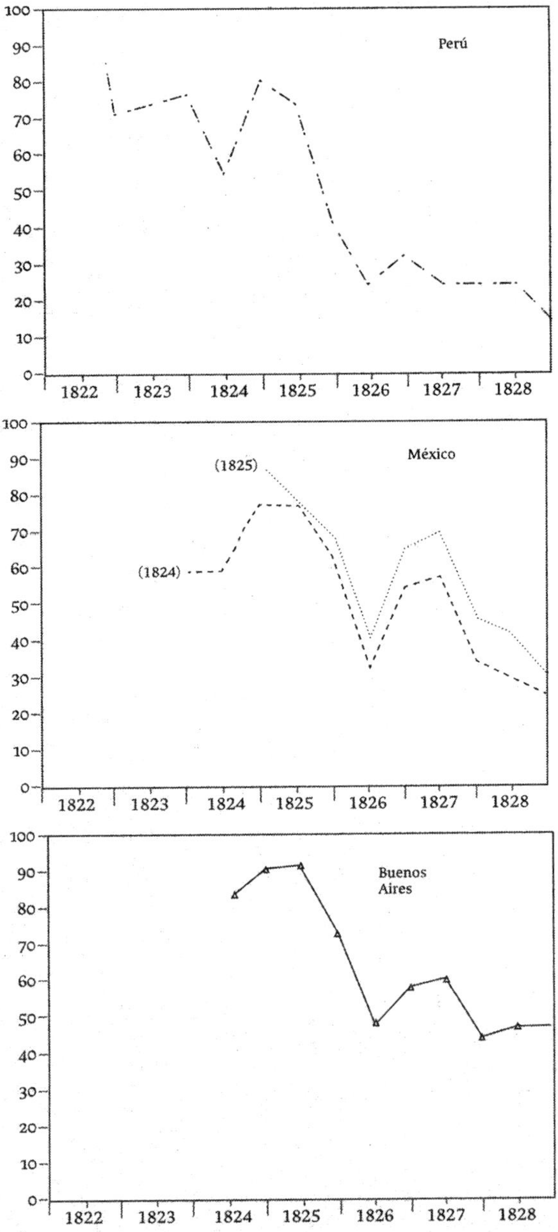

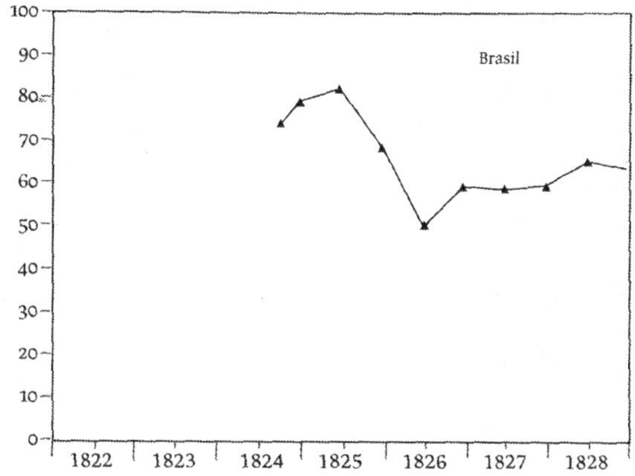

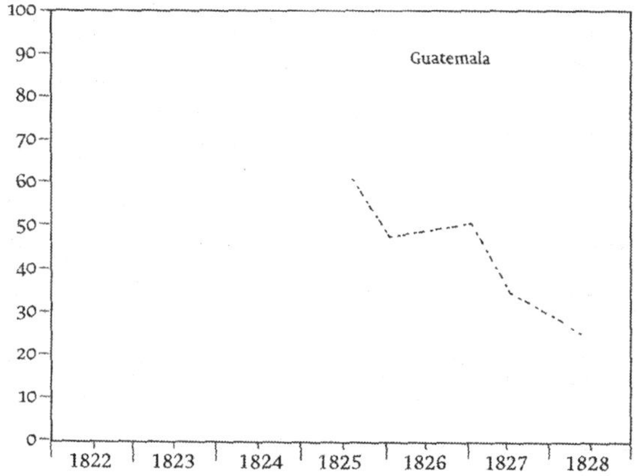

Fuente: Dawson 1990: apéndice I.

Bibliografía

AGUIRRE, Carlos Antonio

1999 *Itinerarios de la historiografía del siglo XX*. La Habana: Centro de Investigación y Desarrollo de la Cultura Cubana Juan Marinello.

ALTHUSSER, Louis

2003 *Marx dentro de sus límites*. Madrid: Akal.

2004 *Maquiavelo y nosotros*. Madrid: Akal.

2014 *On the Reproduction of Capitalism: Ideology and Ideological State Apparatus*. Londres: Verso.

ALTHUSSER, Louis y Étienne BALIBAR

2003 *Para leer El capital*. Decimocuarta edición. México: Siglo XXI.

ANDERSON, Perry

1980 *Arguments within English Marxism*. Londres: Verso.

1984 *El Estado absolutista*. Madrid: Siglo XXI.

1988 *Democracia y socialismo: la lucha democrática desde una perspectiva socialista*. Buenos Aires: Tierra del Fuego.

1992a "The Notion of Bourgeois Revolution". En Perry Anderson. *English Questions*. Londres: Verso.

1992b "On Emplotment: Two Kinds of Ruin". En Saul Friedlander (ed.). *Probing the Limits of Representation. Nazism and the "Final Solution"*. Cambridge: Cambridge University Press.

ARÓSTEGUI, Julio
2001 *La investigación histórica: teoría y método*. Barcelona: Crítica.

ARZE, René
1987 *Guerra y conflictos sociales: el caso rural boliviano durante la campaña del Chaco*. La Paz: Ceres.

ARZE CUADROS, Eduardo
1979 *La economía de Bolivia, ordenamiento territorial y dominación externa 1492-1979*. La Paz: Los Amigos del Libro.

ASSADOURIAN, Carlos Sempat
1979 "La producción de la mercancía dinero en la formación del mercado interno colonial: el caso del espacio peruano en el siglo XVI". En Enrique Florescano (ed.). *Ensayos sobre el desarrollo de México y de América Latina (1500-1975)*. Ciudad de México: Fondo de Cultura Económica.

1982 *El sistema de la economía colonial, mercado interno, regiones y espacio económico*. Lima: Instituto de Estudios Peruanos.

BAKEWELL, Peter
1983 *Miners of the Red Mountain: Indian Labor in Potosi, 1545-1650*. Albuquerque: University of New Mexico Press.

BANCO INTERAMERICANO DE DESARROLLO (BID)
1976 *Progreso económico y social en América Latina. Informe anual 1975*. Washington D. C.: Banco Interamericano de Desarrollo.

BARTRA, Roger
1987 *La jaula de la melancolía*. México: Grijalbo.

BENGOA, José
1990 *Los araucanos*. Santiago: Sur.

Bennett, Wendell C.
1962 "The Andean Highlands: An Introduction". En Julian H. Steward (ed.). *Handbook of South American Indians*. Nueva York.

Blakemore, Harold
1974 *British Nitrates and Chilean Politics 1886-1896: Balmaceda & North*. Londres: The Athlone Press of the University of London.

Bloch, Marc
1924 *Les rois thaumaturges, étude sur le caractère surnaturel attribué la puissance royale, particulièrement en France et en Angleterre*. París y Estrasburgo: Librairie Istra.

1946 *L´étrange défaite*. París: Société des Éditions Franc-Tireur.

1952 [1949] *Introducción a la Historia*. Ciudad de México: Fondo de Cultura Económica.

1987 [1939-1940] *La sociedad feudal*. Madrid: AKAL.

1996 *Apología para la historia o el oficio de historiador*. Ciudad de México: Fondo de Cultura Económica e Instituto Nacional de Antropología e Historia.

Bloom, Salomon F.
1941 *The World of Nations: A Study of the National Implications in the Work of Karl Marx*. Nueva York: Columbia University Press.

1975 *El mundo de las naciones: el problema nacional en Marx*. Buenos Aires: Siglo XXI.

Bonilla, Heraclio
1977 *Gran Bretaña y el Perú: los mecanismos de un control económico*. Lima: Instituto de Estudios Peruanos.

1978 "The War of the Pacific and the National and Colonial Problem in Peru". En *Past and Present* 81: 92-118.

1980 "Estado y clases populares en el Perú de 1821". En Heraclio Bonilla, et ál. *La Independencia en el Perú*. 2.° ed. Lima: Instituto de Estudios Peruanos.

1984 [1974] *Guano y burguesía en el Perú*. Lima: Instituto de Estudios Peruanos.

1985 "Peru and Bolivia from Independence to the War of the Pacific". En Leslie Bethell (ed.). *The Cambridge History of Latin America*, III. Cambridge: Cambridge University Press.

1996 "La oposición de los campesinos indios a la república peruana: Iquicha, 1827". En Heraclio Bonilla y Amado Guerrero (eds.). *Los pueblos campesinos de las Américas: etnicidad, cultura e historia en el siglo XIX*. Bucaramanga: Universidad Industrial de Santander.

BONILLA, Heraclio (ed.)
1986 *"La crisis de 1872": las crisis económicas en la historia del Perú*. Segunda edición. Lima: Clahes y F. Ebert.

1996 *Los pueblos campesinos de las Américas: etnicidad, cultura e historia en el siglo XIX*. Bucaramanga: Universidad Industrial de Santander.

BOTERO, María Mercedes
2007 *La ruta del oro: una economía exportadora: Antioquia, 1850-1890*. Medellín: Editorial Universitaria Eafit.

BRAUDEL, Fernand
1958 "Histoire et sciences sociales, la longue durée". En *Annales ECS*, vol. 13, n.° 4, pp. 7-37.

1970 *La historia y las ciencias sociales*. Madrid: Alianza Editorial.

1976 [1949] *El Mediterráneo y el mundo mediterráneo en la época de Felipe II*. Segunda edición. Madrid: Fondo de Cultura Económica.

BULMER THOMAS, Victor
1994 *The Economic History of Latin America since Independence*. Cambridge: Cambridge University Press.

BURGA, Manuel
1988 *Nacimiento de una utopía: muerte y resurrección de los incas*. Lima: Instituto de Apoyo Agrario.

1990 "La emergencia de lo andino como utopía (siglo XVII)". En *Revista Allpanchis* 35/36, II: 579-598.

Burke, Peter
1990 *The French Historical Revolution: the Annales School 1929-2014*. Palo Alto: Stanford University Press.

1993 "Obertura: la nueva historia, su pasado y su futuro". En Peter Burke (ed.). *Formas de hacer historia*. Madrid: Alianza Editorial.

Bushnell, David
1996 *Colombia: una nación a pesar de sí misma: de los tiempos precolombinos a nuestros días*. Bogotá: Planeta.

Cabrera, Miguel Ángel
2001 *Historia, lenguaje y teoría de la sociedad*. Madrid: Cátedra.

Callinicos, Alex
1995 *Theories and Narratives: reflections on the Philosophy of History*. Durham: Duke University Press.

Capoche, Luis
1959 [1585] *Relación general de la villa imperial de Potosí*. Edición y estudio preliminar de Lewis Hanke. Biblioteca de Autores Españoles, tomo CXXII. Madrid: Atlas.

Carbonell, Charles Olivier
2001 *La historiografía*. Ciudad de México: Fondo de Cultura Económica.

Cardoso, Fernando H. y Enzo Faletto
1969 *Dependencia y desarrollo en América Latina*. Ciudad de México: Siglo XXI.

Carr, Edward H.
1983 *¿Qué es la Historia?* Madrid: Ariel.

Carrard, Philippe
1992 "The Positivist Paradigm". En Philippe Carrard. *Poetics of the New History: French Historical Discourse from Braudel to Charrier*. Baltimore y Londres: The Johns Hopkins University Press.

Carreras, José
2003 *Seis lecciones sobre Historia*. Zaragoza: Instituto Fernando El Católico.

Cavaillet, Chantal y Ximena Pachón
1996 *Frontera y poblamiento: estudios de historia y antropología en Colombia y Ecuador*. Bogotá: IFEA / Instituto Sinchi / Universidad de los Andes.

CHARTIER, Roger
1978 "Positivista (Historia)". En Jacques Le Goff, Roger Chartier y Jacques Revel. *La nueva historia*. Bilbao: Mensajero S. A.

CHESNEAUX, Jean
1977 *¿Hacemos tabla rasa del pasado?* Ciudad de México: Siglo XXI.

CHIRIBOGA, Manuel
1980 *Jornaleros y grandes propietarios en 125 años de exportación cacaotera 1790-1925*. Quito: Ciese.

1988 "Ganancias y acumulación de la plantación cacaotera". En Manuel Chiriboga (ed.). *El problema agrario en el Ecuador*. Quito: Ildis.

COHEN, Gerald
1979 *Karl Marx's Theory of History: A Defense*. Princeton: Princeton University Press.

CONRAD, Alfred H. y John R. MEYER
1958 "The Economics of Slavery in the Antebellum South". En *Journal of Political Economic* 66: 95-130.

CONTRERAS, Carlos
1995 *Los mineros y el rey: los Andes del norte: Hualgayoc 1770-1825*. Lima: Instituto de Estudios Peruanos.

CORCUERA DE MANCERA, Sonia
1997 *Voces y silencios en la historia: siglos XIX y XX*. Ciudad de México: Fondo de Cultura Económica.

DAVIS, Horace B.
1967 *Nationalism and Socialism: Marxism and Labor Theories of Nationalism to 1917*. Nueva York.

DAVIS, Natalie Zemon
1983 *The Return of Martin Guerre*. Cambridge: Harvard University Press.

DAVIS, Roger Paul
1983 "Ecuador under Gran Colombia, 1820-1830: Regionalism, Localism and Legitimacy in the Emergence of an Andean Republic". Tesis de doctorado, Universidad de Arizona.

Dawson, Frank
1990 *The First Latin American Debt Crisis: The City of London and the 1822-25 Loan Bubble*. New Haven: Yale University Press.

Dodds, Eric Robertson
1951 *The Greeks and the Irrational*. Berkeley: University of California Press.

Deustua, Alejandro
1937 *La cultura nacional*. Lima: Empresa Editora de El Callao.

Domínguez, Camilo y Augusto Gómez
1993 *Nación y etnias: conflictos territoriales en la Amazonia, 1750-1993*. Bogotá: Disloque.

Duby, Georges
1961 *L'histoire des mentalités*. París: Gallimard.

1991 *L'histoire continue*. París: Odile Jacob.

Engels, Friedrich
1964 *El origen de la familia, la propiedad privada y el Estado*. Buenos Aires: Claridad.

1969 *Las guerras campesinas en Alemania*. Medellín: La Oveja Negra.

Ericson, Eric
1962 *Young Man Luther*. Nueva York: Norton.

Escobari de Querejazu, Laura
2001 *Caciques, yanaconas y extravagantes: la sociedad colonial en Charcas, s. XVI-XVIII*. La Paz: Plural.

Evans, Richard
1997 *In Defense of History*. Londres: Granta Books.

2004 "Prologue". En David Cannadine (ed.). *What is History Now?* Houndmills: Palgrave Macmillan.

Febvre, Lucien
1922 *La terre et l´évolution humaine. Introduction géographique* à l'histoire. París: A. Michel.

1938 "Histoire et psychologie". En *Encyclopédie Française*, tomo VIII.

1941 "Comment constituer la vie affective d'autrefois? La sensibilité et l'Histoire". En *Annales d'Histoire Sociale*, III.

1948 "Sorcellerie, sottise ou révolution mentale". En *Annales ESC*, vol. 3, n.º 1: 9-15.

1951 "Histoire des sentiments. La terreur". En *Annales ESC*, vol. 6, n.º 4: 520-523.

1956 "Pour l'histoire d'un sentiment: le besoin de sécurité". En *Annales ESC*, vol. 11, n.º 2: 244-247.

1993 *Combates por la historia*. Madrid: Planeta-Agostini.

1993 *El problema de la incredulidad en el siglo XV: la religión de Rabelais*. Madrid: Akal.

FIGUEROA RAMÍREZ, Leticia
2011 "El queso y los gusanos: el cosmos según un molinero del siglo XVI". En *Estudios Fronterizos* 2 (3), enero-junio: 109-116.

FLORES-GALINDO, Alberto
1986 *Buscando un Inca*. La Habana: Casa de las Américas.

FLORESCANO, Enrique (ed.)
1979 *Ensayos sobre el desarrollo de México y de América Latina (1500-1975)*. Ciudad de México: Fondo de Cultura Económica.

FOGEL, Robert W.
1964 *Railroads and American Economic Growth*. Baltimore: Johns Hopkins Press.

FOGEL, Robert W. y G. R. ELTON
1989 *¿Cuál de los caminos al pasado? Dos visiones de la Historia*. Ciudad de México: Fondo de Cultura Económica.

FONTANA, Josep
1982 *Historia, análisis del pasado y proyecto social*. Barcelona: Crítica.

FREIJOMIL, Andrés G.
2012 *Reseña de El nacimiento del purgatorio*. Disponible en: <https://introduccionalahistoriajvg.wordpress.com/2012/08/19/%E2%9C%8D-el-nacimiento-del-purgatorio-1981/>.

GADAMER, Hans-Georg
1998 *Truth and Method*. Nueva York: Continuum.

GARAVAGLIA, Juan Carlos
1984 *Mercado interno y economía colonial*. Ciudad de México: Grijalbo.

GARZÓN MACEDA, Ceferino
1968 *Economía de Tucumán: economía natural y economía monetaria*. Córdoba: Universidad Nacional de Córdoba.

GAY, Peter
1985 *Freud for Historians*. Nueva York-Oxford: Oxford University Press.

GINZBURG, Carlo
1976 *Il formaggio e i vermi: Il cosmo di un mugnaio del Cinquecento*. Turín: Einaudi.

GISBERT, Teresa, José de Mesa y Valentín ABECIA BALDIVIESO
1990 *Potosí*. Vitoria: Ediciones de Cultura Hispánica.

GLAVE, Luis Miguel
1988 *Trajinantes: caminos indígenas en la sociedad colonial, siglos XVI-XVII*. Lima: Instituto de Apoyo Agrario.

GODELIER, Maurice
1984 *L'idéel et le materiel*. París: Fayard.

GONZÁLEZ, Margarita
1970 *El resguardo en el Nuevo Reino de Nueva Granada*. Bogotá: Universidad Nacional de Colombia.

GONZÁLEZ CASASNOVAS, Ignacio
2000 *Las deudas de la Corona:la política de repartimientos para la minería de Potosí (1680-1732)*. Madrid: Consejo Superior de Investigaciones Científicas.

GOOTENBERG, Paul
1989 *Between Silver and Guano. Commercial Policy and the State in Postindependence Peru*. Princeton: Princeton University Press.

GUERRERO, Andrés
1981 *Los oligarcas del cacao*. Quito: El Conejo.

1991 *La semántica de la dominación: el concertaje de indios*. Quito: Libri Mundi.

HANKE, Lewis
1959 "Introducción y estudio a la Relación General de Potosí de Luis Capoche". Biblioteca de Autores Españoles, tomo CXXII. Madrid: Atlas.

HARNECKER, Marta
1976 *Los conceptos elementales del materialismo histórico*. Trigésimo quinta edición. Ciudad de México: Siglo XXI.

HAUPT, Georges, Michael LOWY y Claudie WEILL
1974 *Les marxistes et la question nationale, 1848-1914*. París: Maspero.

HIMMELFARB, Gertrude
1987 *The New History and the Old: Critical Essays and Reappraisals*. Cambridge: Harvard University Press.

HIRSCHMAN, Albert O.
1958 *The Strategy of Economic Development*. New Haven: Yale University Press.

HOBSBAWM, Eric J.
1970 "Class Consciousness in History". En Itsván Mészáros (ed.). *Aspects of History and Class Consciousness*. Londres: Routledge & K. Paul.

1998 *Sobre la Historia*. Barcelona: Crítica.

2007 *Guerra y paz en el siglo XXI*. Barcelona: Crítica.

HUNT, Shane
1985 "Growth and Guano in Nineteenth-Century Peru". En Shane Hunt y Roberto Cortés Conde (eds.). *The Latin American Economies. Growth and the Export Sector*. Nueva York: Holmer & Meier.

IBARRA, Antonio
2000 *La organización regional del mercado interno novohispano: la economía colonial de Guadalajara, 1770-1804*. Ciudad de México: Universidad Autónoma de Puebla y Universidad Nacional Autónoma de México.

IGGERS, Georg G.
1984a "The Crisis of the Conventional Conception of Scientific History". En *New Directions in European Historiography*. Hannover y New Hampshire: Wesleyan University Press.

1984b "Epilogue: The Last Ten Years in Retrospect". En *New Directions in European Historiography*. Hannover y New Hampshire: Wesleyan University Press.

1997 *Historiography in the Twentieth Century from Scientific Objetivity to the Postmodern Challenge*. Hannover: Wesleyan University Press.

Innis, Harold A.

1930 *The Fur Trade in Canada: An Introduction to Canadian Economic History*. New Haven: Yale University Press.

Jaramillo, Byron

1970 *Tenencia de la tierra en las comunas legalmente constituidas*. Otavalo: Instituto Otavaleño de Antropología.

Jenkins, Keith

1995 *On "What is History?": From Carr and Elton to Rorty and White*. Londres: Routledge.

2009 *Repensar la historia*. Madrid: Siglo XXI.

Kaye, Harvey J.

1989 *Los historiadores marxistas británicos: un análisis introductorio*. Zaragoza: Prensas Universitarias de Zaragoza.

Kissinger, Henry

1957 *A World Restored. Metternich, Castlereagh and the Problems of Peace 1812-1822*. Boston: Houghton Miffliy Co.

Koselleck, Reinhart

1993 *Futuro pasado: para una semántica de los tiempos históricos*. Buenos Aires: Paidós.

2002 *The Practice of Conceptual History*. Palo Alto: Stanford University Press.

Kula, Witold

1974 *Teoría económica del sistema feudal*. Buenos Aires: Siglo XXI.

Langlois, Charles-Victor y Charles Seignobos

1972 [1898] *Introducción a los estudios históricos*. Buenos Aires: La Pléyade.

Le Goff, Jacques

1969 *La civilización del Occidente medieval*. Barcelona: Juventud.

1974 "Las mentalidades: una historia ambigua". En Pierre Nora y Jacques Le Goff (dirs.). *Hacer la Historia*, tomo III. Barcelona: Editorial LAIA.

1978 "La nueva historia". En *La nueva historia*. Bilbao: Mensajero S. A.

1981 *La naissance du purgatoire*. París: Gallimard.

LE GOFF, Jacques y Pierre NORA (dirs.)
1974 *Hacer la Historia*. Tres tomos. Barcelona: Editorial LAIA.

LE ROY LADURIE, Emmanuel
1966 *Les paysans de Languedoc*. París: Sevpen.

1975 *Montaillou, village occitan, de 1294 à 1324. [Montaillou, aldea occitana de 1294 a 1324]*. París: Gallimard.

LERNER, Gerda
1986 *The Creation of Patriarchy*. Nueva York: Oxford University.

LEVI, Giovanni
1993 "Sobre microhistoria". En Peter Burke (ed.). *Formas de hacer historia*. Madrid: Alianza Editorial.

LEVRERO, Renato
1972 *Marx, Engels e la questione nazionale*. Milán: s/e.

LOMBARDI, John V.
1982 *Venezuela: The Search for Order, the Dream of Progress*. Nueva York: Oxford University Press.

LOVEMAN, Brian
1988 *The Legacy of Hispanic Capitalism*. 2.° ed. Nueva York: Oxford University Press.

LUKÁCS, Georg
1960 *Histoire et conscience de classe*. París: Minuit.

LYNCH, John (ed.)
1973 *The Spanish American Revolutions, 1808-1826*. Nueva York: Norton.

1994 *Latin American Revolutions, 1808-1826. Old and New Origins*. Norman: University of Oklahoma Press.

Lyotard, Jean-François
1998 *La condición postmoderna*. Madrid: Cátedra.

Mallon, Florencia
1995 *Peasant and Nation: The Making of Post-Colonial Mexico and Peru*. Berkeley: University of California Press.

Manrique, Nelson
1981 *Las guerrillas indígenas en la guerra con Chile: campesinado y nación*. Lima: Centro de Investigación y Capacitación.

1987 *Mercado interno y región: la sierra central, 1820-1930*. Lima: Desco.

Marichal, Carlos
1988 "La crisis de 1873 y la deuda externa latinoamericana: una reevaluación crítica". En *Revista de Historia Económica* VI (1): 103-130.

1999 *La bancarrota del virreinato: Nueva España y las finanzas del Imperio español, 1780-1810*. Ciudad de México: Fondo de Cultura Económica.

Marsh, Margaret A.
¿1930? *Nuestros banqueros de Bolivia: un estudio de la inversión de capital norteamericano en el extranjero*. Madrid: M. Aguilar.

Marx, Karl
1850 "La lucha de clases en Francia". En *Neue Rheinische Zeitung. Politisch-ökonomische Revue* 1, 2, 3 y 5-6.

1971 *Elementos fundamentales para la crítica de la economía política (borrador, 1857-1858)*. Buenos Aires: Siglo XXI.

1978 *El capital*. Séptima edición. Ciudad de México: Siglo XXI.

1981 *Miseria de la filosofía*. Ciudad de México: Siglo XXI.

1985 *El dieciocho brumario de Luis Bonaparte*. Madrid: Sarpe.

1987 *Contribución a la crítica de la economia política*. Buenos Aires. Siglo XXI.

1987 *La ideología alemana*. Ciudad de México: Grijalbo.

2004 *El Manifiesto Comunista*. Barcelona: Alianza Editorial.

MARX, Karl, Friedrich ENGELS y Vladimir LENIN
1985 *La Comuna de París*. Madrid: Akal.

MCFARLANE, Anthony
1993 *Colombia before Independence: Economy, Society and Politics under Bourbon Rule*. Cambridge: Cambridge University Press.

MCGREVEY, William Paul
1971 *An Economic History of Colombia, 1845-1930*. Cambridge: Cambridge University Press.

MITRE, Antonio
1981 *Los patriarcas de la plata: estructura socioeconómica de la minería boliviana en el siglo XIX*. Lima: Instituto de Estudios Peruanos.

1993 *Bajo un cielo de estaño: fulgor y ocaso del metal en Bolivia*. La Paz: Ildis.

MONTOYA, Rodrigo
1980 *Capitalismo y no capitalismo en el Perú*. Lima: Mosca Azul.

MOORE, Barrington
1993 *Social Origins of Dictatorship and Democracy*. Boston: Beacon Press.

MORENO, Segundo
1996 *Antropología del Ecuador*. Quito: Abya Yala.

MORÓN, Guillermo
1994 *Historia contemporánea de Venezuela*. Ciudad de México: Fondo de Cultura Económica.

MORSE, Richard
1982 *El espejo de Próspero*. México: Siglo XXI.

MURRA, John V.
1975 *Formaciones económicas y políticas del mundo andino*. Lima: Instituto de Estudios Peruanos.

NEUSTADT, Richard F. y Ernest R. MAY
1986 *Los usos de la Historia en las decisiones*. Buenos Aires: Grupo Editor Latinoamericano.

NISBET, Robert
1991 *Historia de la idea de progreso*. Barcelona: Gedisa.

O'Brien, Thomas F.
1982 *The Nitrate Industry and Chile's Crucial Transition: 1870-1891*. Nueva York: New York University Press.

Ortiz, Sergio Elías
1974 *Agustín Agualongo y su tiempo*. 2.° ed. Bogotá: Banco Popular.

Palacios, Carlos
1983 *La deuda anglo-peruana 1822-1890*. Lima: Studium.

Peirce, Charles S.
1988 *El hombre, un signo*. Barcelona: Critica.

Pennano, Guido
1988 *La economía del caucho*. Iquitos: Ceta.

Platt, Tristan
1983 *Estado boliviano y ayllu andino*. Lima: Instituto de Estudios Peruanos.

1986 *Estado tributario y libre cambio en Potosí (siglo XIX)*. La Paz: Hisbol.

Pinto Santa Cruz, Aníbal
1959 *Chile: un caso de desarrollo frustrado*. Santiago: Editorial Universitaria.

Querejazu, Roberto
1973 *Bolivia y los ingleses*. La Paz: Los Amigos del Libro.

Quintero, Rafael y Erica Silva
1991 *Ecuador: una nación en ciernes*. Tres tomos. Quito: Flacso.

Ramírez Necochea, Hernán
1972 *Balmaceda y la contrarrevolución de 1891*. 3.° ed. Santiago: Editorial Universitaria.

Ramos Escandón, Carmen
1997 "La nueva historia, el feminismo y la mujer". En Carmen Ramos Escandón (comp.). *Género e historia: la historiografía sobre la mujer*. México: Instituto Mora.

Rodríguez, Linda Alexander
1981 "Ecuador's National Development: Government Finances and the Search for Public Policy 1830-1940". Tesis de doctorado. Los Ángeles: Universidad de California.

Romano, Ruggiero
1965 *Historia colonial hispanoamericana e historia de los precios*. París y La Haya: Mouton.

2004 *Mecanismo y elementos del sistema económico colonial americano: siglos XVI-XVIII*. Ciudad de México: Fondo de Cultura Económica.

Rosdolsky, Roman
1964 "Friedrich Engels und das problem der 'Geschichtslosen Völker'". En *Archiv für Socialgeschichte* IV.

Roseberry, William
1983 *Coffee and Capitalism in the Venezuelan Andes*. Austin: The University of Texas Press.

Sarfatti, Magali
1986 *Spanish Bureaucratic Patrimonialism*. Berkeley: University of California Press.

Salomon, Frank
1986 *Native Lords of Quito in the Age of Incas: The Political Economy of North Andean Chiefdoms*. Cambridge: Cambridge University Press.

1988 *Los señores étnicos de Quito*. Quito: Abya Yala.

Santos, Fernando
1996 *Etnohistoria de la Alta Amazonía. Siglos XV-XVIII*. Quito: Abya Yala.

Schlessinger, Rudolf
1974 *La Internacional Comunista y el problema colonial*. Buenos Aires.

Schram, Stuart y Hélène Carrère d'Encausse
1965 *Le Marxisme et l'Asie, 1853-1864*. París: Armand Colin.

Schumpeter, Joseph
1963 *Capitalisme, socialisme et démocratie*. París: Payot.

Scott, Joan W.
2011 *Género e historia*. Ciudad de México: Fondo de Cultura Económica y Universidad Nacional Autónoma de México.

Sereni, Emilio
1966 *Capitalismo e mercato nazionale*. Roma: Riuniti.

Serna, Justo y Anaclet Pons
2000 *Cómo se escribe la microhistoria*. Valencia: Fronesís.

Shaw, William H.
1978 *Marx's Theory of History*. Palo Alto: Stanford University Press.

Shurz, William L.
1921 *Bolivia: A Commercial and Industrial Handbook*. Washington, D. C.: Department of Commerce.

Skocpol, Theda
1984 *El Estado y las revoluciones*. Ciudad de México: Fondo de Cultura Económica.

Stallings, Barbara
1985 "Incumplimiento de pagos vs. refinanciación: crisis de la deuda externa peruana, 1826-1985". En *HISLA, Revista de Historia Económica de América Latina* 6, pp. 59-86.

1986 *Banker to the Third World: U. S. Portfolio Investment in Latin America, 1900-1985*. Berkeley: University of California Press.

Stavenhagen, Rodolfo
1969 *Las clases sociales en las sociedades agrarias*. Ciudad de México: Siglo XXI.

Steiner, George
1997 *Errata: An Examined Life*. New Haven: Yale University Press.

Stepan, Alfred
1978 *The State and Society. Peru in Comparative Perspective*. Princeton: Princeton University Press.

Stone, Lawrence
1979 "The Revival of Narrative: Reflections on a New Old History". En *History and Theory* 85, noviembre: 3-24.

1981 *The Past and the Present*. Londres: Routledge.

Tandeter, Enrique
1992 *Coacción y mercado. La minería de la plata en Potosí colonial, 1692-1826*. Buenos Aires: Sudamericana.

1999 "Los trabajadores mineros y el mercado". En Margarita Menegus B. (ed.). *Dos décadas de investigación en historia económica comparada en América Latina: Homenaje a Carlos Sempat Assadourian*. Ciudad de México: El Colegio de México.

TANDETER, Enrique et ál.
1987 "El mercado de Potosí a fines del siglo XVIII". En Olivia Harris, Brooke Larson y Enrique Tandeter (eds.). *La participación indígena en los mercados surandinos: estrategias y reproducción social, siglos XVI al XX*. La Paz: Ceres.

TERÁN, Emilio María
1981 "Antecedentes: la deuda de Colombia". En *La deuda externa del Ecuador*. Quito: Banco Central del Ecuador.

THOMPSON, Edward P.
1978 *The Poverty of Theory and Other Essays*. Londres: Merlin Press.

THORP Rosemary y Geoffrey BERTRAM
1978 *Peru 1870-1977. Growth and Policy in an Open Economy*. Nueva York: The Columbia University Press.

VARESE, Stefano
1973 *La sal de los cerros*. Lima: Retablo.

VILAR, Pierre
1962 *La Catalogne dans l'Espagne moderne*. Tres volúmenes. París: Sevpen.

1973 "Histoire marxiste, histoire en construction. Essai de dialogue avec Althousser". En *Annales ESC*, vol. 28, n.º 1: 165-198.

WEINMAN, Loise
1970 "Ecuador and Cacao: Domestic Responses to the Boom-Collapse Monoexport Cycle". Tesis de doctorado. Los Ángeles: Universidad de California.

WEINSTEIN, Barbara
1993 *The Amazon Rubber Boom*. Palo Alto: Stanford University Press.

WHITE, Hayden
1992a *Metahistoria: La imaginación histórica en la Europa del siglo XIX*. Ciudad de México: Fondo de Cultura Económica.

1992b *El contenido de la forma: narrativa, discurso y representación histórica.* Buenos Aires: Paidós.

Windelband, W.
1921 "Geschichte und Naturwissenschaft". En W. Wildelband. *Präludien. Aufsätze und Reden zur Philosophie und ihrer Geschichte*, vol. 2. Tubinga: J. B. C. Mohr.

Made in the USA
Monee, IL
12 November 2026

68341117R00148